LES CHANGEMENTS DES HABITUDES
ET DES POLITIQUES ALIMENTAIRES
EN AFRIQUE :
ASPECTS DES SCIENCES HUMAINES,
NATURELLES ET SOCIALES

LES CHANGEMENTS DES HABITUDES ET DES POLITIQUES ALIMENTAIRES EN AFRIQUE : ASPECTS DES SCIENCES HUMAINES, NATURELLES ET SOCIALES

sous la direction de

Igor de Garine
Directeur de Recherche au Centre National
de la Recherche Scientifique
Paris

Séminaire organisé du 28 septembre au 2 octobre 1987
à Dakar, Sénégal, par l'Unesco,
le CISS, le CIPSH et le CIUS

ORGANISATION DES NATIONS UNIES POUR L'ÉDUCATION,
LA SCIENCE ET LA CULTURE
CONSEIL INTERNATIONAL DES SCIENCES SOCIALES
CONSEIL INTERNATIONAL DE LA PHILOSOPHIE
ET DES SCIENCES HUMAINES
CONSEIL INTERNATIONAL DES UNIONS SCIENTIFIQUES

PUBLISUD

ISBN : 2-86600-462-0
ISSN : 0985-4657

SOMMAIRE

LISTE (NON EXHAUSTIVE) DES ABRÉVIATIONS UTILISÉES DANS L'OUVRAGE

AFN	Association des Femmes du Niger
AGRA	SIDIBE
AIN	Association islamique du Niger
AGRHYMET	Centre régional d'Agro-Météorologie et d'Hydrologie
AHA	Aménagement Hydro-Agricoles
AOF	Afrique occidentale française
ASC Mbolan	Association Sociale et Culturelle (de Mbolan)
BIT (ILO)	Bureau International du Travail (des Nations unies) — International Labour Office
CA	Comité d'Action
CAA	Commissariat à l'Aide Alimentaire
CCCE	Ouedraogo
CCS	Campagne de Contre-Saison (agricole)
CEAO	Communauté Économique de l'Afrique de l'Ouest
CEDEAO	Communauté Économique des États de l'Afrique de l'Ouest
CEE	Communauté Européenne Économique
CES	Conservation des Eaux et des Sols ? Sidibe
CH	Campagne d'Hiver
CNCA	Caisse Nationale de Crédit Agricole
CND	Conseil National de Développement
CSA	Commissariat à la Sécurité Alimentaire
CERER	Guiro
CFDI	Keita
CES	Keita ; Sidibe
CIEM	Ouedraogo
CILSS	Comité inter-États de Lutte contre la Sécheresse dans le Sahel
CIMADE	Service œcuménique d'Entraide
CILSS	Comité Inter-États de Lutte contre la Sécheresse dans le Sahel
CISS	Conseil International des Sciences Sociales
CLD	Conseil local de Développement
CNAVS	Sidibe
CND	Conseil National de Développement

CNRS	Centre National de la Recherche Scientifique (France)
COTEAR	Comité Technique d'Arrondissement
COTEDEP	Comité Technique de Département
CPR	Centre de Promotion Rurale
CPT	Centres de Perfectionnement Technique
CRD	Conseil Régional de Développement
CRES	Centre Régional d'Énergie Solaire
CSRD	Conseil Sous-Régional de Développement
CSS	Compagnie Sucrière Sénégalaise
CVD	Conseil Villageois de Développement
DEP	Wane
DPA	Direction de la Production Agricole
DRI	Développement Rural Intégré
DRS	Keita
EISMV	Ouedraogo
ENDA	Environnement et Développement du tiers monde
ESC	Chrétien
ENSA	École Nationale Supérieure d'Agronomie
FAC	Fonds d'Aide et de Coopération
FAO	Food and Agriculture Organisation
FAPIS	Fonds d'Aménagement Pastoral Intégré du Sahel
FED	Fonds Européen de Développement
FERU	Sidibe
GMP	Groupement de Mouvements Paysans
GMV	Groupements Mutualistes Villageois
GP	Grand Périmètre
GPC	Groupement Paysan de Coopératives
HER	Ouedraogo
IFAN	Institut Français d'Afrique Noire
INRAN	Institut National de Recherche Agronomique
INSAH	Ouedraogo
IREP	Guiro
IPDR	Institut Pratique de Développement Rural
ISRA	Institut Sénégalais de Recherches Agricoles
IUAES	International Union of Anthropological and Ethnological Sciences
IUNS	International Union of Nutritional Sciences
ODR	Opérations de Développement Rural
OFEDES	Office des Eaux du Sous-sol
OM	Sidibe
OMC	Office Mauritanien des Céréales
OMS	Organisation Mondiale de la Santé

OMVS	Organisation pour la Mise en Valeur de fleuve Sénégal
ONAHA	Office National des Aménagements Hydro-Agricoles
ONG	Organisation Non Gouvernementale
OPAM	Office des Produits Agricoles du Mali
OPVN	Office des Produits Vivriers du Niger
ORD	Ouedraogo
ORSTOM	Institut Français de Recherches Scientifique pour le Développement en Coopération — anciennement Office pour la Recherche Scientifique et Technique Outre-Mer
PAD	Pays Agressé par le Désert
PAM	Programme Alimentaire Mondial
PAS	Pourcentage d'Autosuffisance
PIB, PNB	Produit Intérieur Brut, Produit National Brut
PIV	Périmètres Irrigués Villageois
PNUD	Programme des Nations-Unies pour le Développement
PPD	Guiro
PPV	Petits Périmètres Villageois
PREF	Wane
PRODIS	Projet de Développement Intégré (de Satara-Rosso)
PUDOC	den Hartog
RAMS	Wane
RINI	Riz du Niger
SAED	Société d'Aménagement et d'Équipement du Delta
SCF	Sidibe
SEMRY	Société d'Expansion et de Modernisation de la Riziculture de Yagoua
SLND	Wane — biblio Martin
SOLAGRAL	Sidibe
SONADER	Société Nationale de Développement Rural
SONARA	Société Nigérienne de Commercialisation des Arachides
SONIMEX	Société Nationale d'Importation et d'Exportation (Mauritanie)
TDR	Techniciens de Développement Rural
UD	Unité de Développement
UNC	Union Nationale des Coopératives
UNICEF	United Nations International Children's Fund
UP	Unité de Planification
USAID	United States Agency for International Development
USTN	Union des Syndicats des Travailleurs du Niger

PRÉFACE

A l'automne 1987, un séminaire sur « Les changements dans la politique et les habitudes alimentaires en Afrique : Aspects des sciences humaines, naturelles et sociales » a été organisé à Dakar, Sénégal, conjointement par le Conseil International des Sciences Sociales (CISS), le Conseil International des Unions Scientifiques (CIUS), le Conseil International de la Philosophie et des Sciences Humaines (CIPSH) et par l'Unesco.

Pour la première fois, les trois grands Conseils internationaux regroupant les principales branches de la recherche scientifique se sont joints pour promouvoir les échanges interdisciplinaires sur un sujet choisi d'un commun accord pour son importance majeure pour toutes les disciplines concernées. C'est également pour la première fois que les trois principales organisations non gouvernementales ont collaboré avec la Division pour l'étude et la planification du développement de l'Unesco afin d'organiser une réunion au niveau régional.

Ce séminaire a rassemblé vingt-sept participants, d'une part des spécialistes représentant diverses disciplines des sciences humaines, naturelles et sociales concernées par les problèmes alimentaires en Afrique, d'autre part des experts des pays du Sahel affectés par la sécheresse et la famine. Vingt et un observateurs ont également assisté à ce séminaire.

La séance d'ouverture de la réunion a été présidée par M. le Professeur Candido Mendes, Président du Conseil International des Sciences Sociales (CISS). Quatre séances ont été consacrées à la production et à la distribution de la nourriture, aux habitudes alimentaires, aux politiques alimentaires et à l'avenir des technologies et des disciplines. Trois séances ont porté sur les facteurs socio-culturels du développement rural et les méthodes d'amélioration des systèmes de gestion des ressources relatives à la sécurité alimentaire dans le Sahel. Ces séances ont donné lieu à un utile échange d'informations et à une discussion constructive sur ces questions. Lors de la dernière séance, un certain nombre de recommandations ont été adoptées et adressées à l'Unesco.

Au cours de ce séminaire ont été présentés et discutés dix-neuf documents de travail portant essentiellement sur des problèmes concernant

11

l'agriculture, les habitudes et les politiques alimentaires ; certains étaient rédigés d'un point de vue disciplinaire, d'autres présentaient des cas concrets.

Les professeurs Igor de Garine (Centre National de la Recherche Scientifique, France) et Amadou Guiro (Université Cheik Anta Diop, Sénégal) ont été désignés co-rapporteurs du séminaire.

Le présent ouvrage, dont le Professeur I. de Garine a bien voulu assumer la direction, rassemble quelques-unes des contributions présentées à Dakar.

Après une synthèse des travaux de la réunion présentée par M. de Garine et une esquisse d'une histoire de la production vivrière dans le bassin du fleuve Sénégal par le Professeur A. Bathily, suit un chapitre sur les perspectives de recherches sur l'histoire de longue durée de la consommation alimentaire en Afrique par le Professeur J.-P. Chrétien.

La suite de cet ouvrage est consacrée à des études de cas portant sur :

— les facteurs socio-culturels et saisonnalité dans l'alimentation : l'exemple de deux populations du Tchad et du Cameroun, par I. de Garine ;

— l'amélioration des systèmes de gestion des ressources relatives à la sécurité alimentaire dans les pays du Sahel, par A. Guiro ;

— les changements dans la production alimentaire, la distribution et les habitudes alimentaires : quelques aspects de la situation de l'Afrique de l'Ouest, par A.P. den Hartog ;

— la participation populaire et le développement à la base — l'expérience nigérienne de la Société de Développement, par M. Keita ;

— la contribution à la problématique de la sécurité alimentaire et du développement rural intégrée — l'exemple de la Mauritanie, par H.R. Wane.

Deux contributions portent sur l'ensemble des pays du Sahel :

— l'une par D. Ouedraogo sur les méthodes d'amélioration des systèmes de gestion des ressources en Afrique — la situation dans les pays du Sahel ;

— l'autre par S. Sidibe sur les facteurs socio-culturels du développement — les méthodes d'amélioration des systèmes de gestion des ressources relatives à la sécurité alimentaire dans le Sahel.

Une conclusion succincte présente les principales recommandations proposées par les participants du séminaire et souligne la nécessité d'une approche pluridisciplinaire en vue de l'amélioration de la situation alimentaire en Afrique.

La préparation de cet ouvrage en vue de sa publication a été assurée par le Conseil international des sciences sociales. Le CISS est une organisation internationale non gouvernementale qui a pour mission de promouvoir le développement des sciences sociales dans le monde et leur application aux principaux problèmes contemporains par la coopération entre spécialistes et organismes de sciences sociales aux niveaux international et régional.

LES CHANGEMENTS DANS LA POLITIQUE ET LES HABITUDES ALIMENTAIRES EN AFRIQUE ASPECTS DES SCIENCES HUMAINES SOCIALES ET NATURELLES

Synthèse de la réunion organisée conjointement
par le Conseil International des Sciences Sociales (CISS),
le Conseil International de la Philosophie
et des Sciences Humaines (CIPSH)
et le Conseil International des Unions Scientifiques (CIUS)
du 28 septembre au 2 octobre 1987 à Dakar, Sénégal

Igor de GARINE

Le thème du séminaire a été suscité par un constat : les organismes de développement économique et social visant à améliorer l'alimentation en Afrique n'atteignent pas leur but. Cette situation est critique dans la mesure où l'on observe une dégradation accélérée des équilibres écologiques, économiques et sociaux, qui a de profondes répercussions sur le domaine vivrier et se traduit par un niveau nutritionnel de plus en plus défectueux pour une part grandissante de la population. Des facteurs naturels sont à incriminer, mais aussi une certaine incapacité à entraîner l'adhésion des populations concernées.

Il devient donc difficile de mener une politique de développement et de croissance de la production vivrière et agricole adoptant, selon les perspectives les plus récentes :

> « Une stratégie globale de développement endogène, intégré et soutenu, tenant dûment compte des nouvelles interactions complexes existant entre les différents secteurs de l'économie (agriculture, industries et services) et les différents facteurs : démographiques, sociaux, économiques, culturels, technologiques et écologiques. »

Les experts appartenant aux sciences humaines, sociales et naturelles étaient invités à examiner les stratégies et la politique de développement relatives à l'objectif de la sécurité et de l'autosuffisance

15

alimentaire, et d'évaluer dans quelle mesure une meilleure connaissance des domaines vivriers et des habitudes alimentaires en particulier sont de nature à augmenter l'efficacité des actions entreprises.

L'axe de réflexion des participants a porté sur les paramètres socioculturels du changement et de la résistance au changement dans l'alimentation. Deux types de documents furent présentés :

— des contributions théoriques émanant de spécialistes des différentes disciplines ;

— des études de cas portant sur les facteurs socio-culturels du développement et, en particulier, sur les méthodes d'amélioration du système de gestion des ressources relatives à la sécurité alimentaire au Sahel.

L'essentiel des débats a été centré sur la situation qui prévaut dans la zone sahélienne au sens large (régions désertiques, sahéliennes proprement dites et soudaniennes). Chacune des présentations fut suivie d'un débat au cours duquel chacun des spécialistes invités put développer le point de vue de sa discipline et où certains observateurs purent apporter la contribution de matières qui, telle la nutrition, n'étaient pas initialement incluses dans le programme.

La complexité des problèmes évoqués et des facteurs qui les soustendent montra la nécessité d'adopter une approche multidisciplinaire et, tout en accordant de l'intérêt aux aspects socio-culturels endogènes, de ne pas négliger les aspects exogènes de la réalité économique et sociale. Le présent ouvrage s'efforce de synthétiser les idées dominantes émises au cours des présentations et des discussions, qui gravitent autour de cinq thèmes principaux :

— la production et la distribution des produits vivriers ;

— les habitudes alimentaires ;

— la politique alimentaire ;

— l'avenir des technologies et des disciplines ;

— les problèmes alimentaires au Sahel.

Ce dernier sujet fournissait, à partir de cas concrets, l'occasion de recouper les thèmes précédents. C'est dans une même perspective que fut évoquée, à propos de chacun des secteurs envisagés, la situation originale de la femme dans le développement de l'économie alimentaire.

En conclusion, on trouvera les vœux exprimés par les participants au séminaire pour améliorer la situation existante et pour poursuivre le débat amorcé par la réunion de Dakar.

PRODUCTION ET DISTRIBUTION DE LA NOURRITURE

Le déficit vivrier

Au cours des récentes décennies, la production alimentaire de l'Afrique n'a cessé de se détériorer. Alors qu'en 1980 ce continent couvrait 87 % de ses besoins alimentaires, il risque de voir ce taux tomber à 70 % à la fin de ce siècle. Sans doute peut-on, dans une certaine mesure, incriminer le taux de croissance démographique — 2,5 % en moyenne par an pour la période 1973-1982 — l'un des plus élevés du monde. On doit aussi évoquer l'augmentation rapide de la population urbaine due à l'exode rural, les migrations temporaires qui se transforment en installations permanentes, enfin les déplacements brutaux de population.

Sans nul doute peut-on rendre responsable, en particulier dans la zone sahélienne, une évolution climatique qui a été caractérisée depuis 1969 par des précipitations déficitaires et une altération du milieu naturel. A titre d'exemple, l'évolution de la pluviométrie dans la zone sahélienne du Soudan a fait reculer, de 1966 à 1984, la limite des cultures (fixée à l'isohyète 300 mm) de plus de 200 km vers le Sud et entraîné des famines mortelles en 1973 et 1984.

Il est non moins évident que l'Homme a sa part dans la dégradation écologique à laquelle on assiste et que l'on doive prendre en considération son action matérielle et les facteurs socio-culturels qui la soustendent et qui sont trop souvent négligés.

Produits vivriers

Nombreux sont les exemples qui montrent l'insuffisance de la production de l'aliment de base (en général une céréale) (Tableau 1).

Si l'on évalue les besoins en céréales à 200 kg par an et par personne, la production du Mali n'a couvert que 63 % des exigences caloriques de la population. En Mauritanie, le taux d'autosuffisance en céréales passe de 98 % en 1961-1964 à 54 % en 1960-1972 et à 16,9 % en 1981-1984. Le Burkina Faso a quintuplé ses importations de céréales de 1960 à 1987.

Produits animaux

Il en est de même des ressources en protéines animales. On note, par exemple, au Niger une forte diminution de la pêche. La même situation s'observe au Mali où le rendement se trouvait réduit en 1972 à 20 % des 100 000 tonnes normalement atteintes.

Les ressources d'élevage sont en baisse, en particulier celles du gros bétail. Dans certaines régions de la zone sahélienne le cheptel, y compris ovins et caprins, a subi une telle diminution que sa reconstitution reste problématique, comme au Soudan, et exigera une longue période. Dans la plupart des populations d'éleveurs, où les produits animaux jouaient un rôle majeur dans le régime, celui-ci doit aujourd'hui faire une part croissante aux glucides.

Dans beaucoup des régions frappées par la sécheresse et le surpâturage, les ressources de la cueillette et de la chasse sont en voie d'extinction.

Tableau 1

Évolution du pourcentage d'autosuffisance en aliments de base en Afrique tropicale (FAO 1980)

Région	1962-1964		1972-1974	
	% d'auto-suffisance	déficit céréalier*	% d'auto-suffisance	déficit céréalier*
Sahel	99 %	- 79	83 %	- 1 000
Afrique de l'Ouest	100 %	- 12	94 %	- 1 921
Afrique centrale	99 %	- 54	94 %	- 506
Afrique de l'Est et du Sud	99 %	- 269	98 %	- 597

* En milliers de tonnes.

Nature des déficits

L'Afrique a toujours connu des crises alimentaires et l'on ne saurait postuler l'existence d'un Age d'Or révolu. Il est indispensable d'analyser avec précision les différents types d'insuffisances alimentaires dont ce continent est le théâtre. Certaines sont liées à la saisonnalité : la plupart des sociétés situées en milieu tropical expérimentent des pénuries saisonnières, généralement au cours de la période dite « de soudure ». Il arrive souvent que les travaux des champs exigent à ce moment une dépense énergétique élevée de la part des paysans affaiblis. Les facteurs qui pèsent sur cette période de pénurie sont nombreux, endogènes et exogènes, traditionnels ou récents, et se combinent de façons diverses. Leur analyse est nécessaire pour évaluer l'ampleur du déficit, les périodes précises auxquelles ils se manifestent et l'efficacité des stratégies paysannes.

Cette pénurie peut acquérir un caractère dramatique et entraîner une forte mortalité par dénutrition. Il s'agit alors de famine, dont l'origine est aussi bien climatique que due à des événements historiques : guerres, migrations forcées. Alors que les sociétés rurales sont en général capables d'éponger sans trop de dommages les pénuries saisonnières, les famines les atteignent profondément sur le plan biologique et social. La période actuelle est marquée par la fréquence de ces catastrophes nutritionnelles. Les difficultés saisonnières et les famines sont souvent liées à l'économie vivrière locale et à la faiblesse des ressources autoproduites, mais il est évident que le système de distribution des denrées est impliqué de même que, de façon croissante, le montant du revenu monétaire et son emploi. Celui-ci est responsable de l'équilibre alimentaire des groupes qui ne sont pas en économie de subsistance et qui, aussi bien en milieu rural qu'urbain, doivent acheter leur nourriture. Leurs choix sont conditionnés par l'offre et les ressources monétaires dont ils disposent et qui fluctuent saisonnièrement, mensuellement et de façon hebdomadaire. Ces pénuries sont susceptibles d'intéresser des groupes d'ampleur variable en passant du ménage à la communauté villageoise, régionale ou nationale. Enfin, les insuffisances alimentaires peuvent être qualitatives, liées aux ressources monétaires, aux choix effectués par le système de production vivrière, et enfin aux habitudes alimentaires. Carences alimentaires et malnutrition sont susceptibles de frapper de façon variable les différentes catégories d'individus et, en particulier, les groupes dits « vulnérables nutritionnellement » : femmes enceintes et allaitantes, enfants en cours de sevrage, malades, etc. Elles se manifestent sous la forme d'insuffisances plus ou moins durables des apports aussi bien caloriques que protéiques et peuvent porter sur les différents nutriments de la ration.

Contexte historique de la production vivrière

On note aujourd'hui presque partout une dégradation du système alimentaire traditionnel dont une histoire de longue durée suggère l'efficacité et le dynamisme initiaux.

La période précoloniale

Si l'on examine, à titre d'exemple, l'histoire de la production vivrière dans le bassin du fleuve Sénégal, la période préagricole suggère une abondance de ressources végétales et animales qui, dès la période néolithique, subissent les effets de la sécheresse. L'agriculture se développe et l'on observe de nombreuses espèces authochtones, y compris un riz *(Oryza glaberrima)*. Jusqu'au XVe siècle, le bassin du Sénégal est exportateur de denrées alimentaires. Les influences du Maghreb comme celles de l'Asie et de l'Amérique se manifestent dans le domaine de la production vivrière ; il en est de même dans toute l'Afrique. A côté du sorgho, du mil et de l'igname, on voit apparaître des aliments de base d'origine étrangère : maïs, manioc, banane. Il est probable que, antérieurement à la colonisation, la différenciation sociale privilégie certaines nourritures nobles. La colonisation accentue l'influence étrangère sur l'alimentation.

Il est difficile d'évaluer la prospérité alimentaire de l'Afrique de jadis et il est vraisemblable que la diffusion des espèces vivrières originaires d'autres continents a souvent eu une influence bénéfique, même s'il s'agit du manioc dont la consommation est périlleuse s'il est mal détoxifié, étendant la gamme des ressources et autorisant la mise en culture de terres jusque-là inutilisées, comme dans le cas du riz asiatique. Nombreux sont les facteurs démographiques, écologiques (crises de subsistance), politiques ou économiques qui sont à l'origine de ces emprunts. Du XVe au XVIIIe siècle, les circuits commerciaux qui sillonnèrent le Sahara, l'Océan Indien et l'Océan Atlantique jouèrent un rôle essentiel et l'on ne saurait minimiser la part des Maghrébins, des Arabes d'Oman et des Portugais dans la dispersion des espèces vivrières méditerranéennes, asiatiques et américaines.

La traite de la période coloniale

Il semble que, dès le XVIIe siècle, le phénomène de la traite, par la ponction qu'elle effectue sur les populations (25 à 50 millions d'hommes en trois siècles) et la demande en provisions pour les cargaisons d'esclaves contribue à désorganiser l'équilibre vivrier. Il s'y joignent des aléas dûs à des périodes de sécheresse, par exemple de 1650 à 1760 en Afrique de l'Ouest. Mais, c'est essentiellement le régime colonial que l'on peut tenir pour responsable de la situation alimentaire de l'Afrique contemporaine. Sans doute, en autorisant la multiplication des relations entre les différents continents, est-il lié à de nombreuses innovations mais, par la domination politique, économique et culturelle qu'il exerce, il est aussi responsable de certaines inhibitions et, en particulier, d'une certaine désaffection pour le secteur vivrier.

Les cultures de rente

Après quelques essais de colonisation agricole, comme dans le delta du Sénégal de 1817 à 1833, les puissances coloniales restreignent la production à quelques cultures jugées rentables selon leur propre stratégie. Dans le cadre des différents empires coloniaux, on assiste même à une tentative de spécialisation par pays. Ainsi, par exemple, chez les Français : les arachides au Sénégal et au Soudan (Mali), cacao et café en Côte-d'Ivoire, bananes en Guinée. Ces cultures de rente, souvent développées de façon autoritaire en fonction d'impératifs extérieurs aux pays colonisés, entrent en concurrence avec les cultures traditionnelles vivrières. On leur consacre les meilleures terres, elles occupent la majeure partie du temps de la force de travail. Un peu partout on encourage, à l'aide de primes ou d'avances en denrées alimentaires, les cultures de rente par rapport aux cultures d'autosubsistance que l'on juge peu dignes d'être exportées — ne sont-elles pas indigènes ? Et l'administrateur du poste de Bakel au Sénégal écrit vertueusement :

> « Je prêche partout la culture en grand de l'arachide, leur faisant comprendre qu'ils (les indigènes) trouveront dans le commerce un débouché avantageux et que c'est là, avec le coton, qu'est la fortune ou tout au moins leur véritable denrée d'échanges. » (Archives nationales du Sénégal, document 13 G, 168.)

Le but est partout le même : augmenter les surfaces et l'efficacité des cultures de rente, même au détriment des cultures vivrières, et provoquer la monétarisation de l'économie. Ceci permettra au paysan de payer ses impôts et les différentes taxes auxquelles il est asujetti, d'acheter des produits marchands et de se procurer les denrées vivrières qu'il n'est plus en mesure de produire. Cette attitude est souvent entrée dans les mœurs : à titre d'exemple, de 1939 à 1951 au Sénégal la production de l'arachide (produit d'exportation) a été de façon constante le double de celle du mil, l'aliment de base consommé localement. Le monde industrialisé trouve en Afrique des débouchés pour ses produits finis et des matières premières pour ses usines. C'est aux importations que l'on demande de rétablir l'équilibre vivrier s'il est compromis et, en particulier, au riz asiatique. Les pays colonisés deviennent un marché pour les produits alimentaires manufacturés en Europe et pour le blé. On ne saurait omettre de signaler les tentatives, souvent autoritaires, pour développer des cultures alimentaires, en particulier celles du riz et du manioc, afin d'assurer des rations aux travailleurs salariés et de nourrir les villes plutôt que de satisfaire les besoins des ruraux. Le caractère obligatoire des livraisons a souvent eu un effet négatif sur les actions entreprises. On peut signaler ici le blocage de la culture du riz vers 1905 en pays baulé et le discrédit dont a fait l'objet la culture obligatoire du manioc au Congo belge.

La situation contemporaine

L'indépendance n'a guère apporté de changements. En dépit de projets parfois spectaculaires de développement de cultures vivrières mécanisées, la consommation des produits importés n'a cessé d'augmenter : de 1970 à 1982, on importe près de trois fois plus de riz au Sénégal qu'on n'en produit et près de cinq fois plus en Côte-d'Ivoire. La dépendance alimentaire instaurée par la situation coloniale n'a fait qu'augmenter depuis l'indépendance. La plupart des gouvernements continuent à dépenser une large part de leurs devises pour importer des produits vivriers et à en subventionner la vente sur le marché intérieur, essentiellement constitué par les consommateurs urbains. L'attrait pour les denrées importées tend à se généraliser.

Demande urbaine et production rurale

La croissance urbaine pèse sur l'équilibre vivrier : au cours de la décennie de 1970, la production alimentaire de l'Afrique subsaharienne s'est accrue de 1,5 % par an alors que la population en général augmentait de 2,7 % et que celle des villes s'accroissait au rythme de 5,9 %. La plupart des participants au séminaire soulignent l'incidence du phénomène urbain sur l'équilibre vivrier. Sans doute la population du continent reste-t-elle rurale et agricole mais l'urbanisation a profondément modifié la demande. Il n'est plus possible de viser simplement une autonomie vivrière régionale, encore faut-il satisfaire les exigences des concentrations urbaines. Les méthodes traditionnelles sont, dans la plupart des cas, incapables d'y faire face dans des délais rapprochés. Sans doute y a-t-il là des raisons techniques mais l'on doit aussi incriminer précisément l'exode des populations rurales vers les villes, diminuant les ressources en main-d'œuvre agricole et provoquant une modification de la demande due à l'adoption de modèles alimentaires influencés par les produits importés.

Les projets de développement des cultures vivrières

Face aux performances agro-alimentaires enregistrées dans les pays industrialisés, celles des techniques traditionnelles sont, à première vue, apparues insignifiantes et c'est donc à la technologie la plus avancée possible que l'on a fait appel. De 1950 à nos jours on assiste à une floraison de projets, souvent grandioses, toujours onéreux et rarement couronnés de succès. Il arrive que l'on commette des erreurs techniques, que l'usage de moyens mécaniques lourds accélère la détérioration des sols ou que l'on utilise des cultigènes mal adaptés aux conditions locales. Dans la plupart des cas, on choisit des variétés qui, dans des conditions expérimentales, ont permis des rendements élevés. Elles ne sont pas toujours capables de supporter des aléas climatiques, les attaques des prédateurs et les conditions rustiques du stockage. On vise à la monoculture sans tenir compte des cultures associées traditionnelles et de la stratégie qui consiste à multiplier les espèces cultivées et à jouer sur l'échelonnement de leurs cycles respectifs pour pallier les incertitudes climatiques. Ainsi, le développement excessif de la culture du maïs en Tanzanie, suivi des graves disettes de 1974-1975, a fait redécouvrir les vertus du sorgho traditionnel.

La plupart des projets sont sectoriels et ne prennent pas en compte le système agropastoral dans son ensemble. On établit des cultures permanentes sur des sols fragiles qui ont besoin de longues périodes de réhabilitation. Comme dans les pays européens, on donne la priorité à l'agriculture. Un peu partout dans le Sahel on favorise, par souci de fixer les populations pour mieux les contrôler, une implantation agricole sédentaire au détriment du système d'élevage nomade souvent mieux adapté à l'écologie régionale.

Négligence des cultures traditionnelles

Beaucoup de projets sont élaborés en fonction d'expériences qui ont eu lieu dans un contexte différent de celui où l'on se propose de les appliquer. On importe les idées, les experts, la technologie. Il est très rare que l'on accepte d'analyser avec suffisamment de finesse le savoir technique local. On peut épiloguer sur les raisons de cette lacune : ignorance, intérêt des pays industrialisés à promouvoir les solutions qui leur sont financièrement et politiquement les plus avantageuses, mais aussi mirage de la technologie la plus sophistiquée et désenchantement des nationaux vis-à-vis de leur propre patrimoine culturel. Dans bien des cas on doit simplement incriminer le manque de préparation des technocrates à aborder les sociétés traditionnelles, la brièveté du temps imparti aux études sur le terrain, la paresse à les réaliser — souvent dans des conditions inconfortables, l'incapacité à se démarquer de modèles tout faits et à imaginer des solutions nouvelles, adaptées aux conditions locales.

La culture matérielle

Un consensus s'est établi au cours du séminaire sur la nécessité et l'extrême urgence à tirer profit des connaissances traditionnelles en matière de production vivrière et, en particulier, de « la subtilité de la palette de leurs productions à l'opposé du fantasme de l'espace homogène qui marque aussi bien le planificateur autoritaire que l'"agrobusiness"». C'est avec pertinence que l'on a souligné, par exemple, en Tanzanie la complémentarité des ressources régionales. L'analyse des systèmes agropastoraux contemporains et la prise en compte du savoir technique traditionnel apparaissent comme des éléments indispensables pour intégrer les projets dans le milieu naturel et le contexte culturel de sociétés qui s'y maintiennent depuis longtemps.

Il importe aussi de prendre en considération les activités d'acquisition qui ne relèvent pas de la production proprement dite : la pêche, la chasse. On doit attirer l'attention sur le rôle joué par la petite chasse (capture de rongeurs, reptiles, insectes, etc.) et du ramassage (fruits, feuilles, tubercules) dans la vie courante et, surtout, en période de difficulté vivrière. Les données de l'ethnobotanique et de l'ethnozoologie sont essentielles à leur compréhension.

Il est apparu indispensable de tirer profit d'une histoire rurale qui fournit la clef de certains problèmes essentiels. Au Mali, le système de la *dina* instauré par Sheikou Amadou de 1818 à 1862 n'était-il pas capable de faire coexister, de façon relativement satisfaisante, l'élevage et les autres activités économiques ? Et l'on peut admirer les techniques rurales d'irrigation ou de jardinage. Si l'on doit se garder d'un enthousiasme béat auquel prédispose l'écologisme contemporain face aux réalisations traditionnelles, nombreuses sont les techniques dont on peut tirer profit pour élaborer des projets moins onéreux et plus accessibles aux intéressés. Nombreux sont les systèmes vivriers qui tirent parti de la complémentarité des activités et des cultures de la variété des sols, nombreuses sont les variétés locales efficaces et dont l'usage permettrait de s'affranchir de la dépendance semencière vis-à-vis des pays industrialisés. Ces différents aspects désignent l'analyse approfondie des techniques agro-pastorales et du système vivrier traditionnel comme une démarche apte à augmenter l'intégration et l'efficience des projets de développement des cultures vivrières, mais il faut se hâter car ce savoir disparaît progressivement.

La culture non matérielle

C'est de façon encore plus flagrante que l'on néglige de prendre en compte les aspects non matériels de la réalité traditionnelle : économique, sociale et culturelle.

Sociocentrisme

Le sociocentrisme fleurit et l'on tend, au mieux, à projeter sur les populations intéressées par les programmes les façons de voir et les concepts qui ont cours dans les sociétés industrialisées. On fait table rase de la tradition, du vécu et de la conception que les paysans ont de leur avenir et l'on planifie comme si l'on était persuadé de l'attrait irrésistible exercé par la civilisation industrielle, ses ressources technologiques et le cadre idéologique qu'elle offre à la production. On affecte de considérer que les « blocages » au développement sont physiques ou techniques alors qu'il s'agit bien souvent de la structure économique et sociale et de l'ethos des populations concernées. Nombreux sont les participants qui se sont plus à souligner les effets pervers du capitalisme libéral ou d'un collectivisme par trop totalitaire sur des populations rurales chez qui opèrent encore en profondeur des valeurs qui en sont distinctes.

Individualisme et monétarisation

Un peu partout la monétarisation de l'économie, sans permettre aux revenus d'atteindre un niveau suffisant, développe un individualisme qui ruine les structures traditionnelles qui assuraient une certaine sécurité. Il serait vain de postuler l'existence d'un communisme primitif idéal ; comme l'ont fait observer de nombreux intervenants, on observe dans la société traditionnelle une stratification socio-économique horizontale fondée sur la naissance, l'origine ethnique, le pouvoir militaire, politique et religieux plutôt que sur la richesse économique en tant que telle. Il est évident que les dignitaires de la cour de l'Empire du Mali étaient dans une situation privilégiée par rapport aux agriculteurs. Il en était de même au Ruanda Urundi de l'aristocratie batutsi par rapport à la plèbe bahutu et batwa. L'analyse des contraintes au développement dans la moyenne vallée du fleuve Sénégal en pays toucouleur montre bien, à partir d'un exemple contemporain, l'incidence d'un système traditionnel de castes sur la répartition des terres et sur celle des produits que l'on peut en tirer.

Solidarité vivrière

Dans la plupart des sociétés rurales on se trouvait, jusqu'à une période récente, dans un système impliquant la redistribution des richesses et, en particulier, des ressources vivrières accumulées. La royauté traditionnelle, les catégories privilégiées se doivent — et surtout en cas d'urgence — d'assurer la subsistance des autres groupes. On observe une situation peu favorable à la concentration du capital et de la terre entre les mains d'un petit nombre d'individus. Ce sont, de toute façon, des groupes fondés sur la parenté (tribus, clans et lignages) et sur la commensalité qui opèrent.

Le droit foncier

On se trouve dans un type d'économie dite de subsistance où la propriété de la terre était collective et inaliénable et où l'on concédait aux chefs des unités domestiques l'usage de superficies proportionnées au nombre des bouches qu'ils avaient à nourrir. Si un individu n'hérite pas nécessairement de ses ascendants directs, la terre reste la propriété du groupe de parenté et il suffit d'en faire partie pour en avoir l'usufruit pendant la durée de son existence. Il ne s'agit pourtant pas d'un système égalitaire, il existe des catégories et des individus privilégiés : les aînés dominent les cadets, et les femmes n'ont, la plupart du temps, aucun droit à la terre. La propriété collective de la terre étant inaliénable et fondée sur la première occupation dont la tradition (le plus souvent orale) conserve le souvenir, il existait une certaine solidarité sur le plan vivrier à l'intérieur du réseau de parenté, au sein du groupe territorial et depuis la catégorie élevée vers la plus basse de la hiérarchie sociale.

L'individualisme est aujourd'hui la norme et les projets modernes de développement favorisent la propriété individuelle du sol. De nos jours, la terre peut être vendue ou louée et, dans la plupart des cas, on voit coexister différents types de droits fonciers. Ainsi, dans les pays islamisés, comme le Niger, cohabitent : le droit traditionnel local, le droit islamique, enfin le droit national influencé par le code des pays occidentaux, ce qui aboutit à des conflits inextricables entre pasteurs et agriculteurs, communauté et individus, ceux-ci étant aujourd'hui d'une plus grande mobilité territoriale que par le passé. Nombreuses sont les communautés locales qui ont à faire face au flot des migrants ou des réfugiés. La mise au point d'un droit foncier réaliste et efficace est une démarche dont l'urgence s'impose.

Certaines ressources auxquelles les sociétés occidentales confèrent une fonction essentiellement vivrière ne la remplissaient que partiellement dans les sociétés traditionnelles. C'est le cas des troupeaux chez la plupart des éleveurs nomades. Les animaux y sont destinés à être thésaurisés pour entrer dans des circuits de prestige, à procurer des épouses plutôt qu'à être vendus ; l'utilisation des produits laitiers et surtout de la viande reste parcimonieuse.

26

Traditionnellement, la plupart des activités agro-pastorales et la pêche (mais dans une moindre mesure) visent à assurer l'autosubsistance, pas à accumuler des surplus au prix d'un surcroît de travail. La valeur d'usage l'emporte sur la valeur d'échange.

Organisation sociale et production

Comme on l'a fait observer, le souci de produire au moindre coût en travail l'emporte en général sur le souci du rendement à l'hectare. On recherche un gain de temps pour d'autres activités économiques (artisanat, commerce) sans doute, mais aussi sociales, religieuses, et pourquoi pas, ludiques. Nous voici loin du travail horaire salarié. Beaucoup de projets de développement moderne, et en particulier les projets dits « de contre-saison » imposent un style, un système et une quantité de travail peu compatibles avec les habitudes et que l'appât du gain n'est pas toujours suffisant à faire accepter. Pour des raisons purement techniques (et de rentabilité vis-à-vis de l'extérieur), on se retrouve dans un système coercitif qui rappelle celui de l'époque coloniale et n'est pas de nature à entraîner l'adhésion des ruraux.

Il est aussi bien rare que l'on se soit interrogé sur l'organisation sociale du travail en milieu rural : qui fait quoi, quand et où ? Il existe dans toutes les sociétés des occupations qui, comme la forge, la teinturerie, la boucherie, sont l'apanage exclusif de certaines castes. Les diverses activités de production vivrière elles-mêmes ne possèdent pas le même prestige selon les sociétés. Pour la plupart des éleveurs du Sahel, l'agriculture est une activité subalterne destinée à être poursuivie par des tributaires. S'ils sont, en raison de la sécheresse qui a décimé les troupeaux, obligés d'y recourir, il n'est pas certain que ce choix soit définitif. Il n'arrive pas toujours que l'on tienne compte du génie propre d'une population, de sa compétence technique réelle et de son intérêt profond dans le choix des activités qu'on lui propose dans le cadre d'un projet de développement, et l'on tente parfois de transformer en agriculteurs intensifs ou en riziculteurs des populations qui n'ont ni intérêt ni tradition en ce domaine. Dans cette perspective, les fonds d'Aménagement Pastoral Intégré du Sahel (FAPIS), où l'on forme des éleveurs traditionnels aux techniques modernes d'élevage, constituent un progrès.

Division sexuelle du travail

Dans toutes les populations, les activités de production vivrière font l'objet d'une organisation traditionnelle. Le noyau en est le groupe domestique, dont le volume et la structure varient selon les sociétés. On assiste, pourtant, a une répartition des tâches entre les sexes et, dans une certaine mesure, entre les classes d'âge.

La totalité des participants au séminaire a attiré l'attention sur l'importance du rôle de la femme dans le domaine vivrier aussi bien au niveau de la production qu'à celui du transport, du stockage, de la distribution ou bien de la préparation et de la commercialisation. Il est donc nécessaire d'évaluer avec précision son rôle et d'en tenir compte dans les projets qui sont jusqu'ici surtout élaborés par des hommes pour des hommes. Alors que la fraction masculine de la population dépense généralement l'essentiel de ses efforts dans les cultures de rente et de production de l'aliment de base, ce sont les femmes qui s'occupent le plus souvent des cultures secondaires, des jardins et des vergers dont les produits jouent un rôle de premier plan dans le régime. Si les hommes s'occupent le plus souvent du troupeau familial, c'est aux femmes qu'il revient de prendre soin du petit bétail et des volailles qui entrent beaucoup plus fréquemment dans l'alimentation. Mais l'autorité masculine domine ; il suffit qu'une initiative féminine en matière de culture vivrière soit couronnée de succès pour que les hommes s'y intéressent et en prennent le contrôle. C'est l'une des raisons pour lesquelles les femmes tendent, comme au Sénégal, à se mobiliser pour des cultures horticoles parfois de faible intérêt nutritionnel comme le gombo, l'oseille de Guinée, les condiments, mais dont elles sont à peu près sûres de conserver le bénéfice plutôt que pour celles des aliments de base, comme le mil et le sorgho où leur profit personnel reste très limité. Ces travaux, les femmes sont obligées de les accomplir en sus des activités ménagères, du portage de l'eau, de la collecte du bois, de la cuisine et de leurs devoirs de mère et d'épouse. Qu'il s'agisse de la femme ou des autres membres du groupe domestique, une analyse systématique de l'emploi du temps et des contraintes qu'il entraîne est de nature à mieux adapter les programmes à la réalité rurale.

Travail, autorité et coopération

L'organisation du travail au niveau de la cellule minimale — le groupe domestique — implique une connaissance de la structure d'autorité qui y opère. Qui détient l'initiative en quel domaine ? Quels sont les droits et les devoirs de chacun ? En Afrique, c'est en général l'homme le plus âgé qui est le chef de la cellule domestique, c'est lui qui possède l'initiative en matière économique et qui répartit le produit des activités entre les membres du groupe. Ceux-ci collaborent sous son autorité aux principales cultures vivrières et de rente et à la gestion du troupeau. Cela n'empêche pas les autres participants du groupe d'exploiter des terres à des fins personnelles et à disposer de leurs produits à leur guise, ou de posséder du bétail distinct du troupeau familial. On assiste aujourd'hui à une évolution qui va dans le sens de l'indépendance économique des individus qui constituent le groupe domestique et d'une contestation du système oligarchique traditionnel. La collaboration sous l'autorité du chef de famille est moins facilement acceptée, la répartition du produit et la gestion du stock devient l'objet de controverses qui aboutissent parfois à l'éclatement du groupe. On s'achemine vers une structure en ménages dont les différents membres jouissent d'une indépendance relative. La coopération et la solidarité sont en baisse ; ceci est d'autant plus évident si l'on envisage une entité plus ample que celle de la cellule domestique. Les groupes de voisinage, les lignages, les classes d'âge étaient mis à contribution lorsque des travaux urgents ou d'une grande ampleur devaient être entrepris. C'est aujourd'hui plus rarement le cas et l'on observe fréquemment un antagonisme entre groupes ethniques voisins, entre communautés, entre classes d'âge et catégories biologiques. Les jeunes s'opposent aux vieux, les épouses moins soumises que par le passé à des maris qui se veulent encore autoritaires.

Nouvelles structures de coopération

L'un des problèmes qui se posent aux projets de développement agricole est la restauration de groupes de coopération acceptant sans arrière-pensée de se plier à des règles et à une discipline commune pour atteindre des objectifs neufs. Le débat reste ouvert, il porte la marque de l'idéologie politique de chacun des pays concernés. Il ne s'agit de rien de moins, comme l'exprime l'un des participants, que de « restaurer les sociétés rurales en créant des cadres nouveaux de compétence, des centres de pouvoir locaux de participation et des agents de vulgarisation de nouveau style, des stratégies nouvelles... où le village sert de trame à des modèles de développement autocentré et intégré ». C'est ainsi que, par exemple, le Niger a mis sur pied les *samaraya,* structures de transition entre la famille et le village et soutient des *groupements mutualistes villageois* ou *pastoraux* poussant à l'autogestion. Au Sénégal, dans les *périmètres irrigués villageois,* on s'appuie sur le village. Dans les ensembles plus vastes, on créé des groupements de producteurs qui se sont choisis par affinité ; ces unités sont rassemblées en coopératives. Tout en s'appuyant sur la communauté villageoise, on s'est efforcé de créer des unités plus amples, plus dynamiques techniquement et plus aptes à accueillir des éléments externes à la communauté. Mais il est difficile d'éviter toutes les contradictions et les conflits. Il arrive que des villageois expropriés soient réintégrés sur ce qu'ils considèrent comme leurs propres terres (selon le droit traditionnel), transformées, par exemple, en périmètres irrigués. Ils auront à y travailler un lopin qu'ils ne pourront plus retransmettre nécessairement à leurs descendants, tout en ayant à se conformer à un calendrier d'activités imposé de l'extérieur. Ils devront aussi coexister avec des étrangers auxquels les opposent parfois des rivalités anciennes et avec lesquels ils sont en compétition dans la cellule nouvellement créée.

On abordera plus loin le problème de la planification et de l'exécution des programmes destinés à améliorer la production alimentaire. On peut, dès à présent, admettre qu'aujourd'hui la plupart des projets de développement des cultures vivrières parviennent à assurer la sécurité alimentaire des populations qui y sont directement intéressées, moins souvent à leur procurer un revenu monétaire compatible avec leurs nouvelles aspirations, plus rarement encore à apporter une contribution significative à l'alimentation des villes et à l'autosuffisance nationale. Si l'on observe en beaucoup de lieux des ceintures maraîchères urbaines, c'est le plus souvent à l'initiative privée qu'on le doit et, en particulier, à celle des femmes. On doit aussi constater que, en dépit d'efforts louables, les programmes restent imposés de l'extérieur sans que l'on prenne réellement l'avis des intéressés. Les projets génèrent une structure de pouvoir qui ne favorise pas toujours les producteurs et sont souvent incapables d'entraîner la participation profonde de ceux auxquels ils sont destinés. Alors que la confrontation des paysans avec des modèles extérieurs techniques, économiques, religieux leur a fait perdre foi dans les normes traditionnelles qui réglaient leur comportement, il est rare que l'on soit parvenu à asseoir le développement technique qu'on leur propose sur une base idéologique, morale, religieuse ou politique à laquelle ils adhèrent profondément. De toute façon, les privilèges dont leur apparaissent bénéficier les citadins sont un facteur de désaffection pour la condition paysanne.

Stockage, transformation et distribution

On ne saurait se limiter à considérer le problème vivrier sous ses aspects de production. C'est en termes de filières, d'intégration des filières entre elles et de relations entre les différentes fonctions d'une même filière (production, transformation, stockage, commercialisation, consommation) qu'il faut le concevoir.

Le stockage

Comme on l'a fait remarquer, le problème du stockage des produits vivriers reste essentiel. La monétarisation de l'économie domestique a entraîné une dégénérescence des techniques de conservation à l'échelon du groupe familial. En raison des difficultés de transport et des disettes saisonnières, il y a là tout un domaine dont l'amélioration technique est nécessaire, surtout en milieu rural. Elle implique la prise en considération des stratégies traditionnelles d'utilisation et de gestion des stocks et de la vision que les usagers ont des denrées qu'ils utilisent. A l'échelon villageois, régional et national, la constitution de stocks de sécurité peut apporter une amélioration, mais le problème de leur gestion et de leur répartition reste posé ; il a rarement été réglé de façon satisfaisante jusqu'à présent. Qu'il s'agisse de la production locale ou de l'aide alimentaire, le gaspillage, le détournement et les malversations de tous ordres, à tous les niveaux, constituent un frein aux meilleures intentions. Ils manifestent l'altération d'une certaine solidarité fondée sur la morale traditionnelle.

Transformation des produits

Il existe un contraste frappant entre les produits des industries agro-alimentaires importées ou fabriquées localement, souvent à partir de matières premières importées, et les produits locaux vendus sous forme brute ou ayant subi les effets des techniques traditionnelles de transformation. Les premiers bénéficient d'une technologie avancée et répondent le plus souvent aux spécifications internationales — par exemple, celles du *Codex alimentarius* — élaborées sous l'influence dominante des pays industrialisés. Ils se conservent bien, sont relativement chers, mais leur approvisionnement est constant, ils sont devenus de consommation courante en milieu urbain, conférant du prestige et se répandant dans les zones rurales. Les seconds ont subi des transformations domestiques ou artisanales moins complexes. Sans pouvoir prétendre satisfaire aux mêmes critères en matière de conservation et d'hygiène, ils sont efficaces, généralement moins chers, mais pas toujours disponibles. Ils continuent d'être acceptés (parfois faute de mieux) par une large part de la population aussi bien en milieu urbain qu'en milieu rural. Toutes les sociétés traditionnelles possèdent, dans le domaine de la technologie alimentaire, des procédés intéressants. Ils concernent les produits animaux : viandes et poissons séchés ou fumés ; aussi bien que végétaux : céréales, légumineuses et tubercules dont on confectionne des farines, des semoules, des beignets ; oléagineux locaux dont on utilise aussi les tourteaux — la liste serait longue.

Nombreuses sont les solutions élégantes et peu onéreuses. Il est rare que l'on ait donné à ces aspects l'attention suffisante, que l'on ait essayé de faire passer ces techniques du stade familial au stade artisanal ou industriel, ou que l'on se soit préoccupé d'en organiser la distribution et la commercialisation pour satisfaire la demande contemporaine aussi bien en milieu urbain qu'en milieu rural.

Il arrive même que l'on interdise, sous différents prétextes, la transformation artisanale de denrées dont la production est sous le contrôle de l'État ; c'était le cas de l'huile d'arachide dans certains pays. Il y a à cela des raisons évidentes et, en particulier, les intérêts commerciaux extérieurs, aujourd'hui souvent relayés localement, puissamment organisés et disposant de réseaux de marketing qui ne répugnent pas à analyser de façon subtile les spécificités du marché local, y compris traditionnel. Beaucoup de pays africains se sont dotés d'une industrie agro-alimentaire nationale, la plupart du temps sous le contrôle de l'État. Les succès en sont variables selon les pays et les produits. Il est fréquent que ces tentatives visent à l'exportation (huiles, conserves de poisson) ; si elles bénéficient à la balance commerciale nationale, leur incidence directe sur les consommateurs locaux est faible. Un certain nombre d'essais ont été effectués en direction du marché intérieur et portant sur des données locales : produits obtenus à partir du sorgho, du mil, du manioc, des légumineuses, huiles diverses, jus de fruits et boissons aromatisées. Si l'on observe des succès, surtout en ce qui concerne les aliments de base (en particulier en Afrique de l'Est), nombreux sont les échecs — le pain de mil au Sénégal, par exemple. Ceux-ci ne proviennent pas particulièrement de la mise au point du produit mais d'un défaut de prise en considération de tout ce qui concerne sa commercialisation (étude de marché, publicité).

Des obstacles réels sont à surmonter en matière de financement, de régularité d'approvisionnement mais il est évident que, si le secteur agro-alimentaire national bénéficiait d'une priorité suffisante et si sa gestion était assez souple pour s'adapter à longue échéance aux particularités du marché intérieur, un progrès sensible serait accompli dans le sens de la sécurité alimentaire. Il est manifeste que les contraintes de la vie quotidienne, en ville comme à la campagne, exigent aujourd'hui des produits de bonne conservation, de manipulation aisée, de préparation rapide... et d'un prix suffisamment bas. Ceci implique la résolution de nombreuses contradictions entre l'intérêt des producteurs et celui des consommateurs. Il est arrivé trop souvent que les tentatives étatiques, dirigistes, effectuées en ce domaine se soient opérées au détriment des producteurs auxquels on imposait, à titre patriotique, le prix le plus réduit possible pour l'achat de leurs denrées.

On doit attirer l'attention sur le rôle majeur que jouent les femmes dans le domaine de la transformation comme dans celui de la production. Nombreuses sont les initiatives locales réalistes, parfois couronnées de succès, mais dont l'ampleur reste limitée. Un soutien financier, technique et juridique, gouvernemental ou privé, le développement de coopératives de production et de consommation seraient sans doute de nature à en augmenter les résultats.

La commercialisation

La commercialisation et la distribution des produits vivriers jouent un rôle essentiel dans la situation vivrière de l'Afrique. Si l'incidence du marché international et des circuits commerciaux mondiaux sont évidents, on connaît moins bien la structure des échanges internes, dont certains sont diffus et appartiennent parfois à l'économie submergée, voire illégale : vente en contrebande aux pays voisins de denrées dont le prix est fixé par l'État à un niveau très bas (c'est le cas du riz de Mauritanie vendu au Sénégal), transit illicite de céréales vers les zones touchées par les disettes.

Les connaissances que l'on possède sur le commerce vivrier se réfèrent :

— aux denrées les plus importantes — céréales, bétail, poisson — du commerce traditionnel ;

— aux produits agro-alimentaires qui entrent dans les chaînes de distribution moderne.

Les méthodes de commercialisation traditionnelles ne répondent pas aux critères du marketing moderne et reposent souvent sur ces circuits anciens. Ils sont parfois l'apanage de groupes et d'ethnies spécialisés et s'appuient souvent sur une parenté d'origine commune, sur des rapports de complémentarité traditionnelle entre les groupes ou bien sur des relations de patrons à clients. Elles sont efficaces et dotées d'une très grande souplesse. Si elles sont souvent mises à contribution par le commerce privé moderne elles sont rarement utilisées dans les efforts gouvernementaux qui s'appuient sur des structures administratives souvent peu souples, sans tenir compte des circuits déjà existants. On observe donc presque partout un commerce officiel où les prix d'un certain nombre de denrées essentielles sont fixés (mais pas nécessaire-ment), et un commerce officieux qui tient compte de l'effet de la demande et des oscillations saisonnières qui caractérisent les disponi-bilités vivrières et varient localement. Le gouvernement offre la plupart du temps au producteur un prix officiel plus faible que celui du commerce libre. Ainsi, par exemple, au Mali en octobre 1983, le prix officiel d'un kilogramme de mil est de 100 F CFA[1], celui du cours libre de 195 F CFA.

---

1. Un F CFA équivaut à un centime (F français).

Spéculation saisonnière

L'approche de la période de soudure fait flamber les prix qui doublent ou triplent au cours de l'époque la plus difficile. L'augmentation du coût des denrées est le fait des grossistes mais aussi des nombreux intermédiaires entre les mains desquels les produits transitent jusqu'à la vente au détail aux particuliers. La situation est plus tragique en période de famine et l'un des participants fait remarquer que, dans certaines régions du Soudan, tous les commerçants — et même certaines banques — profitent de la disette pour s'enrichir en vendant leurs stocks vivriers à un prix scandaleux et en pratiquant des taux d'intérêt usuriers. La spéculation sur les denrées vivrières, y compris parfois celles qui proviennent de l'aide alimentaire, est une des constantes du commerce vivrier. Il est difficile d'y remédier dans la mesure où pouvoir économique et politique locale sont souvent liés et reposent sur des relations de clientèle. L'ampleur des distances et le mauvais état des voies de communication permettent aux commerçants qui sont dotés de moyens de transport d'imposer leur prix tant à l'achat qu'à la vente, d'établir des monopoles de fait ou même de créer des pénuries artificielles.

L'économie ménagère

Le petit commerce vivrier, celui auquel accèdent les ménagères pour la préparation des repas et, en particulier, l'achat des ingrédients de la sauce qui accompagne l'aliment de base, est mal connu et échappe à la plupart des enquêtes économiques. Il porte sur de petites quantités achetées au jour le jour et met en branle des stratégies complexes qui ne sont pas toujours connues de la fraction masculine de la population. Seule une étude fine des budgets familiaux au cours du cycle annuel entier sera-t-elle susceptible de mettre en évidence l'importance du poste alimentaire et, à l'intérieur de celui-ci, des parts qui reviennent à l'autoconsommation et aux achats extérieurs dans les stratégies vivrières familiales.

La connaissance approfondie du commerce vivrier traditionnel et sa moralisation sont indispensables à une amélioration de la situation alimentaire des consommateurs mais l'on ne saurait se faire trop d'illusions sur le succès des tentatives de réforme.

LES HABITUDES ALIMENTAIRES

C'est sous cet aspect que le séminaire a principalement abordé la consommation vivrière.

Esquisse d'une définition

Les participants ont attiré l'attention sur l'ambiguïté de cette notion. Un accord sur une définition minimale des habitudes alimentaires a pris forme au cours des débats : « les façons dont des individus appartenant à différents groupes sociaux choisissent et consomment les nourritures dont ils disposent ». Les habitudes alimentaires peuvent être envisagées à trois niveaux, du concret à l'abstrait : celui des comportements, celui des opinions et celui des attitudes plus ou moins explicites. Elles satisfont les exigences socio-culturelles et biologiques (à des degrés variables) des individus qui constituent une société.

Ampleur du terme

Le terme, au demeurant vague, recouvre un ensemble d'aspects qu'il importe de préciser lorsqu'on l'utilise. Il peut même englober, au sens large, l'ensemble des aspects culturels des activités en rapport avec l'alimentation, depuis l'usage des ressources du milieu, de la production jusqu'à la consommation et même à l'excrétion et à l'utilisation des déchets. Il est question le plus souvent des domaines qui sont en relation avec la préparation et la consommation des aliments et des systèmes de représentation qui gravitent autour du phénomène alimentaire. On peut y inclure l'étude des recettes de cuisine et des propriétés organoleptiques qui caractérisent le régime d'une population celle du discours qui accompagne la consommation d'un aliment ou d'un plat mais aussi celle des symboles qui, à divers titres, la sous-tendent.

Aspects positifs et négatifs

Il peut s'agir de comportements négatifs et il est fréquemment question de tabous, d'interdits mais aussi de préférences, de régimes prescrits ou de gastronomie dont la justification repose sur des observations empiriques (et l'on est alors sur le chemin de la science de la nutrition) ou procède d'associations purement symboliques. Il n'était pas dans le propos du séminaire d'entrer dans une analyse approfondie des concepts mais de dégager quelques-uns des aspects généraux utiles en termes opérationnels et, en tout cas, d'admettre l'existence d'un corpus complexe et original présent dans chaque culture et dont on s'est trop rarement préoccupé dans la planification alimentaire. C'est ainsi que l'on a mentionné la tendance réductrice des opérateurs du développement à centrer leur attention sur le « bol alimentaire » — les aliments de base — sans se préoccuper des sauces qui les accompagnent et leur donnent leur relief, une partie de leur valeur symbolique... et nutritionnelle, accréditant l'idée d'un régime africain plus monotone et grossier qu'il n'est en réalité. Il n'était pas non plus dans le but de la réunion d'inventorier la multitude de facteurs, de déterminismes qui pèsent sur les habitudes alimentaires mais de reconnaître leur complexité, l'originalité de leurs combinaisons dans chaque cas spécifique et la nécessité d'une approche qui englobe aussi bien l'analyse de la réalité concrète que celle de la littérature orale ou de l'inconscient collectif des sociétés où elles s'incarnent.

Un domaine d'étude pour les sciences humaines

Force a été de reconnaître qu'il y avait là, dans la sphère de l'alimentation et de la nutrition, un domaine dont l'analyse relève expressément des sciences humaines et sociales et où un organisme comme l'Unesco pourrait apporter sa contribution. L'attention a été attirée sur l'hétérogénéité relative des habitudes alimentaires des populations traditionnelles africaines. Chaque population régionale, chaque ethnie et, parfois, au sein de celle-ci chaque groupe social ou même chaque catégorie biologique, possède des modèles alimentaires partagés par ses membres.

Précocité et pérennité des habitudes alimentaires

L'intériorisation de ces modèles a lieu dès le plus jeune âge et présente une certaine continuité d'une génération à l'autre. Il est fréquent qu'on leur ait attribué un rôle essentiel dans la cohésion des sociétés. Dans la mesure où le terme « habitude » véhicule l'idée d'une certaine fixité et d'un certain automatisme, on leur a accordé une rigidité et un caractère négatif qu'elles n'ont pas mais qui les déprécie et permet d'éviter de les prendre en compte dans les projets de développement.

Habitudes alimentaires et valeur nutritionnelle

Comme dans le domaine de la production vivrière, on imagine que des critères, dont celui de valeur nutritionnelle qui apparaît souveraine dans le système des opérateurs du développement plutôt que dans celui des populations concernées, entraîneront l'acceptabilité des produits proposés. C'est ainsi que, par exemple, en Mauritanie, dans le cadre des projets de la moyenne vallée du Sénégal, les paysans n'apprécient pas les qualités gustatives de la variété de riz imposée et la vendent pour se procurer des brisures de riz importées, plus conformes à leur goût. Les exemples de ce type sont innombrables ; ils intéressent aussi bien les aliments de base que les aliments nouveaux dits « riches en protéines » ou les aliments de sevrage.

Variabilité des habitudes alimentaires

Une observation suffisamment attentive de la réalité africaine montre l'évolution des habitudes alimentaires au cours de l'Histoire, leur dynamisme dans la période contemporaine (y compris les modes et les engouements — celui du KUB Maggi substitué aux condiments traditionnels dans une large partie de l'Afrique).

Leur variabilité s'observe aussi en fonction des divers groupes de la population au sein d'une même culture traditionnelle, *a fortiori* à l'intérieur d'une même nation. C'est ainsi qu'en Tanzanie chacune des grandes zones écologiques — les hauts plateaux, la zone côtière et riveraine du lac Victoria et la zone de savane sèche — se caractérise par des styles alimentaires distincts. A l'intérieur des régions écologiquement homogènes, les genres de vie introduisent de nouvelles différences : l'alimentation des pasteurs peuls du Mali ou du Niger se distingue de celle des agriculteurs avoisinants.

Des populations partageant un même genre de vie dans un milieu naturel homogène peuvent effectuer des choix alimentaires différents : au Sénégal, les Wolofs préfèrent la bouillie et la « boule » de mil pénicillaire à celle du sorgho ; cette prédilection est moins marquée chez les Sérères. Les Massa du Cameroun ont une préférence pour des plats à base de sorgho rouge ; cet engouement est moins marqué chez les Toupouri ; il est un objet de dédain chez les Peuls, pourtant leurs voisins.

A l'intérieur d'une même population, différents groupes biologiques peuvent ne pas avoir le même accès aux mêmes aliments. Il est fréquent que la consommation de viande des hommes soit plus large que celle des femmes, qui doivent respecter des interdits, par exemple sur certaines volailles ou certains gibiers. Les mêmes nuances existent entre les classes d'âge : les enfants n'ont parfois pas le droit de manger certains aliments prestigieux, apanage des adultes, mais utilisent, en revanche, une vaste collection d'aliments (insectes, reptiles, baies) que ceux-ci méprisent.

Dynamisme en habitudes alimentaires

Au sein d'une même population on voit évoluer, au fil du temps, les habitudes alimentaires. La consommation de la semoule de couscous de blé ou de mil, d'origine maghrébine, s'est généralisée de longue date dans les populations de l'Ouest africain. L'usage de farines à base de maïs s'est répandu dans une bonne partie des populations d'Afrique de l'Est. Tout ce que l'on peut dire, c'est qu'il existe des habitudes alimentaires plus anciennes que d'autres et des préférences plus ou moins affirmées. Il s'agit là d'un domaine mouvant mais si l'on peut constater, au niveau du comportement, des changements perceptibles dans les choix, il est difficile de discerner avec précision les lois auxquelles ils obéissent (et il n'y a pas de raison ici de négliger les connaissances accumulées par le marketing moderne dans les marchés qui se créent en Afrique et de les adapter à la réalité africaine). Il apparaît néanmoins qu'au travers des spécificités ethniques régionales s'élaborent des modèles plus généraux, peut-être nationaux, où se combinent l'origine culturelle et le niveau socio-économique du consommateur. Les facteurs qui sous-tendent ces habitudes sont très nombreux, ils dépendent des ressources du milieu et, aujourd'hui, de façon croissante du revenu monétaire, de la saveur des aliments, enfin de la signification symbolique qui leur est accordée selon une multitude d'échelles de valeurs et d'innombrables critères.

Valeur emblématique — importance des modèles urbains

La consommation alimentaire dans cette perspective apparaît comme un acte de communication qui manifeste le statut de celui qui l'accomplit. La valeur emblématique, de démarcation sociale de l'acte alimentaire, est un élément important du choix effectué par les consommateurs. Il est des nourritures de riches et de pauvres, de citadins au goût du jour et de paysans rétrogrades ; chacun en consommant sa nourriture manifeste son statut. Et l'on peut parler ici d'un usage non-alimentaire des nourritures : à côté de l'affichage de la prospérité économique, on observe aussi celui de la distinction selon l'orthodoxie religieuse (islam) ou morale (frugalité protestante contre hédonisme traditionnel) ou celui de connaissances diététiques modernes (face à l'ignorance du commun). On pourrait aussi mentionner la charge émotionnelle des aliments rituels.

La période contemporaine est marquée par l'influence des modèles issus de la société moderne industrialisée sur les zones urbaines africaines qui les transmettent, après leur avoir apposé leur propre marque aux sociétés rurales plus traditionnelles. C'est la hiérarchie des rôles sociaux qui opère ici et il apparaît plus séyant de s'identifier aux salariés urbains ou même aux élites des pays industrialisés qu'aux paysans traditionnels (bien que l'on puisse aussi discerner un retour vers l'authenticité culturelle traditionnelle et l'intégrisme religieux).

L'étude systématique des habitudes alimentaires de certains groupes phares de la société fournit des indications sur les tendances de l'évolution alimentaire de la population toute entière. Il va sans dire que le mouvement général favorise les aliments importés, auxquels les populations se sont déjà accoutumées (c'est le cas du pain, des conserves, des pâtes). Le soutien médiatique et financier qui les accompagne laisse peu de chances à une réhabilitation des aliments du système traditionnel rural si on ne leur accorde pas un soutien aussi énergique. Cette situation est d'autant plus préoccupante que la valeur nutritionnelle selon des critères scientifiques est rarement un élément déterminant du choix.

Vers une rationalisation des comportements

Il y a là une caractéristique générale de l'alimentation humaine : les systèmes alimentaires traditionnels ou modernes ne privilégient pas nécessairement les aliments pour leur efficacité nutritionnelle et il n'y a guère de sagesse infuse en ce domaine. Certaines populations ont adopté un tubercule comme aliment de base alors qu'elles auraient pu tout aussi bien élire, dans le même milieu, une céréale beaucoup plus riche en protéines. Le blé et le riz importés n'ont rien à envier au sorgho et au mil traditionnel. Une farine de couleur claire n'est pas plus nourrissante qu'une farine foncée ; le riz blanchi a perdu une partie de sa valeur vitaminique. L'engouement pour les aliments sucrés et gras, l'alcool et un régime hyperprotéique, symbole de prospérité, est d'ores et déjà générateur de maladies de dégénérescence dans certains milieux africains urbains. Il arrive fréquemment que les groupes vulnérables nutritionnellement — femmes enceintes ou allaitantes, enfants en cours de sevrage — se voient octroyer une alimentation inadéquate et que le facteur monétaire ou la disponibilité des aliments ne soient pas à incriminer mais qu'il s'agisse là de choix délibérés.

Cette situation n'est pas particulière à l'Afrique. La rationalisation des comportements alimentaires selon les données de la diététique scientifique date de quelques décennies en Europe ; elle est loin d'exercer une influence dominante. Il importe donc en chaque lieu d'évaluer d'un point de vue nutritionnel le régime alimentaire des différents groupes qui composent une population. Il est nécessaire de prendre en considération la portée nutritionnelle des actions de développement proposées et d'ajuster aux insuffisances caractéristiques du système alimentaire les programmes de développement vivrier proposés et, enfin, de prévoir les actions éducatives d'accompagnement qui s'imposent. Sans doute y a-t-il là un champ d'action pour l'Unesco.

LES POLITIQUES ALIMENTAIRES

La prise de conscience de la fragilité vivrière et de la dépendance alimentaire de l'Afrique vis-à-vis de l'extérieur remonte à une dizaine d'années. Elle a été accélérée par les disettes récemment subies.

Les objectifs

La déclaration de Monrovia (1976) et le plan d'action de Lagos ont mis au premier rang des priorités des gouvernements l'indépendance alimentaire selon deux perspectives principales :
— à long terme, l'autosuffisance — elle vise à satisfaire la demande quantitative et qualitative de la nation en aliments en s'affranchissant de la dépendance extérieure ;
— à court terme, la sécurité alimentaire — elle admet l'existence d'une certaine dépendance vis-à-vis de l'extérieur. Elle s'efforce, en s'appuyant sur toutes les ressources disponibles dans la conjoncture, d'assurer à toute population une ration alimentaire suffisante.

Priorités contradictoires

La réalisation de ces objectifs exige un profond bouleversement des politiques alimentaires pratiquées jusqu'à présent et souvent une inversion des priorités. Le séminaire a insisté sur la nécessité, mais aussi sur les difficultés, à résoudre les nombreuses contradictions qui surgissent.
La conception d'un développement fondé sur la croissance industrielle et les séquelles de la situation coloniale ont conduit à adopter une politique alimentaire basée sur l'importation de produits vivriers

achetés sur le marché international et, plus récemment, obtenus des diverses aides alimentaires. Ces denrées, souvent subventionnées à la vente, assurent principalement la subsistance des citadins. Elles entrent en compétition avec les produits locaux qui ne peuvent, le plus souvent, en soutenir la concurrence. Il importe donc de protéger le marché intérieur et de pratiquer une politique des prix favorable aux producteurs nationaux. Cette mesure, visant à une certaine vérité des prix, n'avantagera pas les habitants des villes, en particulier les couches les moins fortunées. Il n'est plus possible de demander à l'agriculture de financer le développement urbain et une industrialisation que l'on imaginait, jusqu'à une période récente, concomitante.

En tout état de cause, dans la plupart des pays, la production alimentaire nationale est incapable de satisfaire les besoins. Si elle y parvient en ce qui concerne les producteurs eux-mêmes, elle ne peut faire face à la croissance démographique et à l'augmentation du nombre des consommateurs urbains. Il importe donc d'améliorer la production et la distribution des produits vivriers nationaux, ce qui pose des problèmes techniques, socio-économiques et culturels. Il est indispensable de poursuivre sans ambiguïté une démarche visant à l'autosuffisance et de ne point prendre prétexte des déficits de la production vivrière nationale pour maintenir, comme par le passé, une politique fondée sur les importations et les dons alimentaires, tout en prêchant l'autonomie.

Priorité aux zones rurales

Les participants ont souligné la faiblesse des dépenses budgétaires consacrées au développement rural (1,3 % du budget national annuel en Mauritanie au cours du IIIe Plan). Il importe donc de favoriser budgétairement les secteurs primaires et secondaires, en particulier l'agriculture et les autres activités vivrières face à la croissance du secteur tertiaire. C'est donc sur les communautés rurales qu'il importe de centrer les actions pour les entraîner dans la dynamique du développement national et, entre autres, freiner l'exode des populations villageoises vers la ville, dont les conséquences sur l'équilibre vivrier national sont profondes. Comme on l'a vu, beaucoup de projets de vastes dimensions visaient les cultures de rente ou les cultures vivrières destinées à assurer l'autosuffisance nationale. Les difficultés encourues suggèrent de viser aussi la sécurité vivrière des ruraux. Il ne saurait toutefois être question de revenir à une autosubsistance et à une forme de vie que les paysans eux-mêmes considèrent comme dépassée. Ils exigent un revenu monétaire suffisant pour se procurer des produits

41

marchands au même titre que les habitants de la ville et de bénéficier des mêmes avantages en termes de santé, d'éducation et de loisirs. Il est donc indispensable de réaliser des projets qui assurent la sécurité alimentaire des paysans, leur permettent d'obtenir un revenu monétaire satisfaisant et dont la productivité soit assez élevée pour dégager des excédents commercialisables sur le marché intérieur (vers la ville) ou même exportés. L'augmentation de la productivité est, pour une part, due aux améliorations techniques ; toutefois, dans la majeure partie des cas, le remboursement des investissements et le coût des intrants font peser sur les paysans des charges financières insoutenables. Il importe, donc, d'alléger la dette des ruraux si l'on veut maintenir leur enthousiasme, en faisant reposer, par exemple, sur un financement national extérieur la prise en charge des interventions pendant une durée assez longue ; en promouvant, par exemple, des programmes de production alimentaire familiale dont les bénéfices seraient progressivement affectés à financer le fonctionnement des aménagements, l'amortissement des équipements, l'obtention des intrants.

Projets, privilégiés et pouvoir

Il est apparu que les projets de développement agricole tendaient à promouvoir certains groupes et certains individus, accentuant ou même créant des inégalités entre les participants (les « organisateurs » et les « organisés »). Il a été souligné la différence de point de vue des agences internationales. En ce domaine, la Banque Mondiale de Développement tend à favoriser le fermier aisé (susceptible d'accumuler du capital et de moderniser aisément son exploitation au détriment, si nécessaire, de son voisin moins chanceux ou efficace). La FAO met l'accent sur le petit producteur et l'échelon familial. Un consensus s'est établi sur la nécessité de favoriser le petit producteur et les projets de dimensions suffisamment restreintes pour rester sous leur contrôle et maintenir leur participation active. En dépit des tentatives de décentralisation de l'autorité et d'intéressement des paysans aux décisions, les sociétés de développement et le pouvoir étatique exercent un pouvoir discrétionnaire face aux attentes des ruraux et surtout à leurs revendications. Les participants ont insisté sur la mauvaise gestion de beaucoup de projets et les coûts exorbitants qu'elle implique. Ils ont noté la confiscation du pouvoir, en principe accordé aux paysans, au profit d'une Administration parfois pléthorique et souvent inefficace. Chaque projet secrète sa hiérarchie particulière, crée ses propres privilégiés et il est évident que le rôle social de producteur rural n'y est pas le plus enviable. Il importe de le revaloriser. Les différents types de société de développement et d'organismes chargés de la gestion ont presque toujours une attitude dirigiste qui ne favorise pas le dialogue et décourage la participation et l'initiative locale. Si celle-ci se manifeste, elle engendre ses propres privilégiés et ses propres contradictions.

Ce processus est inévitable mais soulève le problème des relations entre la société et le pouvoir étatique et pose une interrogation sur ce que l'on entend par « volonté politique ». Les réponses varient selon les différentes options gouvernementales.

Analyse des facteurs socio-culturels, vers une réhabilitation de la condition paysanne

Il n'en reste pas moins vrai que la planification s'exerce souvent en fonction d'objectifs non directement accessibles aux populations concernées, elle agit du sommet à la base et sans tenir compte ni dans son contenu ni dans sa forme des réalités locales matérielles et des motivations profondes des paysans. Le séminaire s'est accordé à montrer l'importance des facteurs socio-culturels et de la nécessité d'une analyse de la réalité présente et de la situation historique qui l'a précédée et qui englobe tous les domaines dont il a été question auparavant. Dans cette perspective, on peut parler d'un processus de planification qui part de la base. Sans perdre de vue les exigences nationales, il laisse place à une démarche inductive et se nourrit de la réalité locale tant en ce qui concerne les objectifs que les moyens de les réaliser. Cette attitude, qui prend en compte le substrat traditionnel des cultures et en tire profit dans une perspective dynamique et sans nostalgie passéiste, est seule de nature à réhabiliter les paysans à leurs propres yeux, à leur donner confiance et à les pousser à occuper la place de choix qui leur revient dans la société nationale.

A côté de la formation technique proprement dite, de nombreuses mesures de type éducatif et social adaptées à la réalité s'imposent : alphabétisation, enseignements spécialisés, mesures sanitaires et de santé publique, enfin création d'équipements et services comparables à ce qui existe en milieu urbain. Elles doivent être capables de réduire la disparité qui existe entre ville et campagne, de dissiper les stéréotypes qui ont cours vis-à-vis du paysan perçu comme inculte, arriéré et pauvre, et de promouvoir son rôle de « producteur rural, rouage essentiel de la nation ». Il va sans dire qu'une connaissance suffisante des cultures est indispensable pour adapter le contenu et la forme des enseignements et des messages que l'on se propose de transmettre. Une action énergique et durable émanant du pouvoir central et se situant aussi bien au niveau du discours que des mesures matérielles se situant à l'échelle de la nation toute entière, est indispensable si l'on veut dynamiser une population rurale, souvent désenchantée et découragée par trop d'indifférence et d'expériences malheureuses. Il va sans dire qu'une telle tentative exige un profond soutien idéologique qu'il revient aux gouvernements d'élaborer, selon leur philosophie particulière.

Priorité aux crises vivrières

Nombreux sont les participants qui ont insisté sur le caractère de crise revêtu par le problème vivrier en de nombreux lieux et concernant des populations spécifiques. Parallèlement à une amélioration de la situation globale, la résolution immédiate du problème alimentaire des groupes et des individus touchés par la famine ou la malnutrition est indispensable, qu'il s'agisse des méfaits de la guerre ou de la sécheresse. L'identification des groupes cibles et de l'ampleur de leurs déficits est aisée et les mesures à prendre souvent évidentes. En ce qui concerne les famines dues à la sécheresse, une certaine prévision est même possible. Dans de nombreux cas, en dépit des priorités financières accordées par la communauté nationale et internationale, force a été de constater l'inefficacité des mesures prises et le détournement, aux différents niveaux, des ressources qui y étaient affectées. Il y a là matière à réflexion pour le planificateur.

S'il n'est pas possible de parer à toutes les difficultés alimentaires, la concentration des moyens sur les groupes à risques élevés s'impose. Il s'agit ici de populations rurales et urbaines se situant en dessous d'un certain « seuil de pauvreté » et disposant de ressources insuffisantes pour satisfaire leurs exigences nutritionnelles. Il n'est plus question en ce cas de mettre l'accent sur les groupes promis à un avenir économique brillant et dont le succès bénéficiera rapidement au pays et, par conséquent, aux défavorisés. Bien au contraire, il s'agit de soutenir les groupes que la pauvreté, la famine et la malnutrition mettent en danger de mort. Ces populations, ces groupes spécifiques sont souvent situés dans des zones reculées, sont peu éduquées au sens moderne du terme et disposent de moyens dérisoires dans un milieu déshérité. On doit y inclure certains milieux urbains et périurbains de laissés-pour-compte du développement économique général.

Le droit à la nourriture

On a rappelé à plusieurs reprises au cours du séminaire l'existence d'un droit à la nourriture et à la sécurité alimentaire inscrit dans la

Déclaration Universelle des Droits de l'Homme et souvent repris par les constitutions nationales. Ce droit ne doit pas rester lettre morte mais s'affirmer comme un devoir national doté d'une forte priorité. Il doit devenir l'élément moteur d'un programme qui englobe toutes les catégories sociales et, dans le cadre des ressources du pays, tient compte des caractéristiques culturelles de chacun et permet à chaque foyer, à chaque individu d'accéder à la sécurité alimentaire dans la dignité.

Priorité aux groupes malnutris

Il peut aussi être question de populations dont les habitudes de consommation sont défectueuses, ou de catégories biologiques (les groupes vulnérables nutritionnellement — femmes enceintes et allaitantes, enfants, et plus récemment personnes âgées) qui ne satisfont pas leurs besoins alimentaires. Une action spécifique dans ce domaine au niveau éducatif s'impose mais aussi dans celui de la production des aliments et de leur distribution. Dans la plupart des cas, les nourritures (y compris les aliments de sevrage, ceux dits « enrichis en protéines ») parviennent sur le marché à un prix trop élevé pour être achetées par ceux auxquels ils sont précisément nécessaires. Il y a là tout un domaine qui relève de la planification nationale et reçoit rarement une priorité suffisante.

Priorité aux femmes

Le séminaire de Dakar a mis en relief le rôle économique majeur de la femme dans le domaine vivrier tant au niveau de la production qu'à ceux de la transformation, de la distribution, de la commercialisation et de la consommation des aliments. Il a aussi mis en évidence son rôle social et culturel, de mère, d'épouse, d'éducatrice et d'intendante. S'il existe dans la plupart des pays un ministère de la Condition féminine, les participants ont mis l'accent sur l'exiguïté de ses attributions et sur le fait que les activités qui sont du ressort de la femme sont rarement réellement prises en compte par les planificateurs. Il est essentiel qu'elles le soient et que les femmes disposent, sur les plans éducatif, technique, juridique, financier d'un accès aussi large que celui des hommes. On a insisté sur la nécessité de les intéresser, sur un pied d'égalité avec la fraction masculine de la population, à la conception, la réalisation, la gestion et l'évaluation des projets de développement. Dans le contexte africain, de même que dans les pays industrialisés, l'accès réel des femmes aux leviers de décision et à la planification est une conquête de la période contemporaine aussi indispensable au développement harmonieux de la société que la désaliénation des populations rurales.

Spécificité régionale, écologie et culture

Si l'on s'est accordé à promouvoir un type de développement où l'Homme, avec toute sa pesanteur culturelle, ait sa place et si l'on doit accorder aux spécificités ethniques le poids qui leur revient, l'entreprise ne doit pas nuire à l'unité nationale ni compromettre les idéaux collectifs modernes. Un problème important a retenu l'attention du séminaire : celui de l'échelle d'observation des données écologiques et humaines, et du cadre géographique et culturel des projets. S'il apparaît aventureux d'adopter un cadre national où les nuances régionales réelles sont gommées, il est utopique d'imaginer que chaque entité socio-culturelle, chaque ethnie soit justiciable d'une approche totalement originale. Sans doute une solution raisonnable est-elle de retenir pour cadre des unités suffisamment cohérentes sur les plans culturel et écologique et assez amples pour justifier le lancement d'un programme commun. Il va sans dire que celui-ci doit être assez souple pour être retouché en fonction des réalités locales incontournables.

Enfin, la plupart des programmes destinés à améliorer la situation vivrière des pays en voie de développement ne tiennent aucun compte des aspects écologiques. Un consensus s'est établi parmi les participants à prendre ces aspects en considération et à promouvoir un programme de gestion intégré des ressources naturelles, où les actions de développement ne menacent pas à diverses échéances les équilibres écologiques.

Pluridisciplinarité et organisation administrative

Dans la mesure où l'on a admis l'existence des multiples domaines qui régissent l'équilibre vivrier, il est apparu nécessaire d'envisager un mécanisme de planification qui intègre les différents ministères intéressés. Le découpage des responsabilités varie selon les pays et les conjonctures. Il est, toutefois, évident que les ministères de l'Économie, des Finances, de l'Agriculture (élevage, pêche), de l'Industrie, de l'Éducation, des Affaires sociales, de la Santé publique et de l'Environnement sont concernés. L'expérience des programmes de nutrition appliquée qui mettaient en branle seulement trois ministères (santé publique, agriculture et éducation) est probante. Elle montre les rivalités et les divergences qui peuvent s'élever entre les administratifs, jaloux de leurs prérogatives et peu soucieux de collaborer. La mise sur pied d'une structure administrative simple et efficace est la condition *sine qua non* de la réussite. Il s'agit donc d'une priorité pour le planificateur : la pluralité des domaines à envisager, l'ampleur de l'impulsion à donner et à maintenir exigent la mise à contribution des instances gouvernementales les plus élevées.

Vers un développement autonome

L'accent a été mis par le séminaire sur la nécessité pour les pays en développement de cesser d'importer aveuglément marchandises, savoir-faire technique et experts. Si une collaboration avec les nations industrialisées est inévitable, il est apparu indispensable de tirer au maximum parti des ressources intellectuelles et techniques nationales et d'instaurer un courant d'échange Sud-Sud plus nourri. Il y a là matière à adopter des solutions plus conformes à la réalité africaine, beaucoup moins coûteuses et servant moins les intérêts politiques, économiques et financiers des pays industrialisés. Tout en affirmant le besoin de mener une politique vivrière visant à l'autonomie, les participants ont rappelé la nécessité de prendre en considération les fluctuations du marché international. La baisse du coût de l'uranium n'a pas été de nature à améliorer la balance alimentaire du Niger. Le secteur agro-alimentaire et vivrier, comme l'ont fait remarquer les économistes participant à la réunion, est lié à l'économie nationale, qui subit les fluctuations du marché mondial, sans tendresse pour les pays en développement et où ils se manifestent surtout par la vente de denrées brutes dont les prix fluctuent plus facilement que ceux des produits industrialisés qu'ils sont obligés d'importer. Dans le domaine alimentaire, les pays industrialisés ont adopté une attitude pour le moins équivoque. Tout en proclamant leur inquiétude face à la faim et à la situation vivrière des pays en développement, ils ont érigé de solides barrières contre les importations en provenance de ces mêmes pays (en particulier en élaborant des critères techniques difficiles à réaliser par ceux-ci) et ont simultanément subventionné leurs propres exportations. Dans une telle perspective, l'aide alimentaire qu'ils accordent n'est peut-être pas exempte d'arrière-pensée. L'Afrique a réalisé qu'elle doit surtout compter sur elle-même et ne saurait accéder dans l'immédiat à une croissance industrielle comparable à celle dont ont bénéficié jusqu'à une période récente l'Europe, l'Amérique du Nord et certains pays asiatiques. L'unanimité se réalise progressivement sur la nécessité d'un développement autocentré qui tire le meilleur parti possible des ressources matérielles et spirituelles nationales et affirme leur originalité et leur authenticité culturelle par rapport aux pays dits « développés » ;

elle vise à s'émanciper de leur dépendance et fait une place à l'imagination dans le domaine de la planification.

L'AVENIR DES TECHNOLOGIES ET DES DISCIPLINES

Technologies

Il a été question, à propos de la production et de la distribution, de l'avenir des technologies. Il suffira de rappeler que, pour les participants, le meilleur parti doit être tiré des connaissances traditionnelles dans tous les domaines concernant l'alimentation. On ne saurait, toutefois, se dissimuler que les actions entreprises doivent atteindre des niveaux de productivité qui permettent de dégager des excédents commercialisables et qui contribueront à l'autosuffisance nationale. Cette nécessité condamne les expériences pilotes généreuses mais parfois irréalistes.

Une mention particulière a été faite des techniques domestiques et artisanales (souvent inédites) de transformation et de préparation des aliments qui peuvent inspirer le développement d'industries régionales bien ajustées au marché intérieur et aux échanges Sud-Sud.

Complexité du domaine vivrier et pluridisciplinarité

Le séminaire a mis en évidence la complexité du phénomène alimentaire, sa place centrale dans toutes les cultures. La nécessité de l'envisager à la fois sous l'angle des sciences de la terre, des sciences de la vie, des sciences humaines et sociales le rend justiciable d'une analyse systémique. Il s'agit de prendre en considération le milieu naturel et les ressources alimentaires que l'Homme en tire, leur action nutritionnelle sur la physiologie, enfin les moyens matériels et les systèmes symboliques impliqués. Le développement du domaine vivrier ne se conçoit plus comme une série de transferts techniques où dominent les sciences de l'ingénieur et où l'on se préoccupe d'acquérir seulement un minimum de connaissances sur le milieu naturel (aspects climatiques, pédologie, etc.), et pratiquement aucune sur le milieu humain (sauf pour régler les conflits qui peuvent s'élever lors de la mise en application des programmes).

Alimentation : un « fait social total »

Les participants ont reconnu le caractère de « fait social total » (au sens où l'eut entendu Mauss) de l'alimentation, susceptible d'impliquer la plupart des activités matérielles et non matérielles d'une société. Il importe en ce domaine de décrire les comportements matériels et les facteurs objectifs qui les conditionnent, mais aussi les motivations qui les sous-tendent et les systèmes de représentations qui leur sont sous-jacentes et relèvent du domaine des idées. On ne peut plus se borner à décrire ce que les populations font pour se nourrir mais objectiver la façon dont elles se représentent ce qu'elles font afin d'y découvrir les tendances sur lesquelles s'appuyer pour éventuellement provoquer un changement.

Pour une analyse pluridisciplinaire affinée des réalités locales

Si l'on a pris conscience de la nécessité d'une approche multidisciplinaire, on a aussi mis en évidence l'extrême variabilité des situations et des cultures qui en sont le support. Il apparaît impossible pour promouvoir une amélioration du système vivrier de se situer à un niveau de généralités trop élevé et de se satisfaire de données (agrégées au niveau national) qui estompent des caractéristiques régionales à partir desquelles on peut précisément élaborer des actions réalistes. Il apparaît donc indispensable d'effectuer des analyses pluridisciplinaires plus fouillées du système vivrier mais on se heurte à un dilemme classique : doit-on rassembler une grande variété de données sur un échantillon restreint où l'on peut vérifier leur fiabilité mais dont on peut contester la représentativité statistique ? Est-il préférable, au contraire, de réunir des données plus spécifiques sur un vaste échantillon où l'on aura plus de peine à évaluer leur fiabilité mais dont on ne pourra questionner la validité statistique ? Il est évident que les deux méthodes se complètent et que l'on peut, par exemple, combiner les approches de l'anthropologie et de la sociologie. Il est, par exemple, possible de délimiter dans le cadre d'un pays un certain nombre de zones régionales, homogènes sur le plan écologique et culturel, et où opèrent une même problématique alimentaire. L'analyse détaillée d'un petit nombre de communautés représentatives leur appartenant permettrait de tirer des conclusions applicables à l'ensemble, ou tout au moins de mettre au point les instruments les plus efficaces d'une analyse extensive applicable au pays tout entier.

Les participants ont, en règle générale, insisté sur la nécessité pour les différentes disciplines à focaliser leur action sur les aspects micro-

plutôt que macroscopiques. C'est ainsi que le groupe domestique, la communauté avec son environnement naturel, sont apparus comme des échelons dignes d'une analyse approfondie. Quel est le statut nutritionnel de chacune des catégories d'individus qui constituent un groupe domestique ? Où les problèmes alimentaires précis se situent-ils ? Quelles sont les stratégies budgétaires et vivrières familiales ? Quel est, à l'intérieur du groupe domestique, le rôle de chacun de ses membres et, en particulier, des femmes ? Qu'en est-il des technologies alimentaires familiales du petit commerce vivrier, des échanges inter et intrarégionaux ?

Il a semblé indispensable d'accorder une importance particulière aux aspects qui ne se réduisent pas aux catégorisations érigées par la pensée occidentale.

Contribution des différentes disciplines

Les participants ont passé en revue un certain nombre de disciplines. C'est ainsi que l'on a mentionné l'approche anthropologique. Celle-ci a le mérite d'apporter une analyse fine et une approche des communautés conçues comme des totalités dont elle considère à la fois la culture matérielle et non matérielle. Elle doit, toutefois, s'efforcer d'englober des ensembles suffisamment vastes et, surtout, se garder de tout esthétisme passéiste et intégrer la dynamique du changement. La collaboration de l'anthropologue et de l'historien spécialiste d'histoire rurale est susceptible de fournir une vision intéressante au planificateur. Tous les spécialistes des sciences sociales et humaines ont leur pierre à apporter, du démographe au philosophe et au linguiste. Une connaissance approfondie de l'ethos des populations est aussi utile que celle de leur langue ou de leur accroissement numérique. La collaboration des linguistes et des spécialistes de la communication apparaît comme un aspect essentiel de tout effort éducatif. C'est dans une même perspective que les spécialistes de psychologie, de sociologie et d'économie, qui centrent leur intérêt sur les stratégies budgétaires et vivrières des ménages, des communautés et sur leurs mécanismes de prise de décision, ont une contribution importante à effectuer. Comme on l'a fait remarquer, les études de marché (le *marketing)* adaptées à la réalité africaine rurale aussi bien qu'urbaine sont susceptibles d'apporter une amélioration à la situation vivrière. Il est évident que la contribution du démographe est essentielle aussi bien pour analyser la situation présente que pour prévoir l'avenir, et que les apports des micro- et macro-économistes sont, eux aussi, indispensables.

Les participants ont montré combien les problèmes d'organisation sociale, politique et juridique étaient impliqués dans le processus de développement. Il y a là matière à réflexion pour le sociologue et le juriste.

Contribution des disciplines de la nutrition

Comme l'a écrit l'un des contributeurs : « Le champ de l'alimentation, parce que touchant à tout l'être d'un individu et d'une collectivité, est un de ceux qui se prêtent le mieux à l'étude pluri et transdisciplinaire, toutes les disciplines y travaillent déjà, il s'agit de les agréger. » C'est dans une telle perspective que, depuis une dizaine d'années, l'écologie est devenue une dimension importante des programmes de développement, que l'on prêche pour la prise en considération des aspects socio-culturels et que l'on s'efforce d'imposer une lecture nutritionnelle des projets alimentaires. Celle-ci reste le plus souvent émotionnelle et superficielle. Il serait normal que les projets de développement de la production soient assis sur une bonne connaissance de la situation nutritionnelle des différents groupes de la population concernée : qui mange quoi, quand, combien, pourquoi ? Quelles sont les préférences et les répugnances vis-à-vis des aliments et des plats ? Quel est le statut nutritionnel des différentes catégories d'individus ? Quelles sont les insuffisances ? Dans quels groupes ? Comment peut-on y pallier ? Cela n'a pas toujours été le cas. L'obtention de données quantitatives fiables sur le statut nutritionnel et la consommation alimentaire d'une population par mensuration anthropométrique des individus et pesée de leur ration est un processus lourd et onéreux. Il n'est toutefois pas certain que les méthodes faisant usage de questionnaires (interrogatoire sur les aliments consommés au cours des dernières 24 heures) qu'on leur substitue autorisent une précision comparable. Comme l'ont fait remarquer certains participants, la collaboration entre nutritionnistes et sociologues est plus fréquente qu'on ne l'imagine et c'est ainsi qu'au Sénégal on peut parler de socio-nutritionnistes travaillant aussi de concert avec les spécialistes de l'agriculture.

Collaboration pluridisciplinaire et amélioration des recherches

La mise au point de la cellule pluridisciplinaire de base, tant au niveau de la conception des projets qu'à celui des enquêtes, est un sujet digne de réflexion. Il est évident que la totalité des disciplines ne sauraient y siéger et que la place y revient à des généralistes susceptibles de s'appuyer ponctuellement sur des spécialistes. Il apparaît essentiel, si l'on veut marquer un progrès, de ne plus se satisfaire de données que l'on sait peu fiables mais qui ont le mérite d'être à la portée des informaticiens. Ceci implique de rassembler des données de première main au contact immédiat des communautés. On se heurte ici à l'opinion générale qu'il y a déjà eu suffisamment d'études et qu'il importe dorénavant d'en exploiter les résultats. Il n'en reste pas moins vrai que, si les études sont de mauvaise qualité, il est nécessaire d'effectuer un effort d'information. Il est peu de cas où, dans une perspective de développement agricole, une même population ait été l'objet d'une recherche pluridisciplinaire correctement orchestrée. Le problème posé par les techniques de recueil des données se manifeste avec acuité, d'autant que chaque discipline travaille à son rythme. Ce sont les sciences humaines qui exigent le plus de temps car elles impliquent une connaissance du langage et une familiarité suffisamment grande pour vaincre la méfiance des populations concernées. Celle-ci est nécessaire pour obtenir des données fiables.

Augmenter l'efficacité des recherches

Les participants ont mis en garde contre le dilettantisme des recherches fondamentales et ont insisté sur le caractère critique et urgent des problèmes à résoudre. La recherche doit donc s'exercer en priorité sur les situations de crise (« *problem oriented* »). N'en déplaise aux partisans d'un développement expéditif fondé sur des sondages non moins succincts (« *quick and dirty* »), il est indispensable de conserver aux recherches de bonne qualité qui s'imposent la place qui leur revient. L'attitude des membres du séminaire est sans ambiguïté : il faut éviter de dissocier recherche fondamentale et recherche appliquée, il est nécessaire d'amener une collaboration réelle entre université, entreprise et pouvoirs publics. Il est, d'ailleurs, possible dans toutes les disciplines, et en particulier dans celles appartenant aux sciences humaines et sociales, de diminuer l'ampleur, la durée et le coût des recherches. Il suffit de rassembler, d'analyser et de tirer les conclusions des informations déjà existantes (y compris celles renfermées dans la littérature « grise » — rapports, etc.) et trop rarement exploitées. Il est aussi facile d'améliorer le rendement des études en utilisant les spécialistes, quelle que soit leur orgine, qui sont réellement des experts et possèdent une expérience de première main des problèmes et des populations considérées. Une fois délimité le champ de leur investigation, il est indispensable de leur impartir une durée suffisante pour accomplir leur tâche en se souvenant qu'en matière vivrière le cycle agricole annuel constitue le laps de temps minimum. Il revient moins cher de consacrer une année aux études de base préliminaires à un projet et y rassembler les éléments qui permettront une évaluation ultérieure que de lancer hâtivement, pour simuler l'efficacité, un programme mal conçu ou même préfabriqué, qui n'entraînera pas l'adhésion des intéressés.

Pour une intégration des disciplines

La pluridisciplinarité que les participants au séminaire ont appelé de leurs vœux n'est pas chose aisée. Elle implique que les disciplines collaborent sur un strict pied d'égalité et que l'on abolisse la condescendance qui caractérise les rapports entre sciences dites exactes, où la quantification est aisée, et les sciences humaines, où dominent les modèles qualitatifs. Il s'agit là de corporatismes et d'habitudes de pensée fortement ancrées, qu'une bonne volonté commune ne suffira pas à éliminer. La pluridisciplinarité exige une information réciproque approfondie sur les disciplines impliquées, leurs possibilités et leurs limitations. Pour autoriser le dialogue, elle nécessite une maîtrise suffisante des langages spécifiques à chaque discipline. Cette situation est rarement réalisée ; elle exige une formation théorique aussi bien que pratique. C'est avec un égal sens de l'innovation que l'on devra programmer et intégrer l'action des différents spécialistes aux stades du rassemblement des données de base, de l'élaboration, de l'exécution et de l'évaluation d'un projet. Il y a là un champ nouveau et prometteur pour les sciences de l'éducation.

ÉVOLUTION ÉCONOMIQUE
ET TRANSFORMATIONS
DES HABITUDES ALIMENTAIRES

**Esquisse d'une histoire de la production vivrière dans le bassin du fleuve
Sénégal des origines à l'époque contemporaine**

Abdoulaye BATHILY

Les habitudes alimentaires sont des phénomènes culturels révélateurs de l'organisation sociale et des rapports qu'une société donnée entretient avec ses membres et le milieu naturel environnant. En d'autres termes il s'agit de ce qu'une population nous enseigne sur les traits constitutifs de la civilisation de cette population à une époque historique donnée. De prime abord, les habitudes alimentaires apparaissent comme des données de civilisation relativement stables lorsqu'on les compare aux turbulences des faits politiques et sociaux. Elles relèvent du domaine de la superstructure. Pour bien les comprendre, il faut les étudier dans la perspective de ce que Fernand Braudel appelle « la longue durée » (Braudel, 1949). Ainsi, en dépit de toutes les vicissitudes politiques et économiques, le riz demeure depuis des millénaires le fondement de l'alimentation dans les formations sociales asiatiques. Le mil occupe un statut identique pour les civilisations qui se sont succédé dans la savane ouest-africaine.

La prépondérance d'un produit dans le régime alimentaire pour une si longue période ne doit pas cacher la grande complexité des habitudes alimentaires prises dans leur ensemble. L'histoire alimentaire est, à l'instar de l'histoire globale, faite de changements plus ou moins rapides et de ruptures momentanées prolongées ou définitives. La révolution industrielle, par exemple, a entraîné une rupture dans les habitudes alimentaires des populations d'Europe occidentale. La pomme de terre et le blé ont triomphé des autres plantes vivrières et la consommation de masse de ces denrées a réalisé, au cours des derniers siècles, une quasi-uniformisation du régime alimentaire des pays industrialisés d'Europe et d'Amérique.

La présente contribution se propose d'indiquer les grandes lignes des transformations qui ont affecté le régime alimentaire des populations du bassin du fleuve Sénégal au cours de l'Histoire.

L'évolution économique de cette région distingue cinq grandes phases du point de vue de l'histoire de la production vivrière et des transformations du régime alimentaire :
— la période pré-agricole ;
— de l'invention de l'agriculture à l'essor de l'économie transsaharienne (ca. 1000 ans avant Jésus-Christ-XVIe siècle) ;
— la traite atlantique (XVIIe-XVIIIe siècles) ;
— l'ère de l'économie coloniale (XIXe siècle-1960) ;
— les transformations de l'époque coloniale.

La documentation est inégale pour chacune de ces phases. Sur un plan général, il faut noter que la région, comme l'ensemble de la zone sahélienne, a connu ce que les géographes appellent un processus de « dessèchement historique » (Toupet, 1975)[1] qui a commencé à s'affirmer dès le IIe millénaire avant Jésus-Christ. Ce dessèchement, qui se poursuit encore à notre époque, a provoqué une dégradation sensible des conditions écologiques et, partant, affecté le mode de vie des populations.

La période préagricole

Antérieurement à l'invention de l'agriculture, l'histoire alimentaire des populations du bassin du Sénégal se confond avec celle des populations du Sahara et de ses bordures. Les fouilles archéologiques ont mis en évidence le rôle de l'élevage, de la chasse, de la pêche et de la cueillette (fruits, racines et graminées sauvages) comme modes de vie des sociétés de cette période. Les conditions climatiques, alors beaucoup plus favorables qu'aujourd'hui, offraient aux populations l'occasion de se procurer leur subsistance directement de la Nature. Les vestiges de ces civilisations « préhistoriques » révélées par les fouilles de l'équipe de Munson (1972) et celle de Hugot (1976) dans le Dahr Tishit (en Mauritanie centrale) permettent de formuler l'hypothèse que le régime alimentaire était beaucoup plus varié et les subsistances plus abondantes pour les sociétés préagricoles. En effet, de nombreux indices montrent que les habitants du Sahel de cette période avaient une alimentation fondée sur les produits animaux (gibier, bétail, poisson) et végétaux, témoins de conditions écologiques que l'on ne retrouve aujourd'hui que dans la lisière de la forêt méridionale.

---

1. Cet auteur a avancé l'hypothèse d'une péjoration du climat de la zone sahélienne entre le « Haut Moyen Age » et l'époque contemporaine. Cela s'est traduit, entre autres, par une oscillation négative de 200 mm au niveau des isohyètes et une baisse sensible du niveau des nappes phréatiques.

Transformations du régime alimentaire à partir de la révolution néolithique jusqu'à la fin de l'époque des grands empires soudanais

Par révolution néolithique, il faut entendre une série d'inventions qui ont profondément bouleversé la vie matérielle des sociétés humaines à l'échelle du globe. Parmi ces inventions et découvertes il faut citer l'apparition de la métallurgie et de l'agriculture. Pendant longtemps ont prévalu les thèses selon lesquelles ces deux types d'activités ont été introduites en Afrique au sud du Sahara de l'extérieur, soit par la vallée du Nil, soit par le Maghreb, soit par l'océan Indien. Les travaux les plus récents sur ces questions ont très sensiblement modifié ce schéma et les spécialistes s'accordent généralement sur l'hypothèse d'une invention indépendante de la métallurgie et de l'agriculture en Afrique noire (Portères, 1952).

Pour nous limiter au cas de l'agriculture qui nous intéresse tout particulièrement ici, il convient de noter que des traces de domestication de plantes sauvages à des fins alimentaires sont relevées dès la fin du IIe millénaire par les fouilles archéologiques. Celles de l'archéologue Munson montrent la mise en place progressive d'un mode de vie sédentaire fondé sur la consommation de plantes cultivées et qui s'affirme au détriment de l'économie de cueillette, de chasse, de pêche et d'élevage, lesquels étaient pratiqués de manière itinérante.

Dans cette région, comme ailleurs dans le monde, l'apparition de l'agriculture constituait une réponse de l'intelligence humaine au défi de la Nature. Face à la péjoration du climat, et par conséquent, à la dégradation de l'environnement, ces sociétés ne pouvaient plus compter sur les seules activités de ponction sur le milieu naturel pour se nourrir. La précarité des subsistances nécessitaient une autre stratégie alimentaire. Tout comme la domestication des animaux traduisait un besoin de sécurité alimentaire pour les sociétés préhistoriques, la sélection et la culture de plantes sauvages représentait une seconde étape dans cette même quête de l'Homme pour assurer les conditions de sa reproduction physique sur une base encore plus stable dans un milieu toujours plus défavorable.

Les documents historiques attestent que, durant toute la période qui va de l'invention de l'agriculture à l'essor de l'économie transsaharienne (VIIIe-XVe siècles) la vallée du fleuve Sénégal a été témoin d'un remarquable développement agricole. La région exportait des quantités importantes de surplus de céréales et d'autres produits alimentaires locaux (miel, cola) vers le Sahara et même le Maghreb et vers les pays du littoral atlantique (Cuoq, 1975).

Le développement des échanges transsahariens a accéléré le processus de différenciation sociale dans toutes les formations sociales sahéliennes. Dans la vallée du Sénégal cette évolution fut symbolisée par l'affirmation d'entités étatiques dont la base sociale était constituée essentiellement par une alliance de classe entre guerriers et marchands dominant et exploitant des populations libres et/ou des couches serviles. La classe dirigeante qui a ainsi émergé a introduit de nouvelles habitudes alimentaires qui la distinguaient des couches populaires. Elle adopta en particulier la consommation de blé, de dattes, de légumes importés du Maghreb et des oasis sahariennes (raisins, concombres doliques, pastèques, melons, etc.) et des fruits étrangers au pays (raisins secs, figues, olives...). A côté de la variété locale de riz *(Oryza glaberrima)*, il est probable que la variété asiatique *(Oryza sativa)* ait été répandue dans la vallée du Sénégal comme dans la vallée du Niger à la faveur du commerce transsaharien, comme cela est attesté par les sources historiques pour l'Empire Songhay sous la dynastie des Askia (XVIe siècle) (Tymowsi, 1970).

L'extension de l'urbanisation provoquée par le développement commercial a conduit, au fil des siècles, à une consommation de masse de ces plantes de luxe. Un système de maraîchage se développa tout autour des cités marchandes pour satisfaire les besoins des nouvelles élites urbaines. Dans un remarquable ouvrage, l'historien polonais Tadeusz Lewicki, a dressé un inventaire qui reste de première main pour toute étude sur les transformations des études alimentaires sous l'effet du commerce transsaharien (Lewicki, 1973).

On peut dire que les changements sociaux de cette période ont fait apparaître des clivages de classe dans les régimes alimentaires. Le mil n'était plus considéré comme l'aliment de base que par les classes populaires ; la classe dirigeante ne le consommait qu'à défaut de riz et de légumes d'origine extérieure, considérés comme aliments nobles.

Le sel, ingrédient de luxe surtout dans les pays du Haut-Sénégal, éloignés de la mer, n'était accessible qu'aux membres de l'aristocratie et aux marchands qui étaient seuls à détenir les moyens de s'en procurer par pillage ou par négoce. En fait, jusqu'au milieu du XIXe siècle dans plusieurs contrées de l'intérieur, qui mettait du sel dans ses repas était considéré comme un homme riche !

Le trafic négrier atlantique et son impact sur l'alimentation (XVIIe et XVIIIe siècles)

Les travaux se rapportant à l'histoire économique de la vallée du Sénégal pour cette période (Kane, 1968 ; Bathily, 1985 ; Boubacar, 1972 ; Cissokho, 1979) s'accordent pour marquer l'importance des changements que la traite a apportés dans tous les aspects de la vie des populations. En nous limitant aux conséquences sur l'alimentation, nous pouvons souligner les faits majeurs ci-après :

— l'ère de la traite fut celle de crises alimentaires chroniques marquées par des disettes et des famines endémiques ;

— le déclin de l'économie agricole ainsi enregistré s'explique par plusieurs causes en corrélation plus ou moins étroite : l'énorme ponction démographique opérée par la traite et qui affecte les groupes en âge de produire ; l'état de guerre permanent et l'insécurité qui en était le corollaire ainsi que les mouvements incessants de populations sous l'effet des troubles civils ;

— comme nous l'avons démontré ailleurs (Bathily, 1986), la spéculation introduite sur le mil par les comptoirs négriers, désireux de fournir du ravitaillement à leur cargaison humaine durant le temps du transfert des esclaves de l'intérieur du continent vers l'Amérique, a aussi contribué à désorganiser ce qui restait des marchés locaux de produits vivriers. En conséquence, la complémentarité entre zones de production ne pouvait plus jouer au profit des consommateurs autochtones ;

— enfin, la précarité de la situation alimentaire se trouva aggravée par un long train d'années de sécheresse qui débuta vers 1650 pour ne se terminer que vers 1760.

Ces années sèches, qui se sont succédé pendant près d'un siècle, exercèrent un impact considérable sur le mode de vie des populations. Les sources écrites et orales rapportent de nombreux cas de pays où les habitants eurent recours à une alimentation composée essentiellement de racines, de feuilles et de fruits sauvages pour tenter de survivre. Même les zones à forte activité d'élevage, comme le Futa Toro, ne pouvaient échapper à la crise générale des subsistances qui sévissait dans toute la région (Curtin, 1975 ; Becker, 1982) car non seulement la traite des cuirs et peaux a contribué à diminuer les troupeaux, mais encore les nombreuses épizooties enregistrées à cette époque ont réduit les possibilités de compenser le manque de produits agricoles par un apport conséquent de produits animaux.

L'introduction de l'arachide, et peut-être du maïs et de la patate douce, à la faveur du commerce atlantique ne semble pas avoir exercé un effet bénéfique quelconque sur la situation alimentaire, tout au moins jusqu'à la fin du XVIIIᵉ siècle. En tout cas, les données indiquent que le mil conservait la première place parmi les plantes cultivées. La régression générale qui a marqué l'ère de la traite négrière pour les formations sociales africaines s'est également traduite dans le domaine alimentaire. Pour le cas des pays du fleuve Sénégal, ce qui est à noter en particulier c'est la chute quantitative et qualitative des produits d'alimentation. La classe dirigeante (quoiqu'à un degré moindre) et les couches populaires ont subi les effets négatifs de cette longue période de crise de subsistance. Dans tous les secteurs de la société, la nourriture était devenue rare et peu variée lorsqu'on la compare aux époques précédentes.

L'économie : les cultures de rente aggravant le déficit alimentaire

La suppression de la traite négrière fut suivie de la mise en place d'une économie de « mise en valeur » agricole fondée sur les cultures de rente (indigo, coton et surtout arachide). Après l'échec de l'expérience de colonisation agricole (1817-1833) dans le delta du Sénégal, le régime colonial donna une impulsion à la production arachidère dans la Haute Vallée. La culture des plantes vivrières fut découragée à l'aide de multiples procédés employés par l'Administration et le commerce français. Ainsi des primes étaient accordées aux paysans qui s'adonnaient principalement à l'arachide et au coton. La correspondance du commandant du poste de Bakel avec le gouvernement du Sénégal dans les années 1860 est révélatrice des intentions des colonisateurs français :

> « Je prêche partout la culture en grand de l'arachide, leur faisant comprendre qu'ils (les indigènes) trouveront dans le commerce un débouché avantageux et que c'est là avec le coton qu'est la fortune ou tout au moins leurs véritables denrées d'échanges... » (24 juin 1861) (Archives Nationales du Sénégal.)

Un an plus tard (25 juin 1862), le commandant du poste précisait qu'en période de soudure il faisait des « avances en denrées alimentaires » pour les paysans qui acceptaient de cultiver le coton et l'arachide. De plus, il faisait distribuer « libéralement » les semences d'arachides et de coton par l'intermédiaire des chefs de villages :

> « Mes recommandations depuis que je suis à Bakel ont toujours été de faire comprendre aux populations le profit qu'elles retireront de la culture du coton et des pistaches, qu'il ne fallait s'occuper de la culture du mil ou du maïs que dans la limite nécessaire à leur nourriture. » *(Ibid.).*

Lorsque, vers la fin du XIXᵉ siècle, la culture de l'arachide prit un élan beaucoup plus important dans les plaines du Kajor et pour la Gambie, plus adaptées à cette oléagineuse, l'Administration coloniale encouragea l'émigration de travailleurs saisonniers des pays du Fleuve vers ces nouvelles zones arachidères. Ces migrations de l'arachide, comme la production locale de cette plante commerciale, se répercutèrent négativement sur la production vivrière. Cela ajouté aux conséquences des guerres de conquête coloniale explique les disettes, famines et épidémies qui ont jalonné l'histoire des peuples du bassin du Sénégal au cours du XIXᵉ siècle. En dépit d'une pluviométrie plus abondante qu'au siècle précédent, le contexte de l'économie de traite et les destructions matérielles et humaines opérées par la conquête et la « pacification » ont accentué la dépendance alimentaire des pays du fleuve. Exportateurs de main-d'œuvre agricole pour les cultures de rente des régions ouest du Sénégal et de la Gambie, ils sont de ce fait transformés en importateurs de produits vivriers malgré les potentialités qu'ils récèlent dans ce domaine.

La situation alimentaire aux lendemains des indépendances

Les indépendances de 1960 ont scindé le territoire du bassin du Sénégal entre les Républiques du Mali, de la Mauritanie et du Sénégal. Toutefois, les politiques de développement mises en œuvre par ces différents États n'ont pas abouti jusqu'ici à une modification qualitative de la situation alimentaire, comme en atteste la crise actuelle.

En fait, la période post-coloniale est marquée par un aiguisement du déficit vivrier. Toute la vallée du Sénégal a été, jusqu'au milieu des années 1970, une vaste réserve de main-d'œuvre à bon marché pour l'industrie française. La majorité des travailleurs d'Afrique noire immigrés en France (environ 100 000) proviennent de cette région. De nombreux travaux et études (Cahiers de l'ORSTOM, 1975) effectués dans la Vallée par des spécialistes des sciences sociales s'accordent pour souligner le rôle prépondérant de l'émigration vers la France dans la dégradation des systèmes agricoles. L'apport en numéraire des émigrés, loin de contribuer au relèvement de la production alimentaire locale a, au contraire, suscité la généralisation de nouvelles habitudes alimentaires. Le riz ainsi que d'autres produits d'importation (pâtes alimentaires, pain de blé, café, lait en poudre) ont remplacé en l'espace d'une vingtaine d'années les céréales et autres aliments traditionnels et leurs dérivés.

Avec les expériences de cultures irriguées qui furent lancées à partir du milieu des années 1970, de nouvelles plantes ont été introduites dans l'alimentation (légumes, bananes). Toutefois, le coût élevé des intrants (semences, engrais, gas-oil) et l'endettement accentué des associations villageoises se livrant à cette culture de contre-saison ont entraîné la liquidation progressive de nombre de ces périmètres expérimentaux dans la Moyenne et Haute Vallée.

Dans le secteur du delta, le développement de la grande exploitation capitaliste avec le complexe sucrier de la Compagnie Sucrière Sénégalaise (CSS) a ruiné l'agriculture vivrière des communautés villageoises, transformées en fournisseurs d'ouvriers pour les champs de canne à sucre et l'usine de raffinage.

61

La construction de grands barrages sur le fleuve, avec les projets qui s'y rattachent de favoriser les cultures de rente au détriment des cultures vivrières, n'offrent pas de perspectives de redressement de la situation alimentaire des populations de la Vallée.

Avec ce survol historique nous avons voulu montrer la liaison étroite entre les habitudes alimentaires et les changements économiques et sociaux. Pour être couronnée de succès, la recherche dans ce domaine spécifique doit nécessairement être conduite dans une perspective interdisciplinaire. En particulier, la dimension historique est indispensable pour appréhender le phénomène culturel complexe que constitue la nourriture dans une société.

BIBLIOGRAPHIE

Archives Nationales du Sénégal, Document 13G168.

Bathily A., *Guerriers, tributaires et marchands. Le Gagaaja (ou Galam), le « Pays de l'O»*. *Le Développement et la régression d'une formation économique et sociale sénégalaise C, VIIIᵉ-XIXᵉ siècles,* Thèse d'État, Université de Dakar, 1985, 3 vol.

La traite atlantique des esclaves et ses effets économiques et sociaux en Afrique : le cas de Galam, royaume de l'hinterland Sénégambien au XVIIIᵉ siècle. *Journal of African History,* 27, 1986, p. 269-293.

Becker C., *Les conditions écologiques et la traite des esclaves en Sénégambie,* novembre 1982, document ronéotypé.

Boubacar B., *Le Royaume de Walo,* Paris, Maspero, 1972.

Braudel F., *La Méditerranée et le monde méditerranéen à l'époque de Philippe II* (1ʳᵉ édition 1949), 2 vol.

Cahiers de l'ORSTOM, série Sciences Humaines, vol. XII, n° 2, 1975. Numéro consacré aux « Migrations sénégalaises».

Cissokho M., *Contribution à l'histoire politique des royaumes du Khasso des origines à la conquête française (XVIIᵉ-1890).* Thèse d'État, Université de Paris I, 1979, 2 vol.

Cuoq J.-M., *Recueil des sources arabes concernant l'Afrique occidentale du VIIᵉ au XVIᵉ siècle,* Paris, Éditions du CNRS, 1975.

Hugot H., Brugman M., *Les gens du matin : Sahara, dix mille ans d'art et d'histoire,* Paris, Lausanne, 1976.

Kana O., *Le Futa Toro des Satigiaux Almami 1512-1806.* Thèse d'État, Université de Dakar, 1986, 3 vol.

Munson M., *The Tichitt Tradition : a late prehistoric occupation of the southern Sahara.* Ph. D., University of Illinois, 1972.

Portères R., Berceaux agricoles primaires sur le continent africain, *Journal of African History,* 3, 2, 1962, p. 195-210.

Toupet C., *La sédentarisation des nomades en Mauritanie centrale sahélienne.* Thèse d'État, Université de Lille, 1975.

Tymowski M., Les domaines du Prince Songhay... *Annales,* 1970, p. 1638-1658.

L'HISTOIRE DE LONGUE DURÉE
DE LA CONSOMMATION ALIMENTAIRE
EN AFRIQUE

Perspectives de recherches

Jean-Pierre CHRÉTIEN

La dimension historique des pratiques alimentaires est aujourd'hui suffisamment soulignée dans les publications consacrées à l'évolution passée des sociétés européennes. Et, pourtant, on peut encore s'étonner de découvrir que l'huile d'olive n'avait pas à la fin du Moyen Age en Provence l'importance qu'on est tenté de lui attribuer de tout temps dans cette région ; ou encore l'amateur de cassoulet du Sud-Ouest de la France sera surpris d'apprendre que ses ancêtres n'ont pu apprécier ce plat qu'après la découverte de l'Amérique (et l'introduction du haricot de type *Phaseolus* en Europe). En Afrique le tableau reste encore plus figé, tant dans l'imaginaire collectif que dans les écrits spécialisés. Les traditions orales ont intégré les apports successifs composant l'actuel patrimoine agricole au point de leur donner un parfum d'éternité : tel paysan d'Afrique centrale affirmera qu'on a toujours cultivé du maïs dans son village, bien que cette céréale soit venue d'Amérique à partir du XVIᵉ siècle. Quant à la littérature africaniste du premier tiers du XXᵉ siècle, elle donne, à vrai dire, une image dualiste de la production agricole et des consommations qui en découlent. Elle oppose volontiers une période dite « traditionnelle », de durée indéterminée et qui serait marquée du sceau de l'immuabilité, et une époque de transformations ouverte par les contacts extérieurs et la colonisation. Dans cette perspective les siècles anciens relèvent de l'ethnographie et l'époque contemporaine de l'économie politique : la « tradition » face à la « mise en valeur » ou au « développement ». Dans les deux cas les options, les calculs et les initiatives des paysanneries africaines sont gommés au profit, soit de fatalités de type géographique, biologique ou culturaliste, soit des politiques modernisatrices d'origine extérieure ou étatique.

De grands travaux de géographie tropicale ou d'anthropologie ont, certes, souligné depuis des décennies les dimensions socio-culturelles de l'alimentation. Dès les années 1930, Audrey Richards étudiait de façon globale, chez les Babemba de l'actuelle Zambie, les liens entre la terre, le travail et le régime alimentaire (Richards, 1939 ; Goody, 1984)[1]. Plus récemment, en 1965, dans un long article sur le repas africain, Louis-Vincent Thomas insistait sur ce domaine :

«... L'Africain, qu'on décrit volontiers comme famélique ou du moins mal nourri, a, par réflexe de compensation, situé l'acte alimentaire au cœur même de la civilisation : vie sociale, langage, fables et proverbes, systèmes cosmologiques... démarches religieuses..., catégories métaphysiques, tout rappelle la nourriture. Aussi le nutritionniste qui négligerait les dimensions socio-culturelles du problème alimentaire n'aurait qu'une connaissance tronquée, tandis que la planification qu'il pourrait concevoir serait nécessairement vouée à l'échec. » (Thomas, 1965.)

Mais il faut reconnaître que l'analyse des changements dans la consommation alimentaire est restée le plus souvent accrochée au schéma dualiste tradition/modernité. Trois séries de déterminismes sont sans cesse rappelées pour caractériser les situations « traditionnelles » : déterminismes biologiques (type physique à la fois créé par un régime alimentaire et prédisposant à certaines consommations), déterminismes des zones climatiques (chasse, cueillette, élevage, cultures accompagnant les niveaux de pluviométrie), enfin déterminismes dits culturels (les usages, les croyances et les interdits). Ces différentes contraintes ont leur réalité, bien sûr. Une autobiographie d'un travailleur sénégalais migrant (Dia et Colin-Nogues, 1982) montrait, par exemple, la difficulté d'adaptation aux cuisines étrangères au pays d'origine du narrateur, à commencer par la façon de faire cuire le riz à Abidjan ! L.V. Thomas rappelait aussi l'attachement des différents groupes ethniques représentés dans les paysannats de l'Office du Niger à leurs cuisines respectives, mais il ajoutait aussitôt :

« Et si le Bozo absorbe 76 g de protéines contre 68 g pour le Peul, cela provient-il de ce qu'il est biologiquement Bozo, professionnellement pêcheur et religieusement mi-animiste, mi-musulman ? Rien n'est plus malsain que de séparer les données biologiques des patterns socio-culturels. »

Les stéréotypes culinaires ont, en effet, un succès facile : choucroute, macaronis et ketchup appellent irrésistiblement des étiquetages natio-

---

1. Voir aujourd'hui les travaux de l'équipe du CNRS, à Paris, sur « Anthropologie alimentaire différentielle » dirigée par I. de Garine.

naux dans notre esprit. L'Afrique n'y a pas échappé, mais des labels à prétention scientifique, hérités insidieusement de la raciologie du XIXᵉ siècle, ont trop souvent cautionné ce qui relevait de symboliques culturelles, d'impressions de passage, voire de préjugés ou de simples plaisanteries. Par exemple, en 1951 le Plan décennal de développement du Ruanda-Urundi attribue à chacune des trois catégories pseudo-ethniques de cet ancien territoire sous tutelle belge (Batutsi, Bahutu et Batwa) des repas particuliers bien précis, sans tenir compte ni des variations de niveau de vie au sein de chaque groupe, ni des variations régionales très sensibles, et il termine ainsi : « Les Batwa mangent tout ce qui se présente, à n'importe quelle heure de la journée. » L'imagerie des « sauvages » ne s'est-elle pas, elle aussi, souvent placée au niveau de l'estomac, de l'anthropologie à la panphagie... ?

En conclusion de ce préambule, nous reprendrons les observations de Jean-Pierre Chauveau dans un article récent consacré à la Côte-d'Ivoire :

> « Il apparaît nettement que bien avant la période coloniale les choix de systèmes de culture vivrière pouvaient varier dans le temps et dans l'espace. Ces variations ne semblent pas dues à des déterminismes rigides de type écologique ou culturel pas plus qu'elles ne s'expliquent par une diffusion par "contact" entre groupes ethniques. Ces facteurs interviennent mais sont en quelque sorte surdéterminés par des contextes historiques et spatiaux précis structurant l'ensemble des dispositifs de production et de valorisation. » (Chauveau et al., 1981 ; Chauveau, 1985.)

Malheureusement les historiens de l'Afrique des années 1960 et 1970, sensibles avant tout aux grandes mutations politiques, ont privilégié, dans leurs études des régimes coloniaux ou des sociétés précoloniales, les souverains et les États, les guerres et le grand commerce, les cités, les grands événements. Une étape indispensable. Mais il est temps de ne plus laisser les villages, les techniques de production, la vie quotidienne, la santé et la démographie, les croyances et les visions du monde dans les ténèbres d'une sorte de substrat « traditionnel » qui serait en dehors du temps. C'est dans cette perspective que se développent, par exemple, des travaux en histoire rurale associant des historiens européens et africains. L'alimentation y représente un des sujets les plus ardus, si l'on veut précisément répondre au défi de cette remise en perspective historique. Loin de dresser ici un tableau avantageux de résultats, il nous a paru plus honnête et plus stimulant de définir différentes perspectives de recherches, avec les questions, les domaines et les méthodes qu'elles impliquent (Chrétien, 1983 ; Chrétien, 1984 (a) ; Vansina, 1985 (b)).

MONOTONIE OU DIVERSITÉ
DE L'ALIMENTATION AFRICAINE :
UN DÉBAT A APPROFONDIR

Avant de s'interroger sur les modifications des systèmes alimentaires dans le long terme, d'après les sources écrites, orales ou archéologiques mobilisables par les historiens, des remarques préalables sont suggérées par les études géographiques ou anthropologiques qui rendent compte de la situation au XXe siècle dans les paysanneries africaines. On y découvre la complexité des consommations alimentaires au sein de chaque société, ce qui contredit la vision toute faite de nourritures anciennes monotones, sans saveur et sans relief. Ces études font, en effet, ressortir les différentes formes de variations, au sein des repas eux-mêmes, au cours des journées et selon les saisons, selon les âges, les sexes, les conditions et les statuts, enfin selon les situations exceptionnelles, mais périodiques, soit de pénurie, soit d'étalage d'abondance. Ces variations sont comme autant de lignes de faille où ont pu s'insérer, au cours des siècles, les emprunts, les innovations, les abandons, les remodelages, dans les types d'aliments, leur préparation et la façon d'y accéder. Ces questions reviennent en fin de compte à une interrogation globale sur la définition de diètes africaines et sur la gestion de tout un environnement (Devisse, 1987).

Les cuisines africaines sous-estimées

La préoccupation lancinante de la lutte contre les disettes et les famines a conduit les observateurs à mettre en avant l'essentiel du « bol alimentaire », les nourritures de base qui fournissent la majeure partie des calories, c'est-à-dire les céréales (pâtes, bouillies, semoules...), les tubercules, les légumineuses, et à négliger tout ce qui les accompagne, ce qu'on appelle, notamment en Afrique de l'Ouest, les « sauces », c'est-à-dire en fait les légumes, les graisses et les viandes qui fournissent à la fois un assaisonnement, des protéines et des lipides complémentaires, des vitamines et des sels minéraux indispensables. Ces « sauces » correspondent un peu à ce qu'on appelait dans la diététique médiévale le « *companagium* », tout ce qui s'ajoutait au pain. En kirundi, par exemple, le terme *imboga*, littéralement « légumes », désigne aussi le poisson ou même la viande en tant que compléments de la pâte ou de la potée de haricots dans un repas. Ces nourritures essentielles du point de vue de la cuisine peuvent être tirées de jardins de case, de petits élevages, mais aussi de la pêche et de la chasse et très souvent de la cueillette. Les économistes et les agronomes les ont donc souvent négligées : pouvait-on comptabiliser et promouvoir ces activités marginales, de style parfois ludique, parfois saisonnières, parfois réservées aux enfants ou aux femmes, à la fois omniprésentes et discrètes. Leur importance a notamment été soulignée pour les zones forestières par plusieurs auteurs : l'exploitation de cet environnement ne se limite pas à celui des clairières essartées, mais il inclut aussi toutes ces formes de collecte dans une nature bien connue dans toutes ses ressources (Hulstaert, 1979 ; Bahuchet, 1985 ; Vansina, 1985 (b)] [2].

C'est précisément au niveau de la consommation, par l'étude des cuisines, que l'on peut mieux connaître la panoplie des anciennes ressources alimentaires. Or comme le souligne Claude Savary dans un récent numéro de *Genève-Afrique* cette étude reste souvent à faire :

> « Il existe encore aujourd'hui de solides traditions alimentaires liées au terroir et aux produits locaux. A cet égard, on regrettera qu'on n'ait pu jusqu'ici en faire l'inventaire détaillé. Un atlas de l'alimentation traditionnelle en Afrique au sud du Sahara serait certainement d'une grande utilité à tous ceux qui s'intéressent aux problèmes de l'alimentation et de la nutrition africaines. » (Savary, 1986.)

Un tel inventaire, nourri par les innombrables monographies, rapports ou récits contenant des renseignements dispersés, pourrait certes aider à mieux connaître les conditions anciennes de la nutrition en Afrique. La consultation d'une table de composition des aliments (Agbessi Dos-Santos et Damon, 1987) montre l'intérêt de certains légumes en feuilles pour leurs apports en vitamines, en calcium et en fer.

Mais la compréhension des cuisines anciennes suppose aussi une analyse des goûts qui n'est guère aisée à mener, faute de « manuels de cuisine » et de traités de gastronomie ! En revanche, des conversations avec des personnes âgées, des reconstitutions de repas et aussi l'analyse sémantique serrée de certains termes devraient permettre de mieux voir, ou plutôt de mieux sentir, cette dimension culturelle. L.V. Thomas signale que, chez les Diola, la distinction entre salé et sucré serait récente. Nous croyons avoir relevé une évolution analogue au Burundi, où le verbe *gusosa*, « avoir bon goût, être aromatisé », peut signifier aussi bien avoir un bon goût salé qu'un bon goût sucré, le sucre étant d'introduction relativement récente dans la nourriture des adultes. Les anciennes cuisines peuvent nous renvoyer en amont des recettes, souvent influencées par des emprunts aux cuisines orientales ou méditerranéennes, c'est-à-dire avant que ne se soit diffusé depuis le littoral un goût fondé sur des épices où le relevé d'un plat dépend de sa teneur

---

2. Voir aussi les travaux du géographe, R. Pourtier.

en aromates ou de sa « force » en poivre ou en piment (le premier originaire d'Extrême-Orient, le second des Amériques). Plus ancienne-ment (et cela peut apparaître aussi, sans doute, dans l'histoire des cuisines européennes) le bon goût semble avoir fondé sur l'amertume, sur des combinaisons de légumes amers, de beurre un peu ranci ou de viandes séchées, par exemple. C'est le cas au Burundi où un des plats appréciés lors de fêtes familiales, les *birunge*, associait beurre et légumes tels que des feuilles de colocase ou un épinard amer nommé *isogi (Gynandropsis pentaphylla)*. Aujourd'hui on dit volontiers qu'il n'y a pas de cuisine dans cette région d'Afrique, mais seulement une cuisson de produits bouillis. Les goûts ont simplement changé et de nouvelles recettes sont venues de la côte de l'océan Indien, du Zaïre ou d'Europe. Le rapprochement avec la façon dont on appréciait les bières, notam-ment la bière de sorgho, est aussi éclairant : à un notable auquel on voulait rendre hommage, on offrait une bière de qualité dite *umubaya*, c'est-à-dire marquée de cette amertume. Le vieillard qui nous raconta cela au nord du Burundi en août 1981 la comparait avec l'eau salée dégustée par les vaches, l'image même de la félicité !

Différenciations socio-culturelles

La description des festins marquant les grandes fêtes collectives ou les assemblées à la cour des puissants, comparée à celle des repas quotidiens, révèle une similitude étonnante quand on pense à tout ce qui distinguait en Europe la cuisine des châteaux et des hôtels bourgeois de celle des faubourgs ou des villages, la « grande cuisine » de la cuisine courante. La différence, dans l'Afrique précoloniale, semble avoir reposé sur l'abondance exceptionnelle, surtout de produits consommés de façon généralement chiche comme la viande, mais non dans les recettes ou dans la composition des plats. Si on y regarde de plus près, il existe des nuances sensibles dans la qualité des mets et le soin mis à les préparer. Mais les clivages plus nets sont ceux liés aux statuts des personnes : âge, sexe, appartenance clanique, profession réservée ou « impure », période de menstrues ou de grossesse, deuil, initiation, lendemain de naissance ou de mariage, etc. Les interdits étaient nombreux, plus ou moins justifiés par des arguments d'ordre hygié-nique, symbolique, moral ou religieux qui ne peuvent être compris que dans la logique culturelle propre à chaque société. Les effets pervers de certains interdits sur le plan alimentaire ont souvent été dénoncés.
D'autres découpages socio-culturels méritent autant d'attention : la gestion des réserves de vivres, les règles de commensalité et le savoir-vivre dans l'acte de manger. Géographes, sociologues et historiens ont, à juste titre, souligné que dans les sociétés où en général la terre ne

manquait pas, la gestion des récoltes était cruciale, c'est-à-dire les techniques de conservation et le contrôle des greniers (au sens large du terme). Les structures familiales, sociales et politiques sont impliquées de façon significative dans ce processus : formes de solidarité et de réciprocité, positions privilégiées plus ou moins compensées par des mécanismes de redistribution (Meillassoux, 1975).

La commensalité, exprimée par le groupe amené à s'asseoir tous les jours autour d'une nourriture commune (non sans subdivisions pratiquées au sein de ce groupe, notamment entre les sexes) est aussi éclairante sur les solidarités « familiales » plus ou moins larges. La « parenté » s'exprime au moins autant dans cette communauté de consommation que dans des généalogies qu'elle ne recoupe qu'en partie et qu'elle déborde. A ce propos, il convient de distinguer entre les aliments au sens strict et les boissons. Ces dernières sont en général liées à une sociabilité élargie, aux associations de jeunes, aux réceptions politiques, aux cérémonies religieuses, au repos des chasseurs ou des travailleurs du village. Nous avons analysé ailleurs (Chrétien, 1984 (b)) la dualité de la « cruche de bière » et de la « potée de haricots » dans l'ancien Burundi : d'un côté la société des hommes étendue à tout un voisinage de colline, autour de cruches placées dans l'avant-cour de l'enclos ou à l'entrée de la maison, la consommation qui alimente la prise de parole et la prise de décisions ; de l'autre, la sociabilité régie par les femmes au niveau familial, autour du foyer, dans la pièce la plus intime, à l'abri des regards indiscrets. Même au niveau de la production (sorgho et bananier d'un côté, haricots, patates douces et maïs de l'autre, pour l'essentiel) on retrouve une dualité parallèle dans la répartition des tâches et dans les interdits. On ne peut décrire les qualités nutritives et gustatives de ces différents produits hors du contexte qui définit un « bien-vivre ».

Dernière délimitation, celle qui oppose les mangeurs bien élevés et les buveurs raisonnables aux gloutons et aux ivrognes. Ce code du savoir-vivre transparaît dans des contes, des devinettes, des dictons ou dans les vocabulaires appropriés. Par exemple, au Burundi la gloutonnerie par excellence était associée à l'image d'une faim insatiable de viande (*uburara*), reflet *a contrario* d'une certaine limitation dans ce type de consommation, l'élevage bovin en particulier étant associé essentiellement à la production de lait, sans parler du rôle social et politique de la vache dans cette société.

Variations saisonnières

Les repas, comme les travaux des champs, sont rythmés par la pluviométrie et les dates des récoltes. Il y a des saisons creuses, des soudures toujours menacées de se transformer en disettes et des moments d'abondance relative. La diète varie non seulement en quantités de calories disponibles, mais aussi en qualité nutritive. La situation varie énormément d'une région à l'autre et demande chaque fois des observations minutieuses étalées sur toute l'année, si on veut réellement l'apprécier[3]. Les paysans essaient de compenser ces irrégularités inévitables par une diversification des productions et des activités : cultures d'hivernage et cultures de décrue en fonds de vallée ; intensification de la pêche et de la chasse en saison sèche ; double récolte annuelle quand le climat le permet avec les diversifications alimentaires que cela implique (des ignames une partie de l'année et des céréales l'autre, chez les Gonja selon J. Goody) ; recours accru au cheptel qui a ses rythmes propres en fonction des dates de vêlage... L'observation agronomique des pratiques culturales dites traditionnelles révèle les mérites de cette multiplication des productions, qui se traduit très souvent par des systèmes de cultures associées : celles-ci offrent des récoltes échelonnées, allègent le travail de sarclage et protègent plus durablement les champs contre l'érosion sur les reliefs (Dupriez, 1980 ; Miège, 1986). Aux cultures associées correspondent, dans une certaine mesure, les repas à plat unique mêlant, par exemple, petits pois, bananes et patates douces (en région des Grands Lacs). Une dernière issue se présente pour garantir la sécurité alimentaire : ce sont les échanges régionaux de vivres sur les zones de contact entre secteurs d'altitude, de sols et de pluviométrie contrastés. Ces échanges très fluides, parfois sans marchés, ont été trop négligés dans les descriptions économiques (Newbury, 1980 ; Chauveau, op. cit.).

Situations d'exception

En certaines occasions la préparation de la nourriture suppose des efforts exceptionnels qui peuvent révéler les failles, les priorités ou les archaïsmes d'un système. On pourrait s'attarder sur trois situations de ce type, d'une gravité d'ailleurs très inégale : les famines, les migrations et les grandes fêtes collectives. Les famines et les crises démographiques touchant plusieurs saisons agricoles révèlent les fragilités et les inégalités d'une société. Elles font resurgir des ressources de cueillette qui sont autant de pis-aller, avec le départ vers des secteurs moins touchés, pour tenter d'éviter le pire (Chastanet, 1982). Les mouvements migratoires moins dramatiques, ceux liés à des transhumances, à des activités artisanales de saison sèche (réduction du minerai de fer, extraction du sel, colportages...) ou à des obligations sociales diverses mettent en

---

3. Par exemple, les travaux de S. Bahuchet et de M. Hladik en Afrique centrale.

valeur les aliments les plus transportables et les plus résistants (graines et farines, légumineuses...), pas nécessairement les plus appréciés. Enfin les grandes cérémonies politico-religieuses concernant toute une région ou toute une ethnie donnent lieu à la confection de plats rituels, mais aussi de mets préférés : c'est ainsi qu'au Burundi, à l'occasion de la fête annuelle et royale des semailles du sorgho (le *muganuro*) et de la fête familiale des prémices de l'éleusine, ce sont non seulement ces deux céréales qui sont à l'honneur, mais aussi des plats comme les *birunge* évoqués plus haut, les colocases, les bananes, le lait, etc.

Si, précisément, la monotonie et la sécheresse peuvent caractériser l'alimentation africaine, c'est bien lorsque les unités de commensalité se disloquent, sous l'effet de l'émigration ou des disettes. Comme le note justement Claude Savary dans l'article déjà cité :

> « La monotomie des repas africains, quand elle existe, relève d'autres raisons qui sont dans la plupart des cas d'ordre socio-économique. C'est en période de soudure ou de disette que l'agriculteur se contente des plats les plus pauvres (un peu de riz sec, quelques tubercules grillés). »

CONTINUITÉS ET RUPTURES : PROCESSUS DE L'INNOVATION

En gardant en mémoire les réflexions qui précèdent, on peut essayer maintenant de faire le bilan des changements dans l'alimentation ancienne de l'Afrique, des débuts de l'agriculture au XXe siècle, et surtout de faire le point sur les traces de ces transformations et sur les interprétations qu'on peut en proposer.

Les grandes mutations agricoles précoloniales

On n'abordera pas ici le débat savant sur la chronologie, les « berceaux » et les facteurs d'émergence des premières formes d'agri-culture, sinon pour rappeler que cette histoire remonte, dans la région des savanes situées entre le Sahara et la forêt, à au moins trois millénaires (Harlan *et al.*, 1976 ; Harlan, 1982 ; Portères et Barrau, 1980). Plusieurs foyers semblent s'être développés de façon plus ou moins parallèle dans des milieux écologiques différents : savanes sou-daniennes avec le sorgho, le mil, les courges, etc. ; marges forestières avec le palmier à huile, l'igname et toutes sortes de racines, de feuilles et de légumineuses ; enfin le massif éthiopien avec l'éleusine et le pseudobananier *ensete*. L'élevage a aussi son histoire, celui des bovins remonterait au Ve millénaire avant notre ère dans le Sahara pour gagner ensuite tout l'Est africain et les plateaux d'Afrique australe au début de notre ère. La diversité de certaines cultures (légumes verts, variétés de haricots de l'espèce *Vigna* ou de tubercules de l'espèce *Coleus*...) a été ensuite quelque peu occultée, semble-t-il, par de nouvelles cultures jugées plus efficaces et leur utilisation a été refoulée aux marges de la cueillette et d'une sorte de « végéculture », réservées aux activités des enfants ou aux périodes de disette.

En effet, deux révolutions agricoles successives ont recouvert l'ancien capital végétal ; d'abord l'introduction de plantes d'origine extrême-orientale, le bananier et le taro (ou colocase), au cours du Ier millénaire de notre ère ; ensuite la diffusion des plantes d'origine américaine introduites en Afrique centrale et orientale par les Portugais entre la fin du XVe et le début du XVIIIe (maïs, patate douce, manioc, haricot *Phaseolus*, tabac, piment). Étonnés par l'ampleur de ces emprunts extérieurs, certains auteurs africains ont parfois protesté, mettant en doute les preuves historiques, botaniques et linguistiques de ce phénomène. En fait, une telle transformation dans les pratiques agricoles, dans les calendriers et l'emploi des terroirs, comme dans les régimes alimentaires et les préparations culinaires, doit plutôt attirer l'attention sur l'extraordinaire capacité des paysans africains à transformer leurs pratiques au cours des cinq derniers siècles, sans coopérations techniques, ni moniteurs agronomes. Cette mutation et ce dynamisme méritent d'être mieux connus et mieux compris si l'on veut expliquer, *a contrario*, les motifs de l'apparente « inertie » paysanne, rituellement dénoncée dans les anciens rapports des administrations coloniales comme dans certains rapports d'experts contemporains.

Les indices des changements anciens

Comme nous le rappelions au début, l'image figée d'une Afrique dite « traditionnelle » a piégé très souvent le regard porté sur le passé de ces sociétés : les sources orales sont toujours tentées de placer dans un passé très lointain des usages parfois très récents et les sources écrites coloniales se refusent généralement à supposer quelque changement que ce soit avant l'arrivée européenne. En fait beaucoup de réalités dites « coutumières » s'avèrent avoir été remodelées, voire forgées, durant les trois-quarts de siècle de la colonisation et il faut percer cet écran pour retrouver les dynamiques — et les blocages — des siècles antérieurs (Gu-Konu, 1984)[4].

---

4. Voir aussi notre introduction à *Histoire rurale...*, 1983.

Les sources disponibles sont de différentes natures et posent chaque fois des problèmes spécifiques. Les traces archéologiques (Devisse, 1985) peuvent être directes (attestations de défrichements ou de la présence d'espèces cultivées par la palynologie datant des pollens fossiles) ou indirectes (meules et céramiques, objets significatifs de la cuisine, de la vie sédentaire et de l'agriculture). Des enquêtes orales systématiques effectuées *in situ*, dans les villages et sur les terroirs, peuvent aider à reconstituer les anciennes activités (au moins sur un siècle) avec l'appui complémentaire des témoignages écrits laissé par des voyageurs, des missionnaires ou des agents coloniaux du XIXe siècle (ou des trois siècles précédents). C'est ainsi que J.-P. Chauvrau *et al.* (1981) peuvent démontrer que l'opposition classique appliquée à la Côte-d'Ivoire entre le « pays du riz » à l'ouest du Bandama et le « pays de l'igname » à l'est est très simplifiée et ne correspond pas aux réalités agricoles et commerciales observées au XIXe siècle : les ressources de chaque région étaient beaucoup plus diversifiées et la spécialisation relative a été surtout incitée à l'époque coloniale. De même au Burundi nous avons montré (Chrétien, 1987 (i)), d'après des documents d'archives et des enquêtes orales, que les plaines riveraines du lac Tanganyika n'ont pas toujours eu l'aspect désolé que décrivent l'Administration belge puis la géographie contemporaine pour mieux souligner les transformations apportées par les paysannats implantés dans les années 1950 : avant les calamités de l'extrême fin du XIXe siècle et surtout avant la grande épidémie de maladie du sommeil du premier tiers du XXe siècle, cette région, vivant de la pêche, de l'élevage et des cultures de bananiers et de palmier à huile notamment, était très prospère et très peuplée.

La culture orale recèle des renseignements involontaires, dans les rituels, dans la « littérature », dans la langue elle-même. Le décryptage n'en est pas aisé, les innovations ayant tendance à se mouler dans l'imaginaire existant et dans les vocabulaires préétablis. On se trouve confronté à un jeu subtil d'apparentes continuités et de fissures révélatrices de nouvelles strates. Reprenons l'exemple du Burundi (Chrétien, 1979 ; 1982). Les grands rituels annuels du sorgho et de l'éleusine, les proverbes et les contes, les vocabulaires agraires, les consommations « sociales » les plus valorisées (bières, pâtes) s'attachent aux cultures les plus anciennes (vieilles céréales africaines, courges, légumes, mais aussi bananes et taros), alors que les plantes d'origine américaine, qui fournissaient l'essentiel de l'alimentation au XIXe siècle et qui mobilisaient aussi le plus de travail féminin (plantations, sarclages, récoltes échelonnées) « s'expriment » peu sinon dans des devinettes populaires. En outre, ici comme ailleurs, les dénominations de ces nouvelles plantes cultivées reprennent des radicaux bantu qui désignaient des plantes plus anciennes : le maïs est comme un nouveau haricot *Vigna*, la patate est comme un nouveau *Coleus*. L'étude des calendriers — dénominations des mois et activités sur le terroir — aide aussi à comprendre la logique de diversification et de lutte contre les disettes de soudure qui rend compte du succès de ces nouvelles plantes, plus hâtives et plus nutritives (notamment le haricot *Phaseolus*). Pratiquement elles ont fondé la généralisation d'une première saison culturale, liée aux premières pluies, dite *agatasi* (de septembre à janvier-mars), qui précède les semailles du sorgho (décembre) et les deuxièmes plantations dites *impeshi* (donnant des récoltes en juin-juillet). C'est l'étude conjointe des consommations alimentaires et des terroirs agricoles exprimés dans la langue et la culture concernées qui donne un faisceau d'indices permettant de restituer une évolution agraire et alimentaire (Hulstaert, *op. cit.*).

Les processus du changement

Les motifs, les agents et les conditions exactes de ces grandes mutations anciennes, sans doute très progressives et moins spectaculaires que des conquêtes militaires, resteront probablement à jamais inaccessibles à l'enquête historique. Mais on peut essayer d'en reconstituer les processus d'après des exemples plus récents de transformations, d'après l'histoire des paysanneries depuis un siècle ou deux. Différents facteurs peuvent être dégagés à ce niveau :

— La pression démographique (soulignée par les travaux de l'agronome danoise Ester Boserup (1970)) peut susciter un effort d'intensification dans les assolements et les aménagements du terroir (irrigation, terrasses, fumures...). L'exemple souvent cité est celui de la presqu'île d'Ukara au sud du lac Victoria, dont les habitants ont développé une association entre élevage des bovins et agriculture fondée sur l'utilisation systématique du fumier, quitte à renoncer à cet effort dès qu'ils ont pu occuper de nouvelles terres. Mais une forte densité peut aussi déclencher des migrations ou une dégradation de l'environnement et des systèmes agraires, comme l'a montré le géographe Paul Pélissier à propos de l'exemple sérère (Pélissier, 1966 ; Giri, 1983).

— Les crises de subsistances peuvent être concrètement l'occasion de l'adoption de nouveaux matériaux végétaux, découverts dans des régions voisines au cours d'une émigration temporaire. Les succès initiaux du manioc n'ont-ils pas été dus à la disponibilité de nourriture qu'offraient ce qu'on a pu appeler ces « greniers dans la terre » ? Et les succès du maïs, à la maturation hâtive de cette céréale ? Des sécheresses prolongées peuvent susciter le défrichement de régions plus humides, par exemple sur les plateaux les plus élevés de la région des Grands Lacs est-africains, ce qui y entraîna la diffusion de nouvelles cultures (justement le succès des plantes « américaines » dans cette région), voire des remodelages dans les rapports entre élevage et agriculture (toujours dans ce cas régional, le rôle croissant des protéines végétales offertes par le haricot *Phaseolus* au détriment des anciennes formes d'association entre élevage des bovins et cultures de sorgho) (Chrétien, 1984 (c) ; Steinhart, 1981 ; Anacleti et Ndagala, 1981). Mais des crises écologiques et démographiques graves peuvent aussi représenter un traumatisme qui ne débouche sur aucune innovation (Chastanet, *op. cit.*).

— L'intérêt des cultivateurs africains pour les ressources végétales en tant que telles, pour les capacités de leurs différentes variétés (résistance à la sécheresse ou aux parasites, facilités de conservation, dates de maturation, qualités alimentaires...) est particulièrement net, en contraste avec la méfiance manifestée à l'égard des modernisations culturales. Bref, d'une certaine façon, ils manifestent plus de curiosité pour le biologique que pour le mécanique. On voit des expériences agronomiques contemporaines, autour des stations techniques coloniales ou animées par des experts en développement, se heurter à l'indifférence du monde rural, sauf sous cet angle : le paquet des innovations proposées est « déficelé », a-t-on pu dire, et telle variété de maïs ou de riz sera adopté quasi spontanément, alors que toutes les autres modifications ne rencontreront qu'inertie (Jewsiewicki et Chrétien (éds.) 1984).

— Le souci de productivité, c'est-à-dire au moindre coût en travail, l'emporte en général sur la recherche du rendement à l'hectare qui hante l'agronomie contemporaine sauf, précisément, dans des situations de pression démographique. Cette recherche du gain de temps favorise des méthodes extensives, comme le soulignent les études de géographie rurale, mais elle peut aussi conduire à l'adoption de cultures plus hâtives, libérant du temps pour d'autres activités artisanales ou commerciales. Il ne faut pas oublier enfin les économies de temps dans les préparations culinaires (c'est-à-dire le temps de travail féminin par excellence) qui expliquent, notamment dans les villes modernes, le succès du riz sur le mil (Ndoye et M'Baye, 1987).

— Enfin les facteurs politiques doivent être examinés sans parti pris. On a souvent insisté sur le caractère prédateur des anciens États, décrits comme les superstructures aristocratiques de formations sociales esclavagistes ou « tributaires ». Plusieurs études historiques récentes sur les royaumes des Grands Lacs permettent de s'interroger. Certaines activités économiques, notamment d'échanges, semblent ne s'épanouir qu'aux périphéries, à l'abri d'une pression trop forte des cours princières. En revanche, les aires de paix ainsi instituées (notamment face aux menaces extérieures comme celle des traitants venus de Zanzibar), le rôle régulateur des souverains en ce qui concerne le déroulement du calendrier agricole (de par leurs fonctions rituelles) et l'incitation aux surplus ou aux cultures complémentaires qui peuvent représenter des prestations régulières (mais finalement plus modestes que celles des États modernes ou celles de la féodalité occidentale), sont aussi à mettre en ligne de compte dans le développement et la diversification des cultures (Cohen, 1983 ; Chrétien (a), 1984 ; Nsanze, 1987 ; Thibon, 1987).

En tout cas, on ne peut pas dissocier l'étude des transformations alimentaires de l'ensemble de ces contextes démographique, économique, politique et social.

PARADOXES DU CONTACT COLONIAL

Le régime colonial a coïncidé avec un élargissement des relations de toute nature à l'échelle mondiale, et il est donc lié à d'innombrables innovations. Mais par sa nature (la domination politique, économique et culturelle) il a aussi mis en œuvre des forces et des réactions qui ont représenté autant de facteurs d'inhibition, voire, comme l'a développé l'anthropologue Clifford Geertz à propos de Java, des facteurs d'«involution» (Geertz, 1963).

Le *quiproquo* des descriptions coloniales

On ne rencontre, sauf exceptions, que tardivement un réel intérêt pour les pratiques agricoles africaines chez les observateurs coloniaux. L'alimentation donne lieu à des études ethnologiques souvent plus soucieuses de dégager les croyances et les symboles que d'analyser les compositions et les fonctions. D'une manière générale, l'ensemble de la production et de la consommation est rangé sous la rubrique commode de «l'autosubsistance». Dans les articles cités plus haut de J.-P. Chauveau sur la Côte-d'Ivoire, le caractère réducteur, voire caricatural, de ce modèle est bien illustré et critiqué : une agriculture prédatrice (la *Raubwirtschaft* des auteurs allemands), sans initiative, atomisée et figée dans des cadres ethno-géographiques quasi naturels, et où les échanges et les stratégies évoqués ci-dessus sont gommés. Non seulement les cultures «complémentaires» sont négligées mais, dans certains cas, des produits fondamentaux comme le haricot *Phaseolus*, base de l'alimentation au Burundi et au Rwanda et qui n'inspire aucun article en cinquante ans de publication du *Bulletin agricole du Congo belge* (entre 1909 et 1959). Cet aveuglement peut s'expliquer culturellement (le mépris pour les « indigènes ») ou économiquement (la sélection des productions dignes d'être rentabilisées et citées au palmarès de la « mise en valeur »). On peut même se demander si l'alimentation des Africains décrite dans ce contexte ne portait pas essentiellement sur la définition des « rations » attribuées aux porteurs ou aux travailleurs des chantiers et des ports, à savoir une nourriture simplifiée de « migrants ». En 1909, à Léopoldville, par exemple, la ration mensuelle d'un travailleur était définie à 45 kg de pâte de manioc (dite *chikwange*) ou de 15 kg de riz, accompagnés de 1 kg de sel et d'un litre d'huile de palme (Peemans, 1968). La pratique coloniale a reflété cette contradiction entre « l'ouverture » au monde et un encadrement réducteur.

Les innovations importées au XXᵉ siècle : succès et échecs dans la lutte contre les famines

La modernisation introduite peu à peu depuis le début de ce siècle, notamment dans le secteur des transports, a évidemment contribué à éradiquer certains foyers de sous-alimentation, mais pas de façon aussi immédiate et radicale qu'on semblait le croire. Les premières décennies du XXᵉ siècle, prolongeant les années 1880 et 1890 de ce point de vue, ont été, au contraire, marquées par de nombreuses calamités climatiques et sanitaires, et dans certaines régions d'Afrique au moins (à l'est et au centre en particulier) par une régression démographique sensible et une véritable crise écologique (Kjekshus, 1977 ; Coquery-Vidrovitch, 1985 ; Chrétien, 1987 (ii)). En fait, de même qu'en Europe on s'était penché sur le « paupérisme » urbain au milieu du XIXᵉ siècle, dans l'Afrique contemporaine c'est seulement vers les années 1930 que l'Administration se préoccupe de la misère rurale induite par les brutalités ou les incohérences des débuts de l'économie coloniale. Partout, chez les Anglais, les Belges, les Français (sans parler du Brésil à la même époque), les enquêtes sur la malnutrition se multiplient alors, le *kwashiorkor* est redécouvert et des programmes médicaux mis en œuvre (Vellut, 1983).

Les solutions sociales économiques prônées en général dans une perspective paternaliste impliquaient des mesures de contrainte. Les effets pervers des cultures obligatoires, qu'elles aient visé à la sécurité alimentaire des campagnes ou à l'approvisionnement des centres urbains sont connus. En Côte-d'Ivoire, par exemple on voit la culture du riz bloquée vers 1905 en pays baulé par des interdits que les Français s'empressent d'attribuer à l'influence obscurantiste des « féticheurs » alors qu'il s'agissait d'une résistance à des livraisons obligatoires (J.-P. Chauveau le démontre dans l'article déjà cité ici plusieurs fois), les gens préférant développer leur production de bananes qui échappait aux collectes. Le manioc, culture obligatoire et produit voué aux réquisitions, subit le même discrédit au Congo belge (Cheauveau, *op. cit.* ; Hulstaert, *op. cit.* ; Jewsiewicki, 1980).

L'ambiance sociale négative ainsi créée autour de certains travaux de mise en valeur agricole, voire d'innovations alimentaires, ne faisait que s'aggraver quand les efforts, proposés ou imposés, débouchaient sur des erreurs agronomiques. L'inventaire historique des tâtonnements de l'agronomie tropicale reste à faire. Il devrait être prolongé jusqu'à des années récentes. En particulier le modèle « moderne » des monocultures plus ou moins intensives ou mécanisées, négligeant la fragilité de certains sols et les aléas climatiques qui auraient dû faire réfléchir sur la sagesse de certaines polycultures associées, a débouché sur quelques échecs célèbres, dont le moindre n'est pas le développement systématique du maïs en Tanzanie centrale sous l'impulsion d'organismes internationaux : les graves disettes de 1974-1975 qui ont contribué à affaiblir durablement la politique des villages dits *Ujamaa* ont fait littéralement redécouvrir les vertus du sorgho (Joinet, 1981). Les anciennes paysanneries avaient, semble-t-il, introduit avec plus de prudence les nouvelles plantes dans la palette de leurs productions, à l'opposé du fantasme de l'espace homogène qui marque aussi bien les planifications autoritaires que l'« agro-business » (Tricart, 1984).

En revanche, la « monétarisation » du monde rural, prolongeant et relançant les échanges régionaux déjà existants ou en créant de nouveaux, a suscité des initiatives trop souvent sous-estimées dans la gestion coloniale, malgré les discours officiels sur « l'ouverture au marché ». L'essor du riz dans l'ouest de la Côte-d'Ivoire, notamment aux lendemains des deux guerres mondiales à la faveur de politiques momentanément plus libérales concernant les prix, illustre ce processus, qui contraste avec les difficultés relevées plus haut en pays baulé au début du siècle. Les cultures maraîchères développées par les paysans des environs de Costermansville (l'actuelle ville de Bakavu) à l'est du Zaïre nous apprennent aussi combien une population rurale, par ailleurs très réticente devant la kyrielle des obligations administratives, peut prendre des initiatives agricoles quand elles répondent à son intérêt (Bashizi, *op. cit.*).

Un des handicaps cruciaux dans l'amélioration des conditions de vie (incluant celle de l'alimentation) en milieu rural africain réside dans l'association historique entre « modernisation » et contrainte qui a caractérisé la gestion coloniale et souvent, au-delà, celle des États issus de l'indépendance.

Les ambiguïtés de l'innovation

Indépendamment du style de «l'épisode colonial» et des maladresses de gestion que l'on vient d'évoquer, la «modernité» en soi n'est pas dépourvue d'ambiguïtés dès qu'on aborde la qualité de la nutrition. La question n'est, d'ailleurs, pas propre aux sociétés africaines.

L'individualisme entretenu par l'argent, les carrières urbaines, les mouvements migratoires, la pression démographique, les crises diverses, débouche souvent sur une dislocation des pratiques communautaires dans l'exploitation du sol comme dans les usages de convivialité. Jean-Yves Marchal (1985) a montré la désorganisation contemporaine d'un terroir du nord du Burkina et comment, dans ce contexte, des cultures de jardin, très appréciées dans l'alimentation ancienne, telles que certains légumes (de la famille de l'oseille) ou que le gombo, ont décliné : d'une manière générale la diversité agricole a reculé devant la tendance à une monoculture extensive du sorgho blanc, suscitée par la recherche de gains plus rapides. D'une manière générale, tandis que les rapports se multiplient sur la malnutrition et sur la nécessité des compléments en vitamines, en sels minéraux, et que l'on déplore l'insuffisance de la consommatin de fruits et de légumes en Afrique, les consommations liées aux jardinages et aux cueillettes d'autrefois tombent dans l'oubli. Le botaniste Jacques Miège écrivait il y a peu (Miège, *op. cit.*) :

> «J'ai pu constater récemment que malheureusement, en certains points de l'Afrique occidentale, cette incomparable richesse disponible s'amenuisait, soit par des destructions (appauvrissement de la flore), soit parce que l'usage de ces plantes se perd et qu'il finit par être oublié. Des inventaires ont été effectués mais ils sont fréquemment partiels ou incomplets ; la géographie alimentaire présente encore des lacunes.»

Et déjà en 1954, L. Pales (1954) :

> «Dès que l'on passe à la pratique, la recette européenne subit des modifications : on soumet le produit alimentaire africain à un mode de cuisine européen, ou bien l'inverse. En définitive, on aboutit à un compromis entre la cuisine européenne et la cuisine africaine, sans que l'une et l'autre aient gagné quoi que ce soit, semble-t-il, à de pareilles combinaisons. En effet n'ont été conservés dans ces plats que des produits d'origine locale ou d'importation, consommés par les Européens. Les produits spécifiquement africains — lalo, oseille de Guinée, gombo, nénétu, etc., supports de tant d'éléments organiques ou minéraux de grande valeur nutritive disparaissent systématiquement de ces recettes. Ce faisant, les Africains sont contents d'eux-mêmes. Ils ont rompu avec les coutumes ancestrales et croient affirmer ainsi leur accession à une vie plus moderne alors qu'ils n'ont emprunté que des apparences.»

En fait, par-delà ce langage un peu moralisateur, les situations sont complexes, mouvantes et contradictoires. Si l'on observe l'évolution de la cuisine au Burundi depuis une trentaine d'années, on constate aussi le recul des fruits et des légumes de cueillette, le recul de pâte de sorgho devant le riz, mais aussi la diffusion des œufs, du poisson du lac Tanganyika, grâce à la disparition des anciens interdits, et celle de l'huile de palme, selon le modèle déjà existant sur les rives du lac à la fin du siècle précédent. Ces transformations ont d'abord été visibles en milieu urbain, chez les « intermédiaires culturels » (instituteurs, catéchistes, auxiliaires de l'Administration, mais aussi chauffeurs, boutiquiers, simples « boys »...). L'évolution de l'alimentation dans ces nouvelles couches sociales plus ou moins urbanisées, plus ou moins « acculturées » (terme qui est venu relayer celui d'« évolué »), mérite attention car les implications socio-culturelles y sont particulièrement nettes. Nous avons déjà mentionné la facilité de préparation du riz, susceptible d'aider à l'émancipation des femmes. Mais d'autres connotations implicites ne doivent pas être oubliées. Il existe des nourritures (le pain) et des boissons (les bières industrielles ou le vin, sans parler des autres alcools) plus « prestigieuses » que d'autres, porteuses du signe de la modernité, comme jadis une céréale ou un tubercule pouvaient incarner la solidarité d'une communauté, avec la différence que les inégalités sociales creusent aujourd'hui un fossé plus grand dans les régimes alimentaires. Une comparaison des qualités nutritives des anciennes bières de mil ou de sorgho et des bières des brasseries serait, par ailleurs, intéressante pour apprécier les distorsions qui peuvent s'installer entre « progrès » et amélioration. L'alimentation des enfants requiert aussi l'attention de ce point de vue. On connaît les polémiques nées de l'usage des laits en poudre. Il faudrait analyser l'évolution de la date du sevrage et la façon dont la transition du lait aux nourritures solides est assurée. Jean Ritchie (1968) cite le cas d'une dégradation de ce point de vue chez les Kikuyu en un demi-siècle : autrefois sevrés assez tard, les nourrissons recevaient un mélange d'arrow-root, de foie haché, de graisse de chèvre et de légumes verts, alors qu'aujourd'hui ils souffrent, au moment du sevrage, plus précoce, de carences protéo-caloriques.

La mise en perspective historique de l'alimentation en Afrique suppose donc la remise en cause de beaucoup de découpages préétablis dans le temps et dans l'espace. Elle nécessite des enquêtes mobilisant des sources d'information très variées, à commencer par une connaissance intime de la société concernée, de ses terroirs et de ses repas, de sa vision du monde et de sa langue. L'enjeu en est de comprendre, sans préjugés, les dynamiques et les blocages, tant anciens que contemporains. Une telle recherche a vocation à être pluridisciplinaire, avec l'espoir d'aider à ce que se rejoignent et se confrontent l'expérience pluriséculaire des paysans et les recherches les plus avancées des Sciences de la Nature (Séminaire de Bujumbura, 1981).

BIBLIOGRAPHIE

Agbessi Do-Santos H. et Damon M., *Manuel de nutrition africaine*. I, Paris, 1987.

Anacleti A.O. et Ndagala D.K., The cattle complex in the ancien West Lake Kingdoms. Dans : CCB (éd), *La civilisation ancienne des peuples des grands lacs*, Paris, 1981, p. 148-159.

Bahuchet S., *Les Pygmées Aka et la Forêt Centrafricaine*, Paris, 1985.

Bashizi C., Pouvoirs publics, plantations européennes et réactions paysannes au Sud-Kivu (1920-1060). Dans : Jewsiewicki B. et Chrétien J.-P. (éds.) *Ambiguïtés de l'innovation*, Québec, 1976, p. 125-146.

Boserup E., *Évolution agraire et pression démographique*, Paris, 1970.

Chastanet M., *Les crises de subsistances dans les villages Soninke du cercle de Bakel de 1858 à 1945*. (ORSTOM), Dakar, 1982.

Chauveau J.-P., Dozon J.-P. et Richard J., Histoires de riz, histoires d'igname : le cas de la moyenne Côte-d'Ivoire. *Africa*, 1981, 2, p. 621-658.

Chauveau J.-P. L'avenir d'une illusion. Histoire de la production et des politiques vivrières en Côte-d'Ivoire. *Études rurales,* 99-100, juillet-décembre 1985, p. 281-325.

Chrétien J.-P., Les années de l'éleusine du sorgho et du haricot dans l'ancien Burundi. Écologie et idéologie. *African economic history*, 7, 1979, p. 75-92.

Le sorgho dans l'agriculture, la culture et l'histoire du Burundi. *Journal des Africanistes* (Paris), 1-2, 1982, p. 145-162.

(éd.) *Histoire rurale de l'Afrique des Grands Lacs*. Paris, 1983.

(a) *Cahiers du CRA n° 4 Cahiers d'Histoire n° 2, co-édition du CRA (Paris 1) et du Département d'Histoire de l'Université du Burundi, Paris-Bujumbura, 1984, numéro spécial « Histoire rurale ».*

(b) Agronomie, consommation et travail dans l'agriculture du Burundi du XVIIIᵉ au XXᵉ siècles. Dans Cartier M. (ed.), Le travail et ses représentations. Paris, 1984, p. 123-178.

(c) Nouvelles hypothèses sur les origines du Burundi. Dans : Ndoricimpa L. et Guillet C. (éds.), « *L'arbre mémoire* », Paris, 1984, p. 11-52.

(i) La crise écologique de l'Afrique orientale au début de XXᵉ siècle : le cas de l'Imbo au Burundi entre 1890 et 1916. Dans : Université du Burundi (éd.) *Questions sur la paysannerie au Burundi*, Bujumbura, 1987, p. 55-93.

(ii) Démographie et écologie en Afrique orientale à la fin du XIXᵉ siècle, une crise exceptionnelle ? *Cahiers d'études africaines*, n° 105-106, 1987, 1-2, p. 43-60.

Coquery-Vidrovitch C., *Afrique noire. Permanences et ruptures*. Paris, 1985.

Cohen D.W., Food production and food exchange in the precolonial Lakes

Plateau region. In : Rotberg R.I. (ed.) *Imperialism, colonialism and hunger : East and Central Africa*, Lexington, 1983, p. 1-18.

Devisse J., (éd.), L'Afrique. Dans : *Grands Atlas de l'archéologie*, p. 306-323, Paris, 1985.

Histoire économique et sociale de l'Afrique. Exposé du séminaire de DEA, Université de Paris I, 1987.

Dia O. et Colin-Nogues R., *Yâkâré. Autobiographie d'Oumar*. Paris, 1982.

Dupriez H., *Paysans d'Afrique noire*. Nivelle, 1980.

Geertz C., *Agricultural involution. The process of ecological change in Indonesia*. Berkeley, 1963.

Giri J., *Le Sahel demain*. Paris, 1983.

Goody J., *Cuisines, cuisine et classes*. Paris, 1984.

Gu-Konu E., Le développement rural : que recouvrent les mots ? Dans : *Le développement rural en questions*, p. 483-497. Paris, ORSTOM, 1984.

Harlan J.R., de Wet et J.M.J. and Stemler A.B. (eds.), *Origins of African plant domestication*. La Haye, 1976.

Harlan J.R., The origins of indigenous African agriculture. In : *Cambridge History of Africa*. 1982, 1, p. 624-657.

Hulstaert G., L'évolution de la production alimentaire des Nkundo XIXᵉ-XXᵉ siècles). Un bilan partisan. *African economic history*. 7, 1979, p. 171-181.

Jewsiewicki B., African peasants and totalitarian colonial society in the Belgian Congo. 1917-1960. In : Klein, M (ed.), *Peasants in Africa*, Los Angeles, 1980, p. 47-75.

Jewsiewicki B. et Chrétien J.-P. (éds.), *Ambiguïtés de l'innovation. Sociétés rurales et technologies en Afrique centrale et occidentale au XXᵉ siècle*, Québec, 1984. Introduction de J.-P. Chrétien, p. 1-24 ; exemple du Burundi par J. Gahama, p. 55-82 ; exemple zaïrois par Mbaya Mudimba, p. 83-98.

Joinet B., *Tanzanie, Manger d'abord*, Paris, 1981.

Kjekshus H., *Ecology control and economic development in East African history*, Londres, 1977.

La dimension culturelle du développement rural et la coopération internationale, séminaire de Bujumbura, décembre 1981.

Marchal J.-Y., La déroute d'un système vivrier au Burkina. *Études rurales*, 99-100, 1985, p. 265-280.

Meillassoux C., *Femmes, greniers et capitaux*, Paris, 1975.

Miège J., Les facteurs naturels de l'alimentation en Afrique. *Genève-Afrique*. 1968, 1, p. 111-121.

Ndoye T. et M'Baye M., du mil au riz. *Courrier de l'Unesco*, nº spécial sur « Alimentation et cultures », (Paris), mai 1987, p. 8-9.

Newbury D., Lake Kivu regional trade in the nineteenth century. *Journal des Africanistes*. 1980, 2, p. 6-30.

Nsanze A., *Les bases économiques des pouvoirs au Burundi de 1875 à 1920*, thèse, Paris, 1987.

Pales L., *L'alimentation en AOF : Milieux, enquêtes, techniques, rations*. Dakar, 1954.

Peemans J.-P., *Diffusion du progrès et convergence des prix. Congo-Belgique 1900-1960*. Louvain, 1968.

Pelissier P., *Les paysans du Sénégal. Les civilisations agraires du Cayor à la Casamance.* Paris, 1966.

Portères R. et Barrau J., Débuts, développement et expansion des techniques agricoles. Dans : *Histoire générale de l'Afrique.* I, p. 725-744, Paris, Unesco, 1980.

Richards A., *Land, Labour and Diet in Northern Rhodesia,* Londres, 1939.

Ritchie J., *Étudions la nutrition,* Rome, FAO, 1968.

Savary C., Les aspects culturels de l'alimentation en Afrique. *Genève-Afrique,* 1986, I, p. 85-110.

Shaw T., Early agriculture in Africa. *Journal of the historical society of Nigeria.* 1972, 2, p. 143-191.

Steinhart E.I., *Food production in precolonial Ankole,* paper to the IUAES, Amsterdam, 1981.

Thibon C.,Économie et société au XIXᵉ siècle. Dans : Mworoha E. (éd.), *Histoire du Burundi des origines à la fin du XIXᵉ siècle,* chapitre 8, Paris, 1987, p. 165-186.

Thomas L.V., Essai sur la conduite négro-africaine du repas. *Bulletin de l'IFAN,* XXVII, B, nᵒs 3-4, 1965, p. 573-635.

Tricart J., Quelques réflexions éco-géographiques sur le développement rural. Dans : *Le développement rural en questions,* p. 1-14, Paris, ORSTOM, 1984.

Vansina J., (a) Esquisse historique de l'agriculture en milieu forestier (Afrique equatoriale). *Muntu,* Libreville, nᵒ 2, 1985, p. 5-34.
(b) L'homme, les forêts et le passé en Afrique. *Annales ESC.* 1985, 6, p. 1307-1334.

Vellut J.-L., La misère rurale dans l'expérience coloniale du Zaïre, du Rwanda et du Burundi. Crises de subsistance et insuffisances alimentaires dans les possessions coloniales de la Belgique, ca. 1900-1960. *African Studies Association.* Communication au colloque de Boston, 1983.

FACTEURS SOCIO-CULTURELS
ET SAISONNALITÉ
DANS L'ALIMENTATION
L'EXEMPLE DE DEUX POPULATIONS
DU TCHAD ET DU CAMEROUN
(MASSA-MOUSSEY)

Igor de GARINE

Depuis 1932, l'époque où Audrey Richard (1932) publiait ses premiers ouvrages sur les Bemba, et la Seconde Guerre mondiale qui vit, en 1941, la création par Guthe et Mead du Comité sur l'étude des habitudes alimentaires (Guthe et Mead, 1945), l'anthropologie alimentaire est devenue un champ d'investigation à la mode.

L'alimentation apparaît à beaucoup de spécialistes des sciences humaines comme un véritable contrepoint à la plupart des activités sociales. Depuis les fêtes de baptême jusqu'à celles de la levée de deuil, le registre alimentaire est presque partout présent et l'on peut parler ici d'un «fait social total» au sens où l'eût entendu Marcel Mauss (1950).

Les membres de l'école de la Personnalité de Base se sont aussi penchés sur le domaine de l'alimentation, en particulier celle de la petite enfance (Kardiner et al. 1945). Parallèlement, les spécialistes de matérialisme culturel, depuis L.T. Hobhouse et ses collaborateurs (1915) jusqu'à Whiting (1964), M. Harris (1968 ; 1979) et, plus récemment, ceux de l'écologie culturelle, de Steward (1949) à Lee (1979), mettent au premier plan de leurs préoccupations l'analyse des systèmes alimentaires en privilégiant, souvent pour des raisons dépourvues d'innocence, les systèmes de production.

Ce n'est pas pour autant que l'on ait abouti à une étude systématique pluridisciplinaire du comportement alimentaire de l'Homme dans le milieu où il évolue normalement, à savoir sa société et sa culture, dont les caractéristiques varient à l'infini. Le domaine envisagé est d'une grande complexité et exige la collaboration des spécialistes des sciences biologiques et des sciences humaines. Isolément, les nutritionnistes se risquent rarement à effectuer leurs observations dans un milieu qui leur est étranger culturellement et dont ils ne contrôlent pas les paramètres. Il en résulte que l'essentiel des connaissances relatives au comportement alimentaire de l'Homme a été acquis dans le cadre des sociétés industrialisées, souvent en milieu hospitalier et fréquemment au travers d'observations effectuées sur des animaux de laboratoire.

Sans doute admet-on aujourd'hui l'existence de relations entre la culture matérielle (et en particulier le système de production), la structure sociale et les systèmes de représentation qui ont cours dans une société, mais peu de choses sont dites des relations qui existent entre l'alimentation, ses conséquences biologiques, la culture matérielle et les différents systèmes symboliques qui caractérisent une société et sont, entre autres, liées à son histoire particulière.

L'alimentation constitue, pourtant, l'un des rares domaines où un phénomène relevant à la fois des sciences biologiques et humaines soit susceptible d'une quantification précise et médiatise une action réciproque de la nature et de la culture. La consommation alimentaire agit sur le niveau nutritionnel, celui-ci affecte la dépense énergétique et le niveau d'activité des individus qui constituent une société, lesquels influencent aussi bien la culture matérielle d'une société que les systèmes symboliques qui la caractérisent, ces différents termes étant, bien entendu, en réciprocité de perspective.

La recherche des corrélations qui existent entre ces différents ordres de phénomènes passe par l'étude minutieuse, humble et quantifiée du système alimentaire sous ses différents aspects, ce qui implique la prise en considération, selon la terminologie anglo-saxonne, des aspects « etic » — objectifs et, surtout, matériels — du système alimentaire, et de ses aspects « emic » — non-matériels — dans lesquels se traduit ce que l'on pourrait appeler sa subjectivité et, pourquoi pas, son génie culturel.

LA SAISONNALITÉ ALIMENTAIRE

La saisonnalité des ressources du régime alimentaire est un phénomène caractéristique de la plupart des systèmes traditionnels et un domaine où il est possible de mettre en évidence la multiplicité des facteurs qui conditionnent le comportement alimentaire d'une population et le statut nutritionnel qui en découle (Chambers *et al.* 1981).

Exemple des Massa et des Moussey

Les populations massa et moussey, chacune comptant à peu près 200 000 individus, occupent à environ 250 km au sud de N'djamena, la capitale du Tchad, les savanes qui bordent le cours moyen du Logone et de la Kabbia. Il y règne un climat tropical caractérisé par une pluviométrie de 600 à 900 mm par an et par l'inondation des cours d'eau. Si l'on distingue des nuances dues à l'écologie et, en particulier, à la plus ou moins grande proximité des nappes d'eau permanentes, on peut dire que ces deux groupes bénéficient des mêmes conditions écologiques, sont en contact géographique étroit, possèdent un même niveau technologique et ont de nombreuses caractéristiques culturelles communes. Ils sont mutuellement parfaitement au courant de leur style de vie et de celui des populations qui les entourent, les Toupouri et les Foulbés, ces derniers ayant dominé historiquement la région et bénéficiant encore d'une prééminence économique et politique.

Production

Les Massa et les Moussey pratiquent l'agriculture, l'élevage, la pêche et la chasse, mais n'accordent pas à chacune de ces activités la même importance.

Les Massa ont pour culture vivrière de base le sorgho rouge de saison des pluies *(Sorghum caudatum)*. Ils cultivent aussi quelques légumes et bénéficient de la présence de palmiers rôniers *(Borassus flabellifer)* et doums *(Hyphaene thebaica)*. Ils pêchent toute l'année dans les eaux du Logone ; le poisson est consommé quotidiennement et leur apporte l'essentiel de leur revenu monétaire. Toutefois, ils sont avant tout des amateurs de bétail : ils élèvent des chèvres et des moutons mais surtout des bovins. Ceux-ci sont au centre de leurs préoccupations. Ils sont utilisés dans le prix de la fiancée (10 têtes pour se procurer une épouse), le prêt prestigieux de bétail *(golla)*, les cures laitières d'engraissement *(guru)* auxquelles se livrent les hommes (Tableau 1).

Les Moussey sont en priorité des agriculteurs. Ils cultivent de nombreuses variétés de sorgho, du mil pénicilliaire *(Pennisetum sp.)*, de l'éleusine *(Eleusine coracana)*, des légumineuses : haricots *(Vigna sinensis)*, pois de terre *(Voandzeia subterranea)*, de l'arachide. Ils utilisent de nombreuses plantes potagères : gombo *(Hibiscus esculentus)*, oseille de Guinée *(Hibiscus sabdariffa)*, des concombres, des potirons, du sésame, etc. La pêche est surtout saisonnière. Ils possèdent du petit bétail, principalement des chèvres. Le cheval (le poney Laka) joue un rôle essentiel dans le système de la dot, les prêts de bétail et la chasse. Résidant dans une zone de brousse moins peuplée que les Massa, les Moussey tirent quelques ressources de la chasse et de la cueillette.

Tableau 1

Production alimentaire dans deux populations voisines du Nord Cameroun

Activités de production par ordre d'importance	Massa	Moussey
Cueillette	Pêche, élevage, agriculture Graminées sauvages Palmiers *(Hyphaene thebaica, Borassus aethiopum)* Dattier du désert *(Balanites aegyptiaca)* Gamme restreinte	Agriculture, élevage, chasse Arbres, arbustes, fruits et feuilles *(Zyziphus, Ficus)* Tubercules sauvages *(Tacca involucrata, Amoerphophallus)* Gamme étendue
Chasse et pêche	Pêche quotidienne - large variété de poissons Chasse saisonnière - petit gibier (oiseaux aquatiques)	Chasse fréquente - quelques antilopes Pêche saisonnière
Agriculture traditionnelle	Sorgho rouge hâtif *(Sorghum caudatum)*	Sorgho rouge hâtif *(S. caudatum),* mil pénicillaire *(Pennisetum),* éleusine *(Eleusine coracana)*
Cultures secondaires	Gombo *(Hibiscus esculentus),* oseille de Guinée *(H. sabdariffa),* arachides, faux sésame *(Cerathoteca sesamoides),* courges	Gombo *(Hibiscus esculentus),* oseille de Guinée *(H. sabdariffa)* arachides, pois bambara *(Voandzeia subterranea),* haricots doliques *(Vigna unguiculata),* sésame *(Sesamum indicum),* faux sésame *(Cerattoteca sesamoides),* concombres *(Cucumis sativa),* manioc, riz, courges
Élevage (par ordre d'importance)	Bovins, moutons, chèvres	Poneys, chèvres, moutons
Tendance récente	Canards de Barbarie	Bovins
Cultures de rente Tendances récentes	Riz (Nord)	Coton
Commerce vivrier	Sorgho blanc repiqué tardif, riz, manioc Vente de poisson, vente de riz (Nord) Achats de sorgho	Sorgho blanc repiqué tardif, riz, manioc, taro Pas de vente de nourriture Achats de céréales et de poisson
Céréales	Une récolte, moins de 100 kg par an/par individu	Deux récoltes, moins de 200 kg par an/par individu
Aliment de base	Bouillie rouge épaisse, farine non blutée	Bouillie rouge épaisse, farine blutée
Récoltes secondaires	Arachides	Pois de terre, haricots doliques, arachides, manioc, concombres
Nourritures animales (par ordre d'importance)	Poisson frais et séché, lait, volailles, bétail	Poisson séché, volailles, petit bétail, bœuf (aux funérailles)
Variations	Forte pénurie saisonnière limitée dans le Nord par le riz	Forte pénurie saisonnière

Ces choix techniques sont bien évidemment influencés par la micro-écologie et si les Moussey ne pratiquent guère la pêche, c'est parce que les Massa, installés antérieurement, occupent le bord des cours d'eau permanents. Mais rien n'empêche les Massa d'élever des chevaux et les Moussey des bovins. Quels sont les résultats auxquels ils parviennent ? Sans doute faut-il dire auparavant un mot de régime alimentaire.

Régime alimentaire

Le régime quotidien des Massa et des Moussey au cours des diverses saisons laisse entrevoir des différences. On note chez les Massa une

Tableau 2

Variété du régime dans deux enclos appartenant à deux populations voisines
situées dans le même milieu et dotées des mêmes moyens
Alimentation de saison sèche (avril 1976) per capita par jour

Massa (Kogoyna)	Poids (g)	Kilo-calories	Protéines végétales	Protéines animales
Farine de sorgho rouge *(Sorghum caudatum)*	326,8	1 144	25,4	0
Farine de mil pénicillaire	142,5	486	15,8	0
Feuilles séchées de faux sésame *(Cerathoteca sesamoides)*	4,4	11	0,9	0
Gombo sec *(Hibiscus esculentus)*	31,5	89	3,4	0
Poisson frais	327,2	543	0	52
Huile de poisson	11,1	100	0	0
Sel minéral	1,45	0	0	0
Total	844,95	2 373	48,5	52,0
Protéines totales : 100,5 g				
Moussey (Bigui)				
Farine de sorgho rouge *(S. caudatum)*	560	1 960	56	0
Haricots *(Vigna unguiculata)* secs	20	53	4,6	0
Poids voandzou *(Voandzeia subterranea)*	14	51	2,6	0
Feuilles séchées de faux sésame	3	8	0,6	0
Gombo sec	2	6	0,2	0
Fruit de tamarinier *(Tamarindus indica)*	4	2	0	0
Poisson séché	20	53	0	10,5
Viande de poulet	26	30	-	4
Viande de chèvre	15	23	0	2,3
Sel minéral	1,9	0	0	0
Sel d'origine végétale (graminées calcinées)	1,67	0	0	0
Total	687,57	2 207	64,0	20,6
Protéines totales : 84,6 g				

consommation plus élevée de protéines animales (surtout du poisson), chez les Moussey un régime plus varié où les protéines végétales l'emportent.

Le sorgho rouge et le poisson frais sont les aliments principaux des Massa. A titre secondaire, le gombo *(Hibiscus esculentus)* et le sel et, pour ceux qui en ont les moyens, le lait.

La principale préparation culinaire a lieu le soir. Chaque épouse dotée d'enfants prépare une bouillie épaisse de sorgho rouge et une sauce qui contient généralement du poisson, des légumes et souvent des plantes mucilagineuses, enfin du sel. La moitié de la préparation est consommée le soir, le reste réchauffé le lendemain matin et parfois au repas de midi, qui peut aussi être l'objet d'une préparation autonome. Le lait est surtout consommé par les hommes, mélangés à de la farine de sorgho rouge. Les volailles, les moutons et les chèvres sont consommées à l'occasion des rituels, des sacrifices ou de la visite de personnages que l'on veut honorer. Les légumineuses et les tubercules apparaissent peu dans le régime. Le fruit principal est celui du palmier rônier. Le régime est très monotone.

Chez les Massa, la fréquence de consommation quotidienne des aliments est la suivante :

Sorgho rouge *(Sorghum caudatum)*	99 %
Légumes verts	87 %
Poisson (surtout frais)	84 %
Légumineuses (surtout pois voandzou, *Voandzeia subterranea)* et haricots doliques *(Vigna sp.)*	5 %
Lait	15 %
Viande (surtout poulets, ovins et caprins)	4 %

Chez les Moussey, on observe davantage de variétés de sorghos pluviaux, du mil pénicillaire et des sorghos repiqués. Les légumineuses (arachides, pois de terre) sont plus abondantes, de même que les graines oléagineuses (sésame, concombre). La gamme des légumes est plus vaste et l'on observe quelques tubercules (manioc, patate douce). En revanche, le poisson frais est rare, c'est surtout du poisson séché acheté aux Massa que l'on consomme. Il y a peu de bovins et l'on n'a pas recours au lait.

La cueillette des fruits et des feuilles de la brousse joue un rôle plus important que chez les Massa, de même que la petite chasse.

Dans les deux populations, les ressources alimentaires sont déficientes du 1er juillet au 15 août, les réserves de sorgho sont épuisées et la pêche est peu productive. Il reste peu d'argent pour acheter de la nourriture.

Tableau 3

Calendrier alimentaire des Moussey

```
                janv. fév. mars avril mai juin juil. août sept. oct. nov. déc.

Saison
des pluies                              xxxxxxxxxxxxxxxxxx
Saison sèche    xxxxxxxxxxxxxxxx                                    xxxxxxx
Eleusine                                     xxxxxxxx ---
Sorgho rouge
hâtif              -------------              xxxxxxxx -------
Mil pénicillaire xxxx --------------
Sorgho blanc
repiqué tardif        xxxxxxxxxx --------------
Arachides          -----------                           xxxxxxx ---
Pois bambara       ---------                             xxxxxxxxxx
Haricots           ---------                             xxxxxxxxxx
Manioc             ---------           -------------------
Céréales
sauvages                                xxxxxxxxxxxx ---
Tubercules
sauvages                                xxxxxxxxxxxxxxxxxx
Feuilles
et légumes
verts sauvages                          xxxxxxxxxxxxxxxxxxxxxx
Poisson frais        xxxxxxxxxxx
Poisson séché      ------------------------
Gibier             xxxxxxxxxxxxxxxx                                     xxx
Lait               ------          -------------------
```

xxx = Période de récolte   ___ = Période de consommation

Valeur nutritionnelle

Si l'on le compare à celui de beaucoup de populations de savane (Wheeler, 1980), le régime apparaît satisfaisant au cours des trois saisons observées en 1976, mais il s'agit là d'une très bonne année. La valeur calorique du régime est de 2 540 kilocalories. Les protéines atteignent près de 100 grammes, dont 40 % d'origine animale. Les lipides sont peu abondantes, 30 g. En ce qui concerne les minéraux et les vitamines, le fer est bien représenté, 35 mg, de même que le béta-carotène, le rétinol et la niacine. En revanche, la riboflavine et l'acide ascorbique sont rares. En ce qui concerne ces derniers, le contraste est grand entre la période pluvieuse et la saison sèche : de décembre à mai il n'y a pas de légumes verts ou de crudités.

Selon les standards de la FAO en 1973, les Massa adultes couvrent 101 % de leurs besoins énergétiques en saison sèche, 103 % en saison des pluies, 128 % en saison des récoltes. En ce qui concerne les protéines,

Tableau 4

Valeur nutritionnelle per capita du régime alimentaire des Massa du village de Kogoyna au cours de différentes saisons 1976-1980

Nutriments		Moyenne annuelle 1976	Saison sèche février-mai	Saison des pluies juin-septembre	Saison des récoltes sept.-déc.	Saison des récoltes 1980 sept.-déc.		Niveau de signification des différences entre		
								Saison sèche et saison des pluies	Saison des pluies et saison des récoltes	Saison sèche et saison des récoltes
Kilocalories	m	2 544	2 362	2 347	2 924	2 540	Kcal	ns	***	***
	se	636	400	460	773	480				
Protéines animales	m	37	44	24	45	32	g	***	***	ns
	se	16	15	9	15	20				
Protéines végétales	m	60	55	56	69	60	g	ns	***	***
	se	15	10	11	19	11				
Lipides	m	30	28	27	35	32	g	ns	**	**
	se	11	6	9	14	11				
Glucides totaux	m	507	461	481	579	511	g	ns	***	***
	se	120	80	92	147	96				
Calcium	m	950	950	720	1 180	790	mg	ns	***	ns
	se	510	570	360	510	400				
Fer	m	35	37	30	38	33	mg	**	***	ns
	se	9	10	6	10	5				
Rétinol	m	520	580	440	550	480	ug	***	**	ns
	se	300	390	220	260	390				
Béta carotène	m	1 900	430	3 600	1 700	2 200	ug	***	**	ns
	se	1 800	190	1 500	1 600	2 300				
Thiamine	m	2,5	2,3	2,3	2,8	2,5	mg	ns	**	***
	se	0,6	0,4	0,4	0,8	0,5				
Riboflavine	m	1,2	1,1	1,3	1,3	1,3	mg	***	ns	***
	se	0,3	0,2	0,4	0,4	0,4				
Niacine	m	27	26	24	31	27	mg	ns	**	**
	se	7	6	5	9	5				
Acide ascorbique	m	28	5	49	29	39	mg	***	**	***
	se	36	3	25	22	41				

Niveau de signification : non significatif = ns ; m = moyenne ; se = erreur standard
* p<0,1 ; ** p<0,001 ; *** p<0,0001 (Test-t de Student)

si l'on admet qu'à Kogoyna les protéines ont une valeur moyenne de 70 (FAO, 1973, p. 76), et que les besoins d'un homme adulte sont de 53 g par jour, les besoins sont couverts en saison sèche à 227 %, en saison des pluies à 182 %, en saison des récoltes à 263 %. (Tableau 4). Les résultats globalement satisfaisants enregistrés ne sauraient masquer les écarts importants entre les différentes maisonnées étudiées. C'est ainsi que la consommation du poisson oscille entre 20,6 et 232,2 grammes *per capita*. De fortes variations existent aussi en ce qui concerne la valeur calorique. Les groupes les moins favorisés sont ceux où les individus non actifs sont les plus nombreux. Comme le fait remarquer Koppert (1981, pp. 478-485), il existe aussi des différences entre les classes d'âge et, comme dans d'autres sociétés, les enfants paraissent désavantagés par rapport aux adultes. Dans la tranche de 1 à 10 ans, ils ne couvrent leurs besoins en énergie qu'en période d'abondance, d'octobre à décembre (105 %) ; ils sont sensiblement en deça en saison sèche (84 %) et en saison des pluies (88 %).

Le score atteint par la population en général ne veut pas dire non plus qu'il n'y ait pas, en cours d'année, de périodes de restriction alimentaires, objectives ou ressenties comme telles par la population. En 1976, on enregistre une différence négligeable entre la saison sèche et la saison des pluies (normalement la période de soudure alimentaire), et une faible différence entre celle-ci et la période des récoltes. Il s'agissait toutefois d'une année exceptionnellement bonne. En 1980, la différence était plus sensible.

Anthropométrie

Les chiffres concernant les Massa et les Moussey sont similaires. Les deux populations sont de taille élevée — hommes adultes 174,6 cm, 58,8 kg, femmes adultes 163,4 cm, 49,5 kg — relativement minces et un peu plus lourdes que la moyenne des populations de savane. En 1976, bonne année agricole, on enregistre une baisse de poids d'à peine 2 kg en saison de pluies, sans doute due plutôt à une forte dépense énergétique pour les travaux des champs qu'à une sous-nutrition. En 1980, la différence de poids des adultes entre la saison des pluies (soudure) et celle des récoltes atteignait 5 kg pour les hommes et 3 kg pour les femmes. Ces chiffres sont analogues à ceux fournis par Fox (1953) et Brun et collaborateurs (1979). Si l'on admet qu'à la saison sèche de 1980, les adultes pesaient le même poids qu'en 1976, la diminution en saison de pluies atteignait 8 kg pour les hommes et 7,5 kg pour les femmes. Nous n'avons pas totalement dépouillé les données de 1985 mais il semble que l'on enregistre une diminution de poids supérieure à 10 kg et l'indice d'une forte pénurie.

Facteurs climatiques

Le contraste enregistré entre 1976, 1980 et 1983 illustre la nécessité de ne point tirer de conclusions hâtives à partir d'observations effectuées au cours d'une seule année. Les variations de la pluviométrie (qui oscille entre 550 et 950 mm avec une répartition très irrégulière) et de la crue des fleuves sont considérables et les difficultés alimentaires dépendent d'une combinaison de facteurs souvent difficiles à prévoir : faiblesse des pluies, irrégularité des précipitations, ampleur de l'inondation, ressources en semences.

Les variations saisonnières pèsent donc sur les disponibilités alimentaires et aggravent les difficultés particulières à chaque système alimentaire. Ici, les insuffisances caloriques et protéiques du régime alimentaire des enfants en cours de sevrage, ou bien encore l'accroissement des effets des grandes endémies ou des diarrhées en saison pluvieuse. Les observations effectuées par Koppert (1981, p. 130) sont analogues à ce que l'on observe ailleurs en milieu de savane (Cantrelle *et al.*, 1960 ; 1967).

Facteurs culturels

Les Massa et les Moussey sont parfaitement conscients de l'existence d'une période d'incertitude alimentaire qui se déroule entre la fin de juin et le milieu du mois d'août. Nos deux populations distinguent des degrés de pénurie. Chacune détermine un comportement social distinct : c'est simplement lors des famines les plus fortes que l'on a enregistré chez les Massa et les Moussey une disparition de la solidarité familiale un peu comparable à celle que Turnbull décrit chez les Ik (Turnbull, 1961).

Stratégies

Dans les populations qui nous occupent, ce sont les céréales qui sont perçues comme la nourriture essentielle et, bien qu'ils puissent survivre en consommant du poisson, du lait ou la viande des animaux domestiques, les habitants se sentent en difficulté lorsqu'ils n'ont plus de mil et l'on vend du bétail à vil prix pour acheter des céréales.

Production agricole

Les Massa cultivent surtout du sorgho pluvial rouge *(Sorghum caudatum)*, mais en faible quantité. En 1980, la surface cultivée était de 0,4 hectare par adulte, en 1985 0,6 ha. Les rendements effectifs sont d'environ 700 kg à l'hectare et l'on compte 2 actifs pour 3 inactifs par foyer, soit une production inférieure à 150 kg par consommateur. Si l'on compte une ration minimale de 600 g de céréales *per capita* et par jour, soit 220 kg par an, il manque au moins 60 kg par personne, soit près de trois mois de consommation. C'est sur la vente du poisson que les Massa comptent pour combler leur déficit. Les Moussey atteignent environ 200 kg de céréales par consommateur et cultivent de l'éleusine, dont la maturation est précoce. De plus, ils plantent des légumineuses (arachides, pois de terre, haricots doliques) et, en année normale, équilibrent leurs besoins. Toutefois, les terres pauvres auxquelles ils ont accès rendent leur réussite souvent aléatoire. Depuis 30 ans, ils cultivent du coton. Leurs problèmes essentiels sont l'équilibrage des cultures vivrières et des cultures de rente, et l'appauvrissement des sols dûs à une culture intensive du coton sans fertilisation suffisante.

Bien que les Massa, qui occupent une zone inondée (densité 60 habitants au km²), rencontrent des difficultés à trouver des terres cultivables près des lieux où ils résident, il leur serait possible, comme aux Moussey (densité 20 habitants au km²), d'étendre leurs surfaces cultivables pour peu qu'ils acceptent d'accorder une priorité plus élevée à l'agriculture.

Dans chacune des populations il y aurait aussi la possibilité de favoriser les variétés locales de sorgho ayant le rendement le plus élevé et d'effectuer au moins une récolte supplémentaire, atténuant la rigueur de la période de soudure. La céréale qui pourrait les tirer d'affaire est à leur portée, chez les Toupouri et les Foulbés. Ceux-ci cultivent, sur des sols hydromorphes, un sorgho repiqué de saison sèche *(Sorghum durrah)* à très haut rendement, qui pourrait aisément porter leur récolte à plus de 300 kg par an *per capita*, et qui parvient à maturation peu de temps avant la période de restriction. Les sols sont disponibles, Massa et Moussey connaissent les techniques agricoles, ils louent même leurs services à leurs voisins pour effectuer cette culture au cours de migrations annuelles mais commencent à peine à la cultiver pour eux-mêmes.

Pourquoi donc n'ont-ils pas accepté plus tôt de l'adopter ? Les Massa du canton de Guisey, contigu au pays toupouri, fournissent une explication. On ne cultive pas le sorgho repiqué de saison sèche *(dogolonga* ou *muskwari)* parce qu'on estime que ce type de culture importune la Terre Nourricière locale *(nagata)* et qu'un agriculteur suffisamment aventureux pour tenter l'expérience serait puni de mort par la divinité avant que la récolte ne parvienne à maturation. On est devant un choix culturel qui n'a pas contribué à améliorer l'adaptation biologique globale *(« inclusive fitness »)* des individus et des groupes (Durham, 1976) et une attitude qui a freiné pendant trente ans l'adoption d'une production vivrière bénéfique.

On ne saurait négliger ici de prendre en considération la dimension historique, pas seulement en admettant l'influence des sociétés industrialisées (par l'entremise du modèle urbain africain) mais aussi celui des modèles enviables de comportement issus de l'histoire locale, ici un modèle agglutinant islamique où dominent les éléments foulbés. Ces derniers, qui ont soumis militairement la région au cours du dernier siècle et dont l'influence économique, sociale et religieuse (islam) est prédominante, ont fini par imposer leur style aux Massa et aux Moussey, longtemps des Kirdi (païens), réfractaires et fiers de leur culture. C'est finalement parce que Massa et Moussey ont perdu foi en leur culture et en leurs croyances qu'ils tendent à abandonner le sorgho rouge et sont devenus perméables au sorgho blanc repiqué, et non pas simplement en raison des qualités objectives de cette espèce. Ils se livrent aujourd'hui à une compétition effrénée pour s'approprier les sols argileux hydromorphes qui lui conviennent.

L'exemple de la résistance des Massa et des Moussey à la diffusion du sorgho repiqué de saison sèche donne un aperçu de la complexité des facteurs qui relèvent des sciences de l'Homme et qui peuvent parfois contrecarrer l'accès au bien-être physiologique.

Usage des ressources et stockage

Massa et Moussey valorisent les espèces vivrières qui parviennent à maturité de façon précoce à la fin de la saison des pluies : variétés hâtives de sorgho, maïs, éleusine, même si les rendements en sont faibles. Les épis de ces céréales sont souvent consommés « en vert », crus ou grillés au feu.

Les deux populations ont mis au point un four conique *(jojoka)* qui est utilisé à mûrir artificiellement les épis verts des céréales précoces afin d'en sécher le grain et de pouvoir le réduire aisément en farine.

Dans chaque enclos chaque épouse possède ses greniers où elle entrepose le produit de ses champs et qui sont destinés à la consommation journalière. Le chef de famille est responsable du grenier principal qui contient le produit du travail coopératif de la maisonnée. C'est la réserve principale.

Après chaque récolte, une partie du produit est consommée en vert avant le stockage. Puis les ménagères utilisent une portion des épis mis à sécher sur des plateformes avant d'être stockés dans les greniers des femmes. Puis c'est à ceux-ci que l'on s'attaque, tout en essayant aussi d'acheter des céréales à bas prix pour économiser les stocks. Le grenier principal du chef de famille reste intact aussi longtemps que possible. On y prélève le grain nécessaire aux événements sociaux et religieux. Il est surtout destiné à nourrir la maisonnée pendant les travaux des champs à partir du mois de mai et jusqu'à la récolte.

Le schéma idéal n'est plus toujours respecté : les épouses s'efforcent d'entamer aussitôt que possible le grenier principal et dilapident une partie des ressources en grain pour fabriquer de la bière ou de l'alcool de sorgho, le moyen le plus efficace pour elles de se procurer de l'argent. Massa et Moussey sont conscients de la nécessité d'économiser les céréales afin de conserver des ressources suffisantes pour effectuer les travaux des champs et diminuent volontairement leur ration pendant la morte saison des travaux agricoles, de janvier à avril, alors que les stocks sont encore présents. On travaille peu et l'on mange peu, on se repose à l'ombre et l'on joue aux cartes. On peut parler ici d'une période de soudure culturelle. Celle-ci existe en d'autres lieux, chez les Sérères du Sénégal, par exemple. Puis viennent les travaux des champs : défrichage, labours, sarclages. On attaque alors les réserves qui diminuent progressivement et l'on aboutit à la période de soudure naturelle lorsque les stocks sont épuisés, puis les premières récoltes mûrissent et l'on retrouve l'aisance alimentaire.

Technologie alimentaire

Sans doute doit-on mentionner ici l'incidence de la technologie alimentaire. Les procédés traditionnels destinés à transformer les céréales en farine (pilage, vannage, mouture, tamisage) sont pénibles, ils monopolisent la ménagère au moins trois heures par jour et constituent un véritable goulot d'étranglement des activités féminines et l'une des causes de la faveur croissante du riz, de préparation plus rapide.

A la différence des Moussey, les Massa ne blutent pas leur farine et ingèrent une partie du son, riche en indigestible glucidique et qui compromet l'assimilation d'autres constituants de la ration (en particulier du fer) (FAO, 1974 ; Favier *et al.,* 1972).

Dans les deux populations, le séchage au soleil des légumes et une trop longue cuisson éliminent une partie importante de leur contenu vitaminique.

Chez les Massa, chaque épouse d'un ménage polygame prépare chaque jour de la nourriture pour ses enfants et elle-même ; elle réserve aussi un plat aux hommes de l'enclos, ce qui entraîne un certain gaspillage.

La pêche

Elle permet aux Massa d'avoir un régime riche en protéines animales et d'obtenir de l'argent. Le poisson acheté aux Massa est la principale ressource protéique des Moussey. Toutefois, pendant les hautes eaux en saison des pluies, les captures de poisson sont dérisoires et ne peuvent atténuer les restrictions alimentaires. L'usage des insecticides pour empoisonner les cours d'eau et l'utilisation de grandes sennes de nylon à mailles fines contribuent à anéantir les ressources piscicoles de la région sans que le processus puisse être efficacement freiné car les plus belles pièces vont aux personnalités locales.

Élevage

Les bovins sont rarement tués, leur lait va principalement aux veaux et aux hommes qui participent aux cures d'engraissement du *guru*. Ils constituent le prix de la fiancée et entrent dans un système de prêt prestigieux qui permet aux propriétaires de se créer un réseau d'obligés auxquels ils pourront avoir recours — en cas de pénurie vivrière entre autres.

Les moutons, les chèvres et la volaille sont, chez les deux populations, consommés dans les occasions sociales et religieuses. Ils constituent la principale forme de thésaurisation et sont vendus si nécessaire pour procurer des céréales. Dans la mesure où la disette touche simultanément la plupart des chefs d'enclos, les prix qu'ils en retirent auprès des populations voisines sont généralement dérisoires.

Chasse et cueillette

La chasse joue un faible rôle, il s'agit d'une activité de saison sèche destinée à procurer un prestige plutôt que des protéines. Toutefois, chez les Moussey, la capture des hérissons et des varans est un atout important en période de soudure.

Comme on l'a vu, la cueillette joue un rôle assez faible dans la consommation quotidienne. Il n'en est pas de même en période de disette. Les Massa et les Moussey consomment alors en abondance des céréales sauvages, en particulier le dactyle d'Égypte *(Dactyloctinum aegyptiacum)* et un tubercule de brousse, le *pia (Tacca leontopetaloides).* Les Massa utilisent aussi le souchet *(Cyperus rotondus)* et les Moussey une gamme importante de tubercules *(Amorphophallus, Cochlospermum etc.)* dont la détoxification exige un processus complexe et dont la consommation n'est pas sans danger. Les épinards de brousse, généralement des amaranthes ou des corètes *(Corchorus)* jouent un rôle essentiel en période de soudure.

On doit faire remarquer que la cueillette et la transformation des céréales et des tubercules de brousse constitue une tâche épuisante pour un maigre résultat. Elle ne peut être accomplie avec succès par des individus déjà fortement dénutris.

Sous l'influence de la modernité, la plupart des produits de la brousse (à l'exception du gibier et du miel) et en particulier les produits de disette sont profondément méprisés. Cette attitude tend à diminuer la gamme des ressources locales réputées comestibles.

Alimentation et économie monétaire

L'achat des denrées alimentaires défaillantes constitue évidemment un moyen de lutter contre les pénuries saisonnières. Ce recours dépend du revenu monétaire et de l'usage que les Massa et les Moussey en font. Les recettes dépendent essentiellement des cultures de rente.

i) Cultures de rente

Riz : au nord de la zone que nous avons étudiée, les Massa sont inclus dans un périmètre de développement rizicole (Secteur expérimental de modernisation rizicole de Yagoua — SEMRY). Ils en retirent des ressources monétaires suffisantes pour ne pas souffrir des restrictions saisonnières. Toutefois, les investissements démesurés auxquels le projet a donné lieu rendent douteux son extension et, en raison de la nécessité financière à trouver des acheteurs solvables (donc de gros commerçants), n'a eu aucune incidence positive sur la situation vivrière désastreuse des populations voisines, en particulier au cours des années 1980, 1983 et 1985.

Coton : les Massa commencent à s'y intéresser. Il est cultivé par les Moussey depuis plus de 30 ans et leur apporte l'essentiel de leur revenu monétaire. Le coton est en concurrence avec les cultures vivrières en ce qui concerne les surfaces mises en culture et les travaux des champs. C'est en effet à peu près au même moment, de juin à août, qu'il faut effectuer le sarclage des deux types de culture. Or, la surface maximale qui peut être sarclée (2 fois) efficacement par un travailleur est de l'ordre d'un hectare et demi. Le désir d'accéder à l'argent et aux produits manufacturés conduit souvent le planteur à consacrer une surface insuffisante aux cultures vivrières. Il conduit aussi à ne pas respecter le calendrier des rotations et à répéter, sans effectuer une fertilisation adéquate, la culture du coton sur les mêmes soles plusieurs années de suite.

Le tabac : produit localement, le revenu qu'il procure est loin d'être négligeable. Dans la mesure où il est irrigué, sa production est plus sûre que celle du coton ou du riz.

ii) Budget familial

Bien qu'il existe de brillantes exceptions, le revenu monétaire du coton est de l'ordre de 12 000 F CFA, ce qui permettrait aux planteurs d'acheter environ 150 kg de sorgho avant que les prix ne commencent à monter en mars. Malheureusement, l'argent apparaît comme une denrée rare que seuls les imbéciles gaspillent pour acheter des denrées vivrières normalement produites à la ferme. L'argent est absorbé par les cérémonies familiales, les circuits de prestige, les prestations matrimoniales, l'achat d'objets convoités (vêtements, bicyclettes, motos, radios) et par la boisson.

Le revenu monétaire est utilisé pour procurer de la nourriture de deux façons :

— au niveau des ménagères au travers du petit commerce vivrier, souvent à l'insu du mari — vente des produits stockés, de la bière, de l'alcool de Sorgho — pour se procurer les vivres qui manquent ;

— au niveau des chefs de famille ; ceux-ci s'efforcent de tirer parti de la pénurie de céréales qui commence à se manifester dès le mois de mars et aboutit au quadruplement du prix normal. Massa et Moussey sont plus souvent les victimes du système que ses bénéficiaires.

A vrai dire, le poste alimentaire ne jouit pas d'une priorité élevée dans le budget et l'on préfère avoir raisonnablement faim pendant la période de soudure plutôt que de compromettre la stratégie matrimoniale en vendant des animaux domestiques ou d'apparaître avare pendant la période de liesse d'octobre à janvier.

Aujourd'hui la structure du budget familial est un peu différente de ce que l'on observait il y a une vingtaine d'années. En 1966, l'alimentation mobilisait 10 % des ressources, l'habillement 20 %, l'équipement 20 %, les taxes et les dettes 38 % : en 1980, l'alimentation représente 23 %, la boisson et les stimulants 41 %, l'habillement 18 %, le reste va aux taxes et dettes.

Commerce vivrier

Il s'agit ici d'un domaine qui possède une forte incidence sur l'alimentation familiale ; celle-ci ne constitue pas un domaine totalement clos.

La plupart des familles se rendent au marché au moins une fois par semaine pour y acheter quelques denrées, en particulier des condiments, du sel, du sucre, de l'huile et du thé, et pour y vendre les quelques surplus vivriers dont ils disposent. Le commerce des femmes a surtout pour but de se procurer les ingrédients qui permettent d'enrichir la sauce qui accompagne la bouillie de sorgho quotidienne. Si l'on examine le calendrier budgétaire, on constate que l'abondance vivrière et la prospérité monétaire coexistent d'octobre à janvier. Massa et Moussey effectuent des dépenses de prestige, remplissent leurs obligations sociales et achètent des produits manufacturés plutôt que de se procurer des céréales dont ils peuvent, pourtant, déjà évaluer l'insuffisance. Puis l'argent et les céréales deviennent rares et l'on doit emprunter ou vendre du bétail pour subsister.

L'augmentation progressive du prix des céréales de janvier à août grève fortement le budget des paysans et autorise des profits scandaleux aux commerçants qui ont stocké du grain au moment de la récolte, sur place ou, le plus souvent, à proximité de la région qui nous intéresse (au Diamaré). En 1975, sur les marchés locaux, le kilo de sorgho est passé de 35 F CFA à 70 F CFA au mois de juillet : en 1980, il est passé de 50 à 200 F CFA (il s'agissait en particulier du sorgho vendu par le gouvernement au chef-lieu à 65 F CFA le kilo mais ayant transité par plusieurs intermédiaires dont nous tairons l'identité).

Les céréales locales se sont réalignées sur le prix du riz et il est aujourd'hui très profitable de produire du sorgho et de le revendre aux cultivateurs qui ont trop investi leurs efforts dans la culture du coton, ce qu'ont parfaitement compris les Foulbés de la région de Garoua qui vendent parfois leur sorgho repiqué aux travailleurs mêmes dont ils ont requis les services pour le mettre en culture.

Les migrations

Les migrations saisonnières constituent une stratégie originale pour diminuer le nombre de consommateurs locaux pendant les périodes de soudure. Jadis les hommes massa se rendaient de mars à mai en aval du Logone pour pêcher. Aujourd'hui les hommes des deux populations désertent les villages de juillet à décembre pour travailler auprès des Foulbés dans les champs de sorgho repiqué. Ils diminuent le nombre de bouches à nourrir mais aussi la force de travail dont dispose le groupe domestique resté sur place.

Facteurs culturels non-matériels

La soudure alimentaire ne dépend pas simplement des variations enregistrées par le milieu et des moyens techniques dont la société dispose mais aussi de l'organisation religieuse et sociale et des systèmes de représentation qui gravitent autour du phénomène alimentaire.

Aspects rituels et religieux

Après tout, le mythe d'Osiris est d'origine africaine et l'éternel retour des saisons et des récoltes l'une des axes autour desquelles s'organise la vie des communautés. Cette régularité, on la doit aux puissances surnaturelles et, en particulier, aux ancêtres que l'on invoque et auxquels on fait des offrandes et des sacrifices, pour obtenir la sécurité alimentaire, du bétail et une nombreuse progéniture, comme en donne l'exemple une prière moussey :

« Père, me voici devant Toi sur Ta terre. Fais du bien aux gens, qu'ils obtiennent cette année du coton en quantité et du sorgho. Voici Tes offrandes, emporte-les ! »

Nombreux sont les mythes de fondation où il est question de la famine qui a poussé l'ancêtre à se déplacer et nombreux sont les contes qui mettent en scène un bouffon au gros ventre dont l'égoïsme alimentaire et la gourmandise provoquent constamment le châtiment. Manger, voler de la nourriture, banqueter sont des thèmes constants dans la littérature orale, de même qu'une silhouette un peu empâtée est le signe de la prospérité et de la beauté.

Les opérations techniques qui concernent l'aliment de base, le sorgho rouge pluvial, ce que Jelliffe (1967) appellerait la « super-nourriture culturelle », sont accompagnées de rituels qui scandent le cycle annuel. Ils sont accomplis par le chef de terre traditionnel qui doit être le premier à les effectuer, suivi par les chefs de famille. Il joue un rôle de moniteur traditionnel des activités agricoles et l'on ne peut semer ou récolter avant lui.

Aspects socio-culturels

Jusqu'à une époque récente, le rôle de leader du chef de terre était respecté, de même que les produits vivriers étaient considérés comme des dons de la Terre Nourricière. On ne pouvait les voler sans encourir des sanctions magiques. Un charme enterré dans un champ suffisait à le préserver des incursions des hommes et des animaux. Ce n'est plus le cas aujourd'hui : l'anomie règne, on laisse les animaux divaguer dans les champs, on vole la récolte sur pied, on cambriole les greniers. Cette situation, où il n'existe plus de sanction magico-religieuse ni de solidarité, n'a pas été remplacée par un système d'encadrement coercitif. Il y a là un frein à l'extension des surfaces cultivées car un agriculteur sait qu'il aura peu de chances de bénéficier de la récolte d'un champ qui échappe à son contrôle direct, loin du lieu de résidence.

Sur un autre plan, le scepticisme par rapport aux croyances traditionnelles ne permet plus de se débarrasser, au travers des activités rituelles, d'une partie de l'anxiété alimentaire. Ces aspects feront sans doute sourire les planificateurs agricoles — ils pèsent pourtant sur les initiatives quotidiennes.

C'est dans le domaine de la magie que subsistent de nombreuses croyances traditionnelles, non rationnelles au sens cartésien du terme. Jadis les opérations magiques pouvaient être effectuées au niveau de la communauté et souvent ouvertement pour conjurer un envoûtement venu d'ailleurs ou réparer une faute commise au sein de la communauté. Il n'en est plus de même et l'on assiste à un développement de la magie noire, furtive, autorisant les individus à établir leur suprématie sur leurs voisins en captant l'âme de leur mil, en faisant crever leur bétail, en volant leur âme pour l'envoyer travailler sur leurs propres champs. La jalousie entre frères ou voisins est la rançon de l'incrédulité et de l'individualisme. Il est dangereux pour un individu de se singulariser par trop de réussite ou par un souci trop évident de ne pas redistribuer ses richesses et d'économiser, répondant ainsi aux exigences de l'économie moderne. Il se verrait en butte à l'ostracisme général et la victime de manipulations magiques. Cette situation freine les initiatives et maintient la production alimentaire à un niveau relativement bas.

Le souci d'éviter les conflits avec ses parents et ses voisins immédiats maintient un certain degré de solidarité alimentaire. On partage constamment la nourriture entre voisins. Un visiteur, surtout s'il est un parent ou un allié par le mariage, peut encore compter sur l'hospitalité vivrière à condition de ne pas en abuser. Il est évident que l'acuité des restrictions alimentaires met des limites à cette générosité traditionnelle. On tend à favoriser les partenaires dont on sait que l'on pourra tirer bénéfice. C'est ainsi que les veuves ou les vieillards, jadis honorés, commencent à être réduits à leurs seules ressources pour subsister.

Aspects politico-économiques

Dans le système traditionnel, ces activités se déroulent dans le cadre du réseau de parenté, au niveau du lignage implanté territorialement sur ce que l'on appelait la Terre Nourricière, conçue comme une puissance surnaturelle. Sous la direction du « chef de terre » et des anciens du village, les opérations culturales, l'attribution des terrres étaient l'objet de décisions collectives. Il n'était pas possible à un individu d'accumuler des terres cultivables, aisément accessibles, au-delà de ses besoins familiaux. Il n'était pas possible à un immigrant de s'établir sur une terre étrangère sans le consentement des propriétaires initiaux.

Aujourd'hui les chefs administratifs disposent de davantage d'initiative mais ne redistribuent pas, comme autrefois les chefs traditionnels en cas de disette, les richesses vivrières que leur position leur a permis d'accumuler. On peut louer des terres et s'en rendre propriétaire, même si l'on est d'origine étrangère. Cet aspect n'a pas que des côtés négatifs mais aboutit souvent à l'allocation des terres par les autorités locales aux individus les plus fortunés, en particulier à ceux qui disposent d'un revenu monétaire régulier : retraités, agents administratifs de toutes sortes, commerçants qui utilisent souvent de la main-d'œuvre salariée et tendent à constituer une classe d'entrepreneurs utilisant de la main-d'œuvre locale faiblement rétribuée.

Une des conséquences de l'individualisme grandissant est la disparition de l'entraide entre voisins. Jadis, chaque quartier d'un village accomplissait collectivement les principales tâches agricoles, chaque groupe familial bénéficiant à son tour de la force de travail du quartier tout entier. La seule contrepartie à ces prestations réciproques était l'organisation d'un festin où la viande était abondante et où la bière de mil coulait à flots. En cas de restrictions ou de disette, une partie des difficultés pouvaient être résolue localement dans le cadre de l'entraide obligatoire liant les membres d'un même lignage et les commensaux. Lorsque la situation s'aggravait, chaque groupe domestique pouvait faire appel à ses parents en ligne paternelle et maternelle, ainsi qu'aux groupes familiaux auxquels il était lié par le mariage.

Ces possibilités persistent mais elles revêtent un caractère moins évident, seul le recours aux largesses des gendres, en cas de difficulté, se maintient sans faiblir. Il revêt un caractère obligatoire car il est possible pour un beau-père de retenir chez lui pour un temps indéterminé l'épouse d'un gendre trop peu généreux. Le groupe de coopération tend aujourd'hui à se réduire aux voisins immédiats. On essaie de plus en plus de résoudre les problèmes de production et de consommation au niveau de la famille nucléaire, dont les capacités économiques sont insuffisantes et où les femmes s'émancipent d'une tutelle masculine jugée, à juste titre, trop pesante. Cette contestation n'a pas que des conséquences positives en ce qui concerne le bien-être alimentaire du groupe familial. On passe d'une solidarité organique fondée sur la parenté et le voisinage à des relations qui privilégient, sur une base individuelle, des personnalités dont on pense pouvoir tirer avantage sur le plan économique ou politique.

L'accession à la richesse monétaire reste la solution la plus efficace, en particulier pour résoudre les problèmes posés par la saisonnalité des ressources. Nous nous sommes efforcés de montrer combien l'élévation du revenu monétaire était difficile à réaliser pour des paysans chez qui la solidarité traditionnelle tend à s'estomper. Nul doute que la lutte contre les pénuries saisonnières implique la restauration d'une certaine coopération locale.

L'approche ethnographique

Dans ce qui précède, nous nous sommes efforcés de passer en revue les différents facteurs matériels et non matériels qui déterminent la période de restrictions saisonnières chez les Massa et les Moussey, mais nous nous sommes principalement placés dans une perspective ethnographique compréhensive rendant compte de la dynamique interne de ces populations dans le cadre de leur culture originale. On ne peut en rester là. (Annexe)

Facteurs historiques et changement culturel

Ce que l'on vient de dire de l'organisation religieuse et sociale doit dissiper toute nostalgie passéiste. L'Age d'Or est révolu. Les Massa et les Moussey subissent les effets d'une évolution accélérée où s'affrontent des modèles issus de la société négro-urbaine, incarnés localement par les représentants de l'Administration et les techniciens, souvent christianisés, et des modèles qui synthétisent l'influence des sociétés islamisées voisines : haoussa, baguirmienne, bornouane et, surtout, foulbé. Celles-ci ont dominé le pays jusqu'à une époque récente. Leur influence est exercée par les commerçants, une partie des fonctionnaires, les chefs administratifs locaux et se trouvaient, encore récemment, soutenues par le pouvoir central. Il est indispensable de tenir compte de cette dynamique locale qui s'exerce entre des cultures dont le style de vie est jugé plus ou moins enviable — ici celui des Foulbés — et que les autres tendent à imiter.

Il apparaît simpliste d'imaginer une confrontation entre les cultures traditionnelles locales et des modèles issus de la société contemporaine industrielle conçue comme une entité abstraite. Si ces influences existent, elles sont souvent marquées du sceau des sociétés traditionnelles qui jouent localement le rôle de leader. Ces influences s'expriment, bien sûr, dans la culture matérielle : le costume, l'habitat, la technique, mais sont souvent imparfaitement explicitées. On ne saurait se borner à observer les comportements objectifs, effectifs.

Analyse des motivations

Dans le domaine de l'alimentation il existe souvent un décalage significatif entre ce que les gens consomment effectivement, ce qu'ils disent consommer, et ce qu'ils souhaiteraient consommer. Ces différents paliers de la réalité (les motivations) peuvent être atteints au travers d'interviews ou de questionnaires comportant des questions du type suivant :
— Que consommez-vous le plus souvent ?
— Que préférez-vous consommer ? (réalisable)
— Que souhaiteriez-vous consommer si vous aviez des moyens illimités ? (pas nécessairement réalisable).

Ce genre d'approche permet, aussi bien que dans nos sociétés férues de marketing, de mettre en évidence les tendances de la consommation. L'étude quantifiée de la consommation alimentaire montre encore chez les Massa la prééminence du sorgho rouge traditionnel. L'analyse des attitudes et des opinions, des préférences et des répugnances permet d'aller plus loin et démontre qu'une population peut, faute de mieux, continuer à consommer une denrée alimentaire qu'elle n'apprécie plus. C'est le cas des Massa et de leur aliment de base, dont la consommation tend à devenir un objet de risée auprès des populations voisines et des lettrés dans la mesure où il colore en rouge les matières fécales : « Les Massa mangent leurs excréments ! » dit-on à la ronde. Ils consommeraient aujourd'hui volontiers des variétés de céréales produisant des farines blanches, du riz et du pain s'ils en avaient les moyens et adopteraient le style de vie devenu enviable des islamisés et des habitants de la ville (Tableau 5).

Les nouvelles catégories sociales

Sous prétexte de restaurer les structures locales de coopération aptes, entre autres, à minimiser les effets de la soudure alimentaire, on ne saurait négliger l'éclatement des structures sociales et s'en tenir au cadre traditionnel. Cela exige d'être inventif et de tenir aussi bien compte du résidu traditionnel que des groupes en voie d'émergence.

Aux clivages verticaux entre groupes traditionnels localisés régionalement se superposent des clivages horizontaux en catégories socio-économiques qui font fi de l'espace (Tableau 6). C'est ainsi que l'on voit chez les Massa et les Moussey se distinguer une élite socio-économique dynamique fondée sur l'accès à l'argent et au pouvoir politique et qui contraste avec un paysannat privé d'initiatives efficaces, traditionaliste faute de mieux et, sans doute, en voie de prolétarisation. Dans chaque classe sociale les femmes, aujourd'hui plus autonomes, constituent un public original dont les intérêts ne sont pas toujours ceux des hommes, les jeunes s'opposent au vieux, il faut en tenir compte.

Nécessité d'une analyse fine et totale de la réalité

L'analyse des facteurs qui déterminent les fluctuations saisonnières du système alimentaire des Massa et des Moussey met en évidence la multiplicité et la complexité des influences en présence. Leur connaissance permet de mieux définir le phénomène de la soudure chez les Massa et les Moussey et fournit les éléments d'un programme d'action s'attaquant aux différentes causes. Dans les deux groupes la soudure

Tableau 5

Fréquence de consommation, préférences et répugnances chez les Massa, les Moussey, les Foulbés du Mayo Danaye (Cameroun)

	Moussey (Gobo)	Massa traditionnels (Bougoudoum)	Massa rizicoles (Nord Yagoua)	Massa urbanisés (Yagoua)	Foulbés urbanisés (Yagoua)
Fréquence	Sorgho repiqué hâtif Mil pénicillaire Sorgho rouge tardif Légumineuses Concombres Légumes traditionnels	Sorgho rouge hâtif Poisson Gombo Boissons traditionnelles	Sorgho rouge hâtif Riz Sorgho blanc repiqué Poisson Boissons traditionnelles	Riz Sorgho rouge hâtif Sorgho rouge repiqué Poisson, pâtes alimentaires Beignets, boissons traditionnelles et importées	Riz Sorgho blanc hâtif Viande, conserves de viande et de poisson Gombo, beignets Boissons gazeuses, Sirops, café et thé
Préférences	Mil pénicillaire riz, sorgho blanc Sorgho blanc repiqué, poulets, viande, poisson, Sésame, nourritures grasses, boissons sucrées, toutes boissons (alcool)	Sorgho rouge hâtif Riz, Viande Grand poissons frais Toutes boissons (alcool)	Sorgho rouge hâtif Riz, Viande, Poisson Café et thé Toutes boissons (alcool)	Sorgho rouge hâtif Riz viande Poisson Boissons sucrées	Mêmes éléments que ci-dessus plus viande fraîche
Répugnances	Sorgho rouge hâtif Mil pénicillaire Pois de terre Plats traditionnels qui sentent mauvais, alcool (traditionnel) Sorgho blanc Riz, Viande, Poisson Nourritures grasses et sucrées, boissons manufacturées Alcool	Mil pénicillaire Sorgho repiqué, riz Sorgho rouge hâtif Oseille de Guinée Feuilles de brousse Poisson silure Céréales sauvages Riz, sorgho blanc repiqué, viande, Poisson frais Nourritures grasses et sucrées, boissons manufacturées Alcool	Mil pénicillaire Sorgho repiqué Sorgho rouge hâtif Riz Quelques variétés de poisson Alcool traditionnel Riz, sorgho blanc repiqué, viande Poisson frais. Nourritures grasses et sucrées, boissons manufacturées Alcool	Mil pénicillaire Sorgho repiqué Sorgho rouge hâtif Boissons traditionnelles	Sorgho rouge Alcools Viande de porc
Prestige Richese				Riz, poisson, pâtes alimentaires, viandes, grands poissons, nourritures européennes Boissons manufacturées, alcool	Riz Viande

Tableau 6

*Cultures traditionnelles et strates socio-économiques
dans le cadre d'un pays en voie de développement*

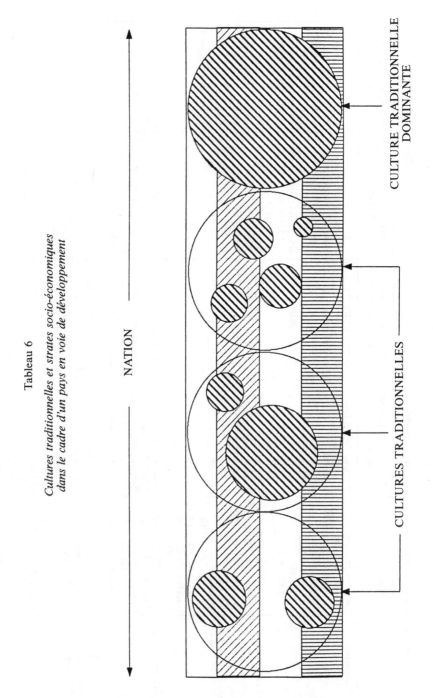

NATION

CULTURE TRADITIONNELLE
DOMINANTE

CULTURES TRADITIONNELLES

Strates socio-économiques

apparaît surtout due à une insuffisance des aliments énergétiques, principalement les céréales. Elle dure de quinze jours à deux mois et affecte nutritionnellement surtout les groupes vulnérables, au-delà elle touche la totalité de la population et l'on peut parler de disette.

Il est possible d'agir au niveau de la plupart des domaines que nous avons analysés.

Dans la production agricole, on peut sélectionner les céréales et les légumineuses les plus précoces. On tirera parti de la tendance, aujourd'hui générale, à utiliser les sorghos repiqués, ce qui exigera une répartition équitable des terres qui leur sont propices. Dans les zones inondées, il est possible de mettre sur pied un programme rizicole bon marché (sans pompage).

Dans la sélection des espèces à introduire on devra tenir compte des nouvelles tendances de la consommation qui privilégient les céréales donnant une farine blanche et qui sont faciles à transformer.

On peut aussi poursuivre les expériences de culture attelée qui sont couronnées de succès dans les populations voisines et commencent à porter leurs fruits chez les Moussey.

On peut améliorer l'élevage des volailles et, en particulier, des canards de Barbarie qui sont extérieurs à la culture, n'entrent pas dans les circuits rituels et constituent une viande profane facilement consommée.

Dans le domaine de la chasse et de la cueillette, on peut agir contre le braconnage au fusil et tenter de revaloriser certains produits de la brousse.

En ce qui concerne la distribution, il est nécessaire d'assainir les circuits céréaliers et d'agir contre la spéculation.

Dans le domaine de la monétarisation, on peut améliorer les rendements du riz, du coton et du tabac, mais surtout maintenir un équilibre suffisant entre cultures de rente et cultures vivrières. On doit surtout amener les planteurs à mieux utiliser l'argent qu'ils gagnent. Un étalement des recettes monétaires en cours d'année aurait une influence positive et amènerait un usage plus rationnel du revenu pour se procurer des produits vivriers. On peut tenter d'améliorer la faible priorité accordée au domaine vivrier dans les préoccupations budgétaires et, pour commencer, administrer un programme d'éducation nutritionnelle. Il montrerait la relation qui existe entre la santé et l'alimentation, la valeur nutritionnelle des aliments et ferait prendre conscience des exigences nutritionnelles spécifiques des groupes vulnérables : femmes enceintes, allaitantes, enfants après le sevrage.

Dans le domaine de la conservation, on peut perfectionner les greniers existants et mieux les protéger contre les rongeurs. On peut, en évitant le séchage dans les champs, diminuer l'infestation de la récolte par les insectes. On peut aussi encourager les cultivateurs à mieux prendre conscience de leurs ressources naturelles.

En ce qui concerne la technologie alimentaire, il est possible d'amener les Massa à tamiser plus finement leur farine, comme le font les Moussey, pour en éliminer l'indigestible glucidique.

Pour ce qui est du domaine de la pêche, on peut lutter contre l'usage des filets à mailles trop fines, celui des insecticides pour tuer le poisson et repeupler les zones dévastées.

Dans le domaine de l'élevage, on peut tenter d'instaurer une meilleure utilisation des ressources : cela implique de s'attaquer aux circuits de prestige, au mariage et aux cures d'engraissement des Massa, le *guru*. Ce ne sera pas chose facile d'autant plus que le style des Massa s'étend chez leurs voisins Moussey. On peut, en tout cas, amener les femmes et les enfants à accéder plus facilement au lait et à participer au *guru*. La tendance est présente et l'on y accueille les jeunes filles maigres dont on pense que l'engraissement rendra plus précoce la nubilité.

Le succès de ces différentes tentatives implique la restauration d'une certaine discipline et d'un certain sens coopératif au sein des communautés. Il s'agit d'un problème difficile car, si l'action doit revêtir des aspects coercitifs et si voleurs et tricheurs doivent être punis, il est nécessaire qu'elle soit soutenue par une idéologie religieuse ou sociale et qu'elle tienne compte des échelles de valeurs traditionnelles, de celles qui se font jour et des catégories sociales qui émergent.

Un programme d'actions intégrées

Il est indispensable d'adopter un programe d'actions qui s'attaque à tous les niveaux de la réalité. Si la solution du problème de la soudure alimentaire exige une connaissance du système alimentaire tout entier, l'on ne peut plus totalement dissocier l'alimentation des autres domaines d'activités d'une société, ni distinguer *a priori* les corrélations qui opèrent réellement. C'est ainsi que les difficultés saisonnières auxquelles sont en butte les Massa et les Moussey proviennent, pour une large part, de leur incapacité à utiliser leur bétail à des fins commerciales et alimentaires. Tant que subsistera un système qui fonde l'acquisition du prestige et de la richesse sur la polygamie et l'accès au mariage par l'entremise d'un prix de la fiancée démesuré payé en bétail, on peut s'attendre à ce que des disponibilités financières nouvelles soient accaparées par le système et contribuent peu à l'amélioration de l'état nutritionnel.

Une approche inductive dans un cadre cohérent

On doit tirer de l'observation subtile et pluridisciplinaire de la réalité locale les éléments qui permettront d'élaborer un programme réaliste dans un cadre culturel et territorial cohérent et suffisamment ample pour justifier un programme spécifique tenant compte du génie particulier des intéressés. Il n'est pas possible de respecter les singularités de chaque groupuscule. Mais des ensembles cohérents, comme ceux que constituent les Massa et les Moussey, comptant chacun 200 000 individus, sont suffisamment vastes pour justifier une approche différenciée et non pas l'application d'un programme national standard, peut-être inspiré par ce que l'on a vu réussir sur un autre continent.

Efficacité technique et réalisme politique

Il existe, sur à peu près toutes les régions du monde et sur la plupart des populations, une somme suffisante de documents pour élaborer des programmes réalistes ; encore faut-il se donner la peine de les rassembler, de les lire et, éventuellement, de les compléter. Il est toujours possible d'essayer de concilier les décisions du pouvoir central avec les réalités et les aspirations des populations locales. On doit se rendre à l'évidence : la connaissance, même subtile, des problèmes et des moyens techniques qui pourraient les résoudre est insuffisante — encore faut-il qu'il y ait une volonté politique puissante d'appliquer un programme adéquat. En dépit des professions de foi au niveau central, elle n'est pas toujours présente au niveau local, et le domaine de la nutrition ne jouit pas toujours d'une réelle priorité. Il existe aussi un aspect délicat : la solution de problèmes comme celui de la saisonnalité alimentaire peut exiger que l'on s'attaque à des intérêts économiques et politiques puissants. L'amélioration de la situation vivrière des Massa et des Moussey nécessite un assainissement des circuits commerciaux et, peut-être, une remise en question de la priorité nationale accordée à la culture du coton.

Nombreuses sont les personnalités influentes qui auront à souffrir d'une modification du système actuel. Dans le cadre d'un programme de développement économique et social, le décalage entre ce que l'on sait devoir accomplir techniquement, ce que l'on peut communiquer aux autorités souveraines d'un pays et ce qui sera effectivement appliqué n'incite guère à l'optimisme.

Un peu d'optimisme

Peut-être la solution est-elle de se consacrer à des programmes éducatifs touchant à des domaines peu sensibles. C'est ainsi qu'un programme éducatif où l'on montrerait aux intéressés la relation qui existe entre la santé et une bonne alimentation, la valeur nutritionnelle réelle des aliments locaux et qui ferait prendre conscience aux mères des besoins spécifiques en protéines des enfants après le sevrage aurait son utilité. Il est possible d'améliorer les techniques de production, de stockage et de consommation, d'amplifier la gamme des ressources vivrières et d'apprendre aux paysans à mieux utiliser leur revenu monétaire. Ces mesures contribueraient à atténuer les effets des fluctuations saisonnières du système alimentaire et rencontreraient peu de résistance de la part des privilégiés.

BIBLIOGRAPHIE

Brun T.A., Ancey G., et Bonny S., *Variations saisonnières de la dépense énergétique des paysans de Haute-Volta*. Direction Générale de la Recherche Scientifique et Technique (DGRST), Paris, janvier 1979.

Cantrelle P.A., Etifier J. et Masse N., Mortalité et morbidité de l'enfance en Afrique. Dans : *Journées africaines de Pédiatrie, Dakar*, 12-16 avril 1960, Paris, Centre international de l'Enfance.

Cantrelle P.A., Diagne M., Raybaud N. et Villod M.-Th., Mortalité de l'enfance dans la région de Khombole-Thiénaba (Sénégal, 1964-1965). Dans : *Conditions de Vie de l'Enfant en Milieu rural en Afrique, Dakar*, Paris, Centre international de l'Enfance, février 1967, p. 134-139.

Chambers R., Longhurst R., Bradley D. and Feachem R., Seasonality in Rural Experience. In : Chambers R., Longhurst R. and Pacey A. (eds.) *Seasonal Dimensions to Rural Poverty*, p. 218-222. London, Frances Pinter, 1981.

Durham W.H., The adaptative significance of cultural behaviour. *Human Ecology*, 4, 1976, p. 97-99.

FAO a) *Besoins en énergie et protéines*, Rome, FAO, 1973.
b) Bibliography of Food Consumption Surveys. *Nutrition Information Document Series*, n° 6, ESN, IDS/73/6, Rome, FAO, 1973.
Manuel sur les besoins nutritionnels de l'Homme, Rome, FAO, 1974.

Favier J.-C., Chevassus-Agnès S., Joseph A. et Gallon G., La technologie traditionnelle du sorgho au Cameroun : Influence de la mouture sur la valeur nutritive. Dans : *Annales de la Nutrition et de l'Alimentation*, vol. 26, n° 6, 1972, p. 221-250.

Fox R.H., *Energy expenditure of Africans engaged in various agricultural activities*. Thesis for Ph.D., London University, 1953.

Garine I. de, Le Prestige et les Vaches. Dans : *VI° Congrès international des*

Sciences anthropologiques et ethnologiques, vol. 2, 2ᵉ partie, Paris, 1963, p. 191-196.

Les Massa du Cameroun — Vie économique et sociale. Paris, Presses Universitaires Françaises, 1964.

The Sociocultural Aspects of Nutrition. *Ecology of Food and Nutrition* 1, 1972, p. 143-163.

Contribution à l'Ethnozoologie du Cheval chez les Moussey (Tchad et Cameroun). Dans : *L'Homme et l'Animal (Actes du 1ᵉʳ Colloque d'Ethnozoologie)*, Paris, Institut international d'Ethnosciences, novembre 1973, p. 505-520.

Populations, Productions and Culture in the Plains Societies of Northern Cameroon and Chad ; The Anthropologist in Development Projects. *Current Anthropology*, 19 (1), 1978, p. 12-65.

Culture et Nutrition (Alimentation et Adaptation). *Communications*, 31, Paris, 1979, p. 70-92.

De la perception de la malnutrition dans les sociétés traditionnelles. *Information sur les Sciences sociales*, Londres, Beverly Hills et New Delhi, Sage, 23, 4/5, 1984, p. 731-754.

Garine I. de et Koppert G., Coping with Seasonal Fluctuations in Food among Savanna Populations. In : Garine I. de and Harrison G.A. (eds.). *Coping with Uncertainty in Food Supply*. Oxford, Clarendon Press, 1988.

Guthe C.E. and Mead M., *Manual for the Study of Food Habits. Bulletin of National Research Council*, National Academy of Sciences, Nᵒ 111, 1945.

Koppert G., *Kogoyna, étude alimentaire, anthropométrique et pathologique d'un village massa du Nord Cameroun*. Dept. de Nutrition, Université des Sciences agronomiques, Wageningen, Pays Bas, 1981.

Lee R.B., Kung Bushmen Subsistence. In : Vayda (ed.). *Environment and Cultural Behaviour*, New York, The Natural History Museum Pr., 1969.

The Kung San — Men, Women and Work in a Foraging Society. Cambridge, London, New York, Cambridge University Press, 1979.

Harris M. *The Rise of Anthropological Theory*. New York, Harper and Row, 1968.

Cultural Materialism : the Struggle for a Science of Culture. New York, Random House, 1979.

Hobhouse L.T., Wheeler G.C. and Ginsberg H., *The Material Culture and Social Institutions of the Simpler Peoples : An essay in correlation*. London, Chapman Hall, 1951.

Jelliffe D.B., Parallel food classification in developing and industrializing countries. *American Journal of Nutrition* 2, (3), 1967, p. 273-281.

Kardiner A., Linton R., Du Bois C., and West J., *The Psychological Frontiers of Society*. New York, Columbia University Press 1945, p. 238.

Mauss M., *Essai sur le Don : Forme et Raison de l'Echange dans les Sociétés archaïques*. Paris, Presses Universitaires Françaises, 1950.

République du Tchad, Service de la Statistique générale. *Statistiques et Commentaires*, Fort Lamy, I, 1968.

Richards A.I., *Hunger and Work in a Savage Tribe : a functional study of nutrition among the Southern Bantu*. London, Routledge, 1932.

113

Richards A.I. and Widdowson E.M., A Dietary Study in North-Eastern Rhodesial. *Africa*, 9, (2), 1936, p. 166-196.

Sahlins M.T., *Stone Age Economics*. Chicago, Aldine Atherton, 1972.

Steward J., The Native Populations of South America. In : Steward J. (ed.). *Handbook of the South American Indians*, p. 674, Washington, Bureau of American Ethnology, Bulletin 143, vol. 5, 1949.

Theory of Culture Change. Urbana, University of Illinois Press, 1955, pp. 37-40.

Turnbull C.M., *The Forest People*. New York, Simon and Schuster, 1961.

Wheeler E.F., Nutritional Status of Savanna Peoples. In : Harris D.R. (ed.)., *Human Ecology in Savanna Environments*, p. 439-456, London, New York, Toronto, Sydney, San Francisco, Academic Press, 1980.

Whiting J. Effects of climate on certain cultural practices. In : Goodenough W. (eds.). *Exploration in Cultural Anthropology*, p. 511-544, New York, McGraw Hill, 1964.

ANNEXE

Domaines dont l'étude est nécessaire dans le cadre d'une étude pluridisciplinaire d'un système alimentaire

I) *Aspects généraux*
Environnement naturel, habitat, démographie
II) *Anthropologie de l'Alimentation*
Culture matérielle
1) Production, préservation, stockage, commercialisation des produits vivriers
2) Technologie alimentaire, cuisine, techniques de consommation
3) Alimentation et budgets familiaux

Culture non-matérielle
1) Ethnosciences, ethnobotanique, ethnozoologie
2) Organisation sociale et religieuse en relation avec la production et la consommation alimentaire
3) Etude des rituels ayant une composante alimentaire : offrandes, sacrifices, systèmes divinatoires, etc.
4) Etude des activités de prestige où les aliments jouent un rôle : cadeaux, consommation ostentatoire, cycles festif
5) Esthétique corporelle en relation avec l'alimentation, diététique, ethnomédecine

III) *Nutrition, aspects quantitatifs*

1) Consommation alimentaire des différentes catégories d'individus aux différentes périodes caractéristiques, sur le plan alimentaire, du cycle annuel
2) Anthropométrie nutritionnelle (taille, poids, périmètre bicipital, plis cutanés) aux mêmes périodes

3) Prélèvements sanguins, dosage de l'hémoglobine et de l'hématocrite aux mêmes périodes
4) Prélèvements de selles (parasitologie intestinale)
5) Budget temps — dépense énergétique

IV) *Opinions et attitudes*
1) Questionnaire sur les préférences et les répugnances alimentaires
2) Questionnaire sur les connaissances « nutritionnelles »

V) *Littérature orale*
1) Analyse du vocabulaire relatif au domaine alimentaire (champ sémantique)
2) Analyse des thèmes alimentaires dans la littérature orale : mythes, contes, légendes, proverbes, chants.

AMÉLIORATION DES SYSTÈMES DE GESTION DES RESSOURCES RELATIVES A LA SÉCURITÉ ALIMENTAIRE DANS LES PAYS DU SAHEL

Amadou GUIRO

Les pays du Sahel connaissent une crise alimentaire qui ne cesse de s'accentuer. Les disponibilités alimentaires n'arrivent pas à couvrir les besoins de la population toujours croissante. Diverses contraintes ont affecté la production, parmi lesquelles la sécheresse, la désertification, les maladies parasitaires et nutritionnelles, la guerre civile dans certains pays, l'insuffisance des facteurs de production, la détérioration des termes de l'échange, le poids de la dette extérieure, etc. Les modèles de développement adoptés de la colonisation à nos jours ont peu associé la grande majorité de la population, à savoir les paysans, inhibant leurs initiatives et les rendant attentistes par rapport aux projets qui leur sont proposés.

Devant l'aggravation de la situation alimentaire, ces États ont mis en place des stratégies appelées, selon les cas : « plan alimentaire national », « système national de sécurité alimentaire » ou encore « plan alimentaire national de sécurité alimentaire ». Ces plans sont supposés répondre à un double objectif : la sécurité alimentaire et l'autosuffisance alimentaire.

La sécurité alimentaire doit assurer à la population d'un pays en toutes circonstances la ration alimentaire suffisante tandis que l'autosuffisance alimentaire cherche à satisfaire, au moyen des ressources propres à chaque pays, ses besoins alimentaires essentiels. Pour plusieurs pays du Sahel l'autosuffisance alimentaire ne peut être réalisée dans l'immédiat. L'urgence est donc d'assurer une sécurité alimentaire aux populations dans la perspective de l'autosuffisance alimentaire.

Jusqu'à ces dix dernières années, la sécurité alimentaire n'était abordée que sous l'angle technique et ne visait que l'augmentation de la production. Il est actuellement accepté que l'intégration des aspects techniques du développement aux dimensions sociales, culturelles et économiques est déterminante pour une bonne performance. La justice

117

dans la répartition des biens et dans l'accès aux moyens de production ainsi que la participation librement consentie des populations sont une condition essentielle de la réussite des actions de développement.

La prise en considération de l'importance des relations sociales et économiques a permis d'élaborer une approche globale du développement des systèmes agricoles. Cependant, sa matérialisation fait souvent défaut dans les grandes options de développement mises en œuvre dans les pays du Sahel pour atteindre la sécurité alimentaire.

Le présent document fait une brève présentation des ressources relatives à la sécurité alimentaire dans les pays du Sahel. La gestion de ces ressources y est analysée dans une perspective historique. Après les indépendances, elle est étudiée par filière, démarche qui sous-tend les plans de développement mis en œuvre dans plusieurs pays du Sahel. Une approche globale des systèmes agro-alimentaires est proposée comme moyen d'améliorer la gestion des ressources relatives à la sécurité alimentaire.

De cette étude nous dégageons, enfin, un ensemble de recommandations susceptibles de perfectionner les systèmes actuels de gestion de ces ressources.

PRÉSENTATION DU SAHEL

Le Sahel couvre approximativement 25 000 000 km^2. On peut distinguer deux régions principales :

— la région nord, caractérisée par une économie pastorale et piscicole, qui s'étend entre les isohyètes 100 et 300 m ;

— la région sud où on trouve les principales cultures céréalières, parmi lesquelles le sorgho et le mil. Cette partie se rapporte à des espaces recevant entre 300 et 600 mm de pluies par an.

Géographie

Les pays du Sahel sont : le Mali, la Mauritanie, le Niger, la Gambie, le Burkina Faso, les îles du Cap-Vert, le Sénégal et le Tchad.

La pluviométrie annuelle y est très faible (de l'ordre de 200 à 600 mm) avec une grande variation interannuelle. La durée de la saison des pluies est inférieure à trois mois, ce qui limite les possibilités de culture.

« Pays Agressés par le Désert » (PAD) à cause du manque d'eau et de l'érosion, certains d'entre eux voient 45 à 66 % de leur superficie occupée par les terres arides (Burkina Faso, Mali, Mauritanie, Niger et Tchad). Les conséquences de cette déforestation se manifestent à plusieurs niveaux sur les activités essentielles dans l'alimentation des populations comme la cueillette et la chasse.

Consécutivement à la diminution de la pluviométrie, la baisse de la nappe phréatique a rendu difficile l'approvisionnement des populations en eau du fait que les techniques traditionnelles de creusement des puits sont devenus inopérantes (CILSS, 1982).

La faiblesse du débit des fleuves, conjuguée au fait que les côtes africaines sont extrêmement plates, explique que la mer pénètre à l'intérieur des deltas et des estuaires, menaçant les rizières et les cultures maraîchères établies dans les vallées interdunaires, qui sont d'importantes ressources vivrières pour les grandes villes.

Les phénomènes climatiques, l'assèchement de nombreux points d'eau, l'action du vent favorisée par la déforestation et la disparition du couvert végétal ont provoqué une forte érosion des sols et, parallèlement, une diminution progressive des terres arables.

Population

La population du Sahel a été estimée à 33 millions d'habitants en 1982 et croît au rythme annuel moyen de 2,5 %. Cette rapide progression résulte du taux de natalité très élevé et de la baisse des taux de mortalité, lesquels entraînent une répartition par âge où les classes jeunes dominent.

L'espérance de vie à la naissance de l'ensemble des Sahéliens est de 40,9 ans et résulte de l'insuffisance de l'infrastructure sanitaire et du nombre des médecins, mais surtout de la précarité des conditions d'hygiène due à l'approvisionnement déficient en eau potable et à l'incidence de la malnutrition.

Le Sahel accuse un retard important dans le domaine de l'éducation. Le taux de scolarisation, aussi bien primaire que secondaire, est très bas, de même que celui de l'alphabétisation de la population. Les taux d'analphabétisme sont les plus élevés du monde. En 1982, 85,2 % de la population ne savait ni lire ni écrire (Banque Mondiale, 1981).

Plus de 74 % de la population active travaille dans le secteur agricole. Compte tenu de la saisonnalité de l'agriculture (2 à 3 mois par an), elle est réduite pendant plus de 8 mois à l'inactivité.

Ressources locales du Sahel

L'agriculture

Elle est au centre de l'activité économique compte tenu de la vocation rurale et agricole de la région. Sa part dans le produit national est de l'ordre de 35 %.

Les céréales

Le système de production des cultures céréalières reste encore très traditionnel au Sahel. Aucun progrès technologique n'est venu accroître les rendements et les quantités produites. Leur production fait encore largement appel à des techniques très rudimentaires.

Le rôle des hommes, bien que traditionnellement important dans l'agriculture vivrière, connaît une diminution notable, d'où la prise en main du secteur par les femmes (FAO, 1985).

Les céréales (mil, sorgho et maïs) sont la base de l'alimentation des populations du fait de leur rusticité et leur faible exigence en eau.

Cueillette, racines

Les produits de la cueillette jouent un rôle important dans l'alimentation ainsi que dans la médecine traditionnelle au Sahel.

Fruits et légumes

Le maraîchage et l'arboriculture connaissent un développement important pour satisfaire une demande nationale croissante et aussi en vue de l'exportation vers l'Europe.

L'élevage

Par son importance, il est la deuxième ressource du secteur rural dans le Sahel et contribue pour plus de 18 % dans le PIB de certains pays comme le Niger. C'est un élevage nomade et transhumant. Les inconvénients du système actuel d'élevage sont importants du point de vue économique (production médiocre, difficulté d'introduction de la culture attelée) comme du point de vue écologique (dispersion du fumier, surpâturage).

La pêche

Le poisson constitue une source importante de protéines dans l'alimentation et est un complément indispensable aux céréales. Les

Sahéliens consomment environ 15 kg par tête et par an de poisson et le Sahel dispose de larges possibilités de pêche aussi bien maritime que continentale.

L'industrie de la pêche comprend une industrie halieutique artisanale qui repose sur un réseau de petits ateliers individuels simples et une industrie halieutique moderne utilisant les technologies mises au point dans les pays industrialisés et exportant 99 % de ses produits (conserves, produits réfrigérés ou congelés).

ANALYSE DES SYSTÈMES DE GESTION DES RESSOURCES

Caractéristiques du système agro-alimentaire

Le système agro-alimentaire a pour fonction essentielle la satisfaction, en quantité et en qualité, des besoins alimentaires à des conditions économiques acceptables. Il est composé d'un système de production et d'un système de consommation reliés entre eux par un système de transfert ou système post-récolte regroupant les opérations de stockage, de transformation, de transport et de distribution. En somme, le système agro-alimentaire va « de la fourche à la fourchette » et doit résoudre un ensemble de problèmes comprenant :

— la nature et la quantité de chaque denrée à produire ;

— la façon dont ces biens sont produits ;

— la répartition de la production totale et des revenus générés entre les différents participants (Diao et Senghor, 1983).

L'évaluation de la performance est basée sur l'analyse des critères suivants :

— l'efficience, qui correspond à la dimension économique de la performance, peut se définir comme un état où on utilise le minimum de ressources possible pour réaliser correctement une activité ;

— l'équité traduit la façon dont les ressources et les revenus générés par l'activité sont répartis entre les différents acteurs. C'est la dimension sociale de la performance ;

— la flexibilité ou souplesse du système caractérise la capacité d'adaptation du système aux changements, la qualité de l'information (précision, adaptation, équité) et le niveau des profits par rapport aux risques encourus.

Évaluation des systèmes de gestion pendant la période antérieure aux indépendances

Les sociétés précoloniales et coloniales ont bénéficié de conditions de base favorables (pluviométrie, terres, etc.). Notre étude se limitera à l'appréciation de la performance globale du système.

Sociétés précoloniales

L'efficience semblait acceptable ; en effet les systèmes agraires et les systèmes d'exploitation favorisaient une bonne production. La cueillette était également une activité importante. De plus, les risques de pertes étaient faibles en raison du choix de variétés rustiques (hâtives et tardives) et du bon emplacement des greniers. Le système était équitable car la société, composée de producteurs, était solidaire. Ainsi le partage des récoltes des champs collectifs se faisait en fonction des besoins. Cette situation était favorisée par le niveau d'emploi élevé tendant vers le plein emploi (tous les membres valides du groupe contribuaient à la production et à la transformation des aliments) et l'administration des affaires était du ressort des anciens. Les éléments non directement productifs étaient pris en charge par la société.

La flexibilité, par contre, était faible. Il s'agissait de sociétés autarciques connaissant peu de changement dans les conditions de base, donc peu évolutives. Il est légitime de penser qu'une telle société est peu propice à l'éclosion de l'esprit de créativité, source de progrès.

L'utilisation de l'information était difficile, d'autant plus qu'elle était inéquitable. Les informations rétroactives étaient transmises oralement (ce qui est une source de déperdition) et les informations prospectives manquaient de rigueur scientifique.

En résumé, dans les sociétés précoloniales, la performance du système agro-alimentaire : (a) au niveau communautaire était limitée par la flexibilité ; (b) au niveau intercommunautaire était faible selon les trois critères analysés individuellement. Les rivalités tribales et l'existence d'un pouvoir central favorisaient l'insécurité et l'inéquité dans le partage des ressources.

Sociétés coloniales

La colonisation a abouti à la coexistence de trois types de sociétés (monde rural, monde urbain, les métropoles ou leurs représentants).

L'efficience du système, dans l'Empire colonial pris comme un tout, était satisfaisante en raison de la spécialisation des colonies et de la valorisation des filières de rente. Cependant un examen plus approfondi met en évidence des réalités très différentes selon les entités constitutives de l'ensemble. Ainsi, la recherche d'une bonne efficience est la raison d'être du colonialisme. La prospérité et le développement des métropoles ou de leurs représentants indiquent bien que les filières développées étaient gérées de façon efficiente, mais pas dans l'intérêt des populations locales. Cela a été rendu possible grâce à l'encadrement tout au long de la filière et au développement d'agro-industries locales (huilerie, pêche, minoteries) pour réduire les coûts de production et de transport.

Au niveau du monde urbain, l'efficience est faible en raison de l'importance de la fonction distribution. Il s'y ajoute le fait que le monde urbain est preneur de prix. De plus, la désarticulation de l'économie avec l'extraversion du modèle de consommation fait que la fonction qui consiste à alimenter les villes par les campagnes, bien que potentiellement possible, n'est pas assurée.

L'efficience a baissé dans le monde rural par rapport à la période précédente. En effet, les fonctions de stockage et de distribution ont pris de l'ampleur en raison de l'intensification des échanges et de l'augmentation de la production avec les progrès techniques.

La naissance de plusieurs filières nécessitant des méthodes de gestion différentes, la perturbation des systèmes agraires et d'exploitation, l'implication plus grande des femmes dans la production vivrière, l'apparition des produits de substitution comme les bonbons), le manque de temps et la faible valorisation des produits et des sous-produits de l'élevage sont des éléments qui concourent à la diminution de l'efficience.

La richesse identifiée dans l'analyse de l'efficience était répartie de façon inéquitable, les grands bénéficiaires étant les métropoles, leurs représentants et quelques rares citadins. Des disparités existaient, d'une part, entre le monde urbain et le monde rural et, d'autre part, entre les communautés rurales elles-mêmes dans l'accès aux ressources.

Dans les communautés rurales de base, on assiste au développement de l'individualisme avec, comme corollaires, la perte du pouvoir par les anciens et l'apparition de plusieurs centres de décision. La solidarité entre les membres de la société est atteinte (recours à une force de travail allogène à la place de l'entraide communautaire) et aboutit à une inéquité dans le partage des revenus du système agro-alimentaire. Ce phénomène s'est accentué avec l'apparition de nouvelles catégories socio-professionnelles (commerçants) dont les pouvoirs monétaires étaient de plus en plus grands.

Le monde urbain devient moins solidaire, la croissance démographique urbaine assez forte aboutit à l'inéquité dans l'accès aux ressources en créant un sous-emploi et un non-emploi.

L'Administration coloniale avait imposé des pratiques discriminatoires parmi les populations locales tels les travaux forcés ou l'inégalité dans les statuts sociaux.

On observe un gain de flexibilité dans toutes les sociétés en raison de :

— l'apport technologique et méthodologique de la métropole ;

— l'extension et l'approfondissement de la formation et de la vulgarisation ;

— la codification de l'information officielle qui facilite les transactions ;

— la libération des initiatives privées, surtout dans le secteur tertiaire consécutive à l'appât du gain monétaire ;

— l'amélioration et l'accroissement des moyens de communication.

En conclusion, la période coloniale se caractérise par un gain, au niveau de l'Empire, de performance dû à l'accroissement de l'efficience et de la flexibilité du système. Cependant, on observe une inéquité notoire dans la jouissance des ressources générées. Il est important de souligner que la performance était le résultat d'une politique de rentabilité à court terme ne prenant pas en compte les impératifs d'un développement soutenu.

Évaluation des systèmes après les indépendances

Ressources agro-alimentaires

L'analyse par filière consiste à suivre l'itinéraire d'un produit agro-alimentaire depuis la production des matières agricoles qui servent à sa fabrication jusqu'à son utilisation finale en tant que produit alimentaire consommable. Cette approche, déjà de mise pendant la colonisation avec l'introduction des cultures de rente, est essentiellement à la base des politiques agricoles sahéliennes actuelles.

Une filière comprend les principales fonctions suivantes : production, transformation, stockage, distribution, commercialisation et consommation. L'option de la gestion par filière suppose une exécution correcte des principales fonctions qui constituent les différents maillons de la chaîne.

Filière mi/sorgho

Cette filière n'a pas bénéficié d'un encadrement et d'un apport adéquats. Les surfaces cultivées ainsi que les rendements sont faibles. Cette situation a abouti à une stagnation, voire une baisse de la production. La fonction transformation se caractérise par :

— la pérennité du système traditionnel ;

— l'inexistance d'industries agro-alimentaires traitant ces céréales ;

— l'incapacité des produits proposés par les structures artisanales à satisfaire la demande urbaine (produit de mauvaise qualité et d'utilisation difficile) ;

— les produits alimentaires proposés par les artisans sont moins diversifiés que ceux de la transformation traditionnelle ;

— la recherche est essentiellement orientée vers l'utilisation des céréales locales comme substituts des céréales importées.

Le stockage est de type traditionnel et se traduit par des pertes considérables car les variétés sont plus sensibles aux ravageurs et moins diversifiées.

La fonction distribution/commercialisation souffre du manque d'un réseau de distribution spécifique, de l'absence d'une politique efficace des prix, de l'existence d'un circuit parallèle très actif avec beaucoup d'intermédiaires (dont des spéculateurs), de la concurrence déloyale des produits importés (subvention du riz) et de la non-exploitation des complémentaires sous-régionales.

En ce qui concerne la fonction consommation, on contaste que :

— en ville, la consommation du mil/sorgho est périodique (Ramadan, baptèmes, etc.) ;

— à la campagne, la pénétration des produits importés (riz ou produits provenant de l'aide alimentaire) s'est accélérée.

L'acceptabilité des produits à base de mil/sorgho posera de plus en plus de problèmes à l'avenir à cause de la méconnaissance progressive des recettes, de la rupture des rapports entre la ville et la campagne et de l'extraversion du modèle alimentaire consécutive à la publicité, à l'effet de démonstration et à l'aide alimentaire. Au demeurant, la performance de la filière mil/sorgho est médiocre car l'efficience est mauvaise (exécution non satisfaisante des principales fonctions), l'équité laisse à désirer (usure et spéculation sont fréquentes) et la flexibilité est très relative (méconnaissance des prix au moment des semis, espérance de gain faible — donc pas de prise de risque).

Filière arachide

C'est une des principales sources de devises pour certains États (Sénégal, Gambie). Depuis quelques années, la production baisse à cause de la dégradation des conditions de base et de la reconversion des mentalités au niveau des paysans, qui s'intéressent de plus en plus aux cultures vivrières par souci de sécurisation.

La filière ne bénéficie pas d'une politique efficace d'approvisionnement en intrants agricoles. Ces intrants sont chers et leur circuit de distribution est peu performant. En ce qui concerne le matériel agricole, le « paquet technologique » proposé a connu une évolution peu sensible.

Après la récolte, l'arachide est séchée directement au soleil. Elle est donc exposée aux intermédiaires qui peuvent favoriser le développement de l'aflatoxine. Elle subit une transformation archaïque de battage qui fait appel à la main-d'œuvre familiale. L'extraction artisanale de l'huile est interdite dans certains pays mais connaît un regain d'activité. Bien que perfectible, cette technique permet une utilisation alimentaire de l'huile et du tourteau par la famille.

La transformation industrielle est le monopole des États ou des sociétés parapubliques. Ce secteur connaît des difficultés à cause :

— de la baisse des quantités livrées aux unités industrielles ;

— du surdimensionnement des unités et de la vétusté du matériel ;

— de la faiblesse du prix de l'arachide sur le marché mondial ;

— du manque de diversification des produits alimentaires industriels proposés au consommateur.

Le stockage est surtout assuré par les huileries, d'où une baisse de la responsabilisation dans le domaine de la gestion des semences et une perte de la mémoire collective en matière de stockage. La sélection variétale très poussée provoque une diminution de la rusticité des graines, augmente les pertes (variétés plus sensibles aux ravageurs, variétés non dormantes, etc.). La fonction distribution/commercialisation intéresse essentiellement la matière première et l'huile.

En ce qui concerne la commercialisation de la graine, même si le prix au producteur est assez élevé actuellement, le circuit officiel organisé souffre de pesanteur importante et de la concurrence d'un circuit parallèle de plus en plus développé (à l'intérieur ou à travers des frontières). A ce propos, il n'existe pas de politique sous-régionale d'harmonisation des prix nationaux.

Quant aux produits industriels, ils sont peu diversifiés et le prix de vente est trop élevé par rapport au prix au producteur. C'est ainsi qu'on assiste, au Sénégal depuis 1978, à une importation d'huile végétale moins coûteuse et à l'exportation de l'huile d'arachide. La consommation de l'huile d'arachide s'est beaucoup accrue, surtout dans les centres urbains, et dans ce domaine on observe une tendance à l'uniformisation du modèle de consommation. Cependant, le coût élevé de l'huile réduit la part du budget réservée aux autres groupes d'aliments et diminue la diversité de la ration.

Les huiles importées sont en général peu adaptées aux habitudes culinaires des Sahéliens.

La consommation des protéines de l'arachide est défavorisée par :

— la transformation industrielle qui donne un tourteau destiné à l'alimentation animale ;

— les transformations artisanales et traditionnelles qui sont des préalables difficiles à réaliser dans les centres urbains ;

En conclusion, on peut dire que la performance de la filière n'est pas à la hauteur des efforts consentis. L'efficience est mauvaise, surtout au niveau de la transformation industrielle (surdimensionnement des unités, vétusté du matériel...). La valeur ajoutée de la filière est mal répartie entre les différents acteurs. La flexibilité est peu satisfaisante même si elle est meilleure que celle des céréales. Les décideurs n'ont pas une vue d'ensemble de la situation. Les exploitants apprennent tard les quantités de semences disponibles et leur date de livraison. Les facteurs de production se mettent en place toujours avec du retard.

La filière arachide a une mauvaise incidence sur l'état nutritionnel, surtout dans les centres urbains. La consommation excessive d'huile favorise les maladies de pléthore (hypertension, obésité, etc.). Elle baisse également la qualité de la ration alimentaire en limitant le choix des autres groupes d'aliments.

Filière niébé

C'est une culture vivrière qui connaît le même manque d'intérêt de la part des décideurs que le mil. La filière niébé pose des problèmes spécifiques : la fonction stockage est plus importante (plus sensible aux ravageurs) et les techniques de transformation sont peu développées. Pourtant, le niébé pourrait constituer une importante source de protéines, pour les populations pauvres notamment. Cette légumineuse a connu un regain d'intérêt consécutif à une inadaptation progressive de l'arachide aux conditions écologiques, une importation de variétés plus performantes (CB5) et une bonne aptitude à supplémenter les céréales locales en vue de la fabrication d'aliments infantiles.

Les quelques rares expériences de promotion de la consommation du niébé n'ont pas fourni les résultats escomptés en raison des problèmes de conservation (brûche du niébé, lipoxygénase), des problèmes d'acceptabilité (présence de galactosides qui provoquent la flatulence chez l'Homme), et d'une mauvaise image, surtout au niveau des citadins.

Dans certains pays comme le Niger, le niébé a remplacé l'arachide en tant que principal produit d'exploitation agricole du pays. Le commerce du niébé s'effectue presque exclusivement sur les marchés parallèles où les prix sont souvent le double du prix officiel payé par la société d'État, la SONARA.

Filière horticole

La contribution de la cueillette dans la ration alimentaire des Sahéliens a régressé à cause de la désertification, de l'urbanisation, de la diminution du temps consacré à cette activité et d'une importation ou production de substituts tels que les aromates, les biscuits, les bonbons, etc.

La dispersion géographique et la raréfaction des essences posent le problème de l'approvisionnement et rendent difficile l'industrialisation. L'arboriculture est une activité très récente qui s'est développée avec l'apparition des « agriculteurs du dimanche ». Elle tend à suppléer la cueillette au niveau de la ration alimentaire de façon directe (consommation) ou indirecte (génération de recettes), et attire de plus en plus les paysans situés surtout au niveau des axes routiers.

Les femmes jouent un rôle important dans la commercialisation des produits agricoles. De par la rationalisation de la production et par l'étalement de l'offre qu'elle permet, l'arboriculture est un facteur de développement de l'industrialisation.

Le maraîchage, quant à lui, s'est développé avec l'accroissement des besoins inhérents à l'urbanisation et avec la demande extérieure (culture de contre-saison en Europe). Il a permis l'apparition de l'agrobusiness et le développement des agro-industries comme la transformation de la tomate.

La commercialisation se caractérise par la coexistence de deux circuits : l'un interne, peu organisé et marqué par la concurrence des produits maraîchers importés ; l'autre, extérieur, organisé mais tributaire du transport international et du faible pouvoir des acteurs économiques nationaux sur la fixation des prix sur les marchés internationaux. Cette situation aboutit à des pertes importantes de fruits et légumes.

La filière horticole comprend trois sous-secteurs dont les réalités sont différentes. L'efficience est faible, vu les grosses pertes observées. L'inquiétude est très importante, surtout pour le maraîchage. Au niveau de la flexibilité, il faut noter une incorporation de progrès technologiques, surtout avec l'arrivée dans le secteur de « maîtrisards chômeurs », au Sénégal par exemple, d'horticulteurs professionnels, etc. Cependant l'information est insuffisante, cloisonnée, voire désuète. Son développement se traduit par des problèmes sociaux et des conflits entre villageois et nouveaux exploitants bénéficiant de crédits.

Produits de l'élevage

L'élevage extensif a été très perturbé par la sécheresse mais connaît une phase de reconstitution. La dispersion du cheptel et les parcours très longs à cause de la faiblesse des ressources fourragères et des ressources en eau rendent les animaux maigres et baissent leur production de viande et de produits laitiers. Le gros bétail est un élément de prestige et de thésaurisation dont la gestion, jadis confiée aux anciens, est assurée par le propriétaire qui peut faire appel à des bergers

« professionnels » rémunérés en animaux, en lait ou en numéraires ; un faible pourcentage du cheptel est donc commercialisé. Le circuit de commercialisation compte beaucoup d'intermédiaires. L'abattage est non-organisé et aboutit à des pertes considérables en certaines occasions (Tabaski).

La faible production de lait, dispersée dans l'espace et irrégulière dans le temps, n'arrive pas à satisfaire la demande nationale qui se tourne vers les produits importés.

Les produits alimentaires industriels à base de produits locaux sont peu diversifiés et peu répandus. Par contre, on contaste la survivance des acquis de la technologie traditionnelle (stockage, transformation, etc.), surtout en milieu rural.

L'élevage extensif pourrait tirer profit d'une politique d'aménagement de points d'eau et de parcs à pâturage.

L'élevage intensif connaît un essor avec l'existence d'une demande urbaine en viande ou en produits laitiers, l'adaptation de races étrangères, la disponibilité de sous-produits agro-industriels utilisables par le bétail, d'aliments de bétail fabriqués localement ou provenant de l'aide alimentaire et l'arrivée de promoteurs privés dans le secteur. Sa gestion obéit à des méthodes modernes.

L'aviculture est plus développée et concentrée autour de certaines agglomérations urbaines. Sa contribution dans l'amélioration des revenus des ruraux et dans la fixation des jeunes dans le terroir devient de plus en plus importante. L'aviculture connaît cependant des problèmes au niveau de l'alimentation (prix élevé) et de la santé des volailles.

La commercialisation se caractérise par un circuit très court et maîtrisé (peu d'intermédiaires) au niveau de l'aviculture, et par un circuit intégré au niveau du gros bétail, dont la commercialisation est marginale.

L'analyse de la performance permet de dégager les conclusions suivantes :

— l'élevage intensif, sauf pour l'aviculture, est un système récent et ne se prête pas à une telle analyse. Cependant, l'intégration du système, l'arrivée de promoteurs privés motivés, l'adoption de méthodes de gestion modernes autorisent à penser que la performance serait à un niveau acceptable ;

— la performance de l'aviculture est acceptable mais limitée par des problèmes d'efficience, d'information et d'équité ;

— à l'évidence les objectifs assignés à l'élevage extensif ne sont pas d'ordre alimentaire. En conséquence, la performance n'est pas un critère pertinent pour son évaluation. Si l'on est tenté d'analyser la performance, on peut dire que le système connaît des problèmes réels d'efficience, de flexibilité et d'équité. Il y a peu de perspectives d'amélioration si des réformes structurelles ne sont pas mises en place.

Produits halieutiques

Leur importance socio-économique est considérable, dans les pays possédant une façade maritime, de par le nombre d'emplois fournis mais également par leur contribution au PNB. Ce secteur a effectué une bonne association du traditionnel (pirogue) et du moderne (moteurs, divers outils de pêche). La cellule de production est la famille mais on note l'arrivée de nouveaux pêcheurs provenant de groupes ethniques ou de groupes socio-professionnels ne s'adonnant pas traditionnellement à la pêche.

Le niveau des mises à terre est satisfaisant eu égard aux moyens utilisés et au potentiel disponible.

La transformation traditionnelle est une activité principalement féminine. Elle traite des surplus et propose divers produits élaborés. Elle ravitaille les marchés locaux et extérieurs et a permis l'extension des zones de consommation de poisson malgré une chaîne de froid déficiente. Les conditions d'accès au secteur sont peu coûteuses et le potentiel de transformation est important (la pêche artisanale est au maximum de sa potentialité). Cependant, il y a une faible introduction d'innovations technologiques due à la conjonction de plusieurs facteurs, à savoir : un intérêt insuffisant pour l'organisation de la filière et une organisation sociale favorisant le cloisonnement. De plus, la technologie utilise encore beaucoup de ressources énergétiques non renouvelables et pose des problèmes d'hygiène.

En ce qui concerne la commercialisation, on observe :

— une spécialisation des acteurs selon la nature du produit et selon le degré d'élaboration du poisson transformé ;

— l'existence d'un flux intense sous-régional et même africain d'échanges ;

— les produits transformés n'empruntent pas les canaux de la distribution moderne (épicerie, supermarché...) ;

— une mutation dans le secteur avec l'arrivée des mareyeurs disposant d'une bonne assise financière, ce qui relègue au second plan les mareyeurs traditionnels (femmes de pêcheurs).

La pêche artisanale joue un rôle important dans l'approvisionnement en protéines des familles eu égard à leurs revenus et au prix relativement bas du poisson. La transformation a permis l'accroissement de la consommation de poisson dans les zones éloignées des côtes malgré la baisse des prises continentales.

L'analyse de la performance de la pêche artisanale fait ressortir :

— une efficience bonne mais perfectible car l'investissement est

faible, une utilisation forte de la main-d'œuvre et la fourniture de protéines à faible coût de revient ;
— une équité bonne jusqu'à l'arrivée des mareyeurs professionnels ;
— une flexibilité assez élevée au niveau de la production mais mauvaise au niveau de la transformation en raison de l'absence d'informations adéquates et du manque de prévision ;
— la pêche industrielle à forte intensité capitalistique, obéissant à un mode de gestion moderne, s'est spécialisée vers l'exportation. Elle connaît des difficultés liées à une concurrence mondiale et à un retard technologique par rapport aux pays industriels possédant des usines flottantes. La performance est faible eu égard aux moyens utilisés. Même si elle améliore la balance des paiements, la pêche industrielle a un faible impact sur l'autosuffisance alimentaire. Elle y contribue de façon négative même, en diminuant les disponibilités piscicoles. Le pillage des zones maritimes exclusives par les bateaux étrangers est favorisé par les faibles moyens de surveillance et d'arraisonnement de ces bâtiments pirates.

Ressources écologiques

Le foncier

Dans les pays du Sahel, le régime foncier a un impact considérable sur les projets de développement. Le colonisateur l'avait bien compris, aussi a-t-il tenté d'introduire à son profit des réformes du régime foncier traditionnel en reproduisant le modèle occidental. Mais ces tentatives se sont soldées par un échec à cause d'une résistance du droit local.

Après les indépendances, les États des pays du Sahel ont procédé à des réformes du régime foncier, non sans résistance des chefferies traditionnelles. Au Sénégal, par exemple, les terres ont été nationalisées et une loi votée sur le domaine national qui doit permettre l'intervention publique, l'agrobusiness national ou étranger et le « développement à la base ». Cette loi a institué des communautés rurales pour permettre aux couches paysannes défavorisées d'accéder aux instances de décision. Mais elles sont perçues comme des organes de l'État et non comme des *associations autonomes*. Elles sont souvent contrôlées par des chefs traditionnels ou par des politiciens, ce qui n'est pas toujours sans poser de problèmes. « ...Le jeu des intérêts politiques et sociaux ne permet pas toujours à la loi sur le domaine national de préserver l'intérêt des couches paysannes. » La loi sur le domaine national favorise également le regroupement et la production collective mais les associations villageoises suscitent une certaine méfiance du pouvoir d'État car, par l'interaction de divers facteurs, ces « pouvoirs collectifs » pourraient rentrer en conflit avec l'État central. Le développement intégré des campagnes est une des préoccupations de la loi sur le domaine national mais l'exemple des « Périmètres Irrigués Villageois » (PIV) sur le fleuve Sénégal montre des conflits entre la « Société d'Encadrement » (SAED) et les villageois. En effet, si la SAED a besoin de nouvelles terres pour ses aménagements, les PIV doivent se soumettre et aller s'installer ailleurs :

> «... L'on est, d'ores et déjà, en droit de se demander si la précarité de cette situation foncière ne constitue pas d'une certaine façon un facteur de démobilisation de la paysannerie. » (ENDA, 1987.)

Au Burkina Faso, la réforme agraire mise en œuvre a décidé d'appliquer le principe suivant : «... la terre à ceux qui la travaillent ». Ainsi, les chefs traditionnels, Mossi en particulier, ont été dépossédés de leurs terres. Une telle mesure populaire n'est pas sans poser des difficultés quant au soutien national dont le nouveau gouvernement a besoin pour réaliser ses objectifs (Englebert, 1987).

Le rôle capital des femmes dans la sécurité alimentaire en Afrique ne fait aucun doute.

> « Cependant, la plupart des législations n'ont promu ni le droit de propriété des femmes, ni leur droit à l'héritage ; au contraire, elles ont parfois sapé les droits traditionnels des femmes selon le système coutumier, en enregistrant la terre au nom du mari ou du fils aîné. Cela marginalise les femmes dans des situations de transformation agraire qui visent à moderniser le secteur agricole et à améliorer l'égalité d'accès aux ressources... »

(Dey, 1985). Cette situation limite l'amélioration de la productivité des femmes dans la sécurité alimentaire.

La forêt

Les actions en matière de reboisement tentent de reconstituer le capital forestier, qui est une des principales sources d'approvisionnement des populations en matériel de construction et d'énergie. La forêt procure 60 % des ressources énergétiques utilisées dans le Sahel à des fins domestiques, comme le charbon de bois ou le bois de chauffe.

Les actions entreprises cherchent, en outre, avec la participation des populations à diversifier l'alimentation en regénérant les terres agricoles en voie de dégradation dans les régions les plus menacées par la plantation, comme l'*Acacia albida* ou le *neem* dans le bassin arachidier au Sénégal.

D'autres tentatives sont également entreprises afin de protéger les zones maraîchères menacées par l'érosion éolienne. Ainsi, le long de la côte ouest, les populations participent avec l'appui des services officiels à la fixation des dunes grâce à des essences locales peu exigeantes en eau *(filao)*.

Parallèlement à ces actions de reboisement, les gouvernements cherchent à limiter la consommation du bois de chauffe en encourageant les économies d'énergie grâce à la vulgarisation de techniques à base de matériaux locaux. Le programme de foyers améliorés, couramment dénommé *« ban ak suuf »* et intéressant l'ensemble des pays sahéliens, s'est donné comme objectif de réduire à plus de 20 % la consommation de bois de chauffe et de charbon de bois dans le Sahel grâce à l'appui des populations et des femmes en particulier (CERER, 1986).

Compte tenu que les villes sont les plus grandes consommatrices d'énergie, des fourneaux métalliques améliorés, destinés aux populations urbaines et capables d'économiser 40 % du charbon de bois utilisé lors des préparations, sont vulgarisés au Burkina, au Mali et au Sénégal par les centres de recherches avec l'aide d'organismes internationaux. Les actions sont complétées par des mesures efficaces d'information sur la nécessité de réduire la consommation de bois de chauffe au niveau des ménages, de formation à des techniques de carbonisation à l'intention des exploitations forestières (meule casamançaise) et par la formation des artisans.

Au niveau de la lutte contre les feux de brousse, de nombreux comités populaires ont vu le jour à travers le Sénégal et surtout en Casamance. Les méthodes de lutte passive et active sont associées. La lutte active consiste à brûler les parcelles par des feux précoces en vue d'une reconstitution plus rapide alors que la lutte passive consiste à dégager, dans le sens perpendiculaire au vent, des bandes de 6 mètres. Les 4 260 kilomètres de pare-feux dans la zone sylvo-pastorale servent de chemins aux engins des Eaux et Forêts en cas d'alerte. Ces actions sont complétées par les populations qui, chaque année, réalisent 500 km de pare-feux *(Sénégal d'Aujourd'hui, 1983)*.

L'eau

En vue d'arriver à la maîtrise de l'eau des programmes d'aménagement hydraulique, dont les barrages régionaux de Diama et Manantali, doivent permettre d'irriguer plusieurs milliers d'hectares et de disposer d'énergie hydraulique à bon marché et en quantité suffisante, mais ils suscitent de nombreuses réserves (ENDA, *op. cit.*).

Parallèlement à la réalisation des grands barrages, des micro-réalisations prises en charge directement par les populations se multiplient. Un exemple frappant est réalisé dans le cadre du projet de développement de Maradi au Niger et qui doit permettre, grâce à des forages peu profonds, d'alimenter un réseau d'irrigation de taille moyenne (500 hectares) et plusieurs périmètres. L'aménagement, par sa rusticité et sa souplesse, permet une gestion facile de la part des populations très peu expérimentées encore dans la pratique de l'irrigation. Le bassin a été construit avec des moyens traditionnels excluant les matériaux coûteux comme le béton, et le forage équipé d'un moteur que l'on rencontre dans tous les villages du Niger et que peuvent entretenir et gérer les groupes d'agriculteurs/utilisateurs.

Au Burkina Faso, des ONG participent à la mise au point et à la vulgarisation auprès des populations de systèmes de retenue. Construits avec des matériaux naturels trouvés sur place, comme la pierre et le bois, ils constituent des réservoirs utiles aux cultures et au bétail.

D'autres tentatives d'irrigation à des fins agricoles sont menées à travers les programmes intégrés villageois qui visent à assurer leur autonomie alimentaire (CIMADE, 1985).

Au Cap-Vert des efforts importants sont aussi engagés en vue de la récupération des eaux de surface, les infiltrant ou les accumulant derrière des barrages et en collectant les eaux souterraines. Grâce à ces procédés, on espère arriver à disposer d'ici à l'an 2005 de 130 millions de m³ d'eau par an pour l'irrigation afin d'arroser 8 600 hectares (Dumont et Mollin, 1980).

Analyse systémique et notion de gestion intégrée

Failles de l'analyse par filière

L'analyse précédente permet de conclure à un manque généralisé de performance dans la gestion des ressources relatives à la sécurité alimentaire. C'est le problème de la pertinence de l'approche par filière de produits qui a longtemps prévalu dans les pays du Sahel qui est ainsi posé. En effet, à la diversité des filières correspond une pluralité des systèmes de gestion qui ne sont pas toujours convergents et cohérents.

Dans les rares exceptions où la performance est acceptable, la filière n'a que peu d'incidence sur l'autosuffisance alimentaire ; de plus, la répartition des revenus entre les différents agents est très inéquitable (exemple des cultures de rente telles que le coton et la canne à sucre). Cette situation tient à des lacunes conceptuelles, inhérentes au modèle d'analyse par filières et à des erreurs de gestion.

Erreurs de gestion

Ce sont toutes les lacunes consécutives aux actions et décisions des acteurs de la filière et qui sont indépendantes du modèle analytique retenu. Rappelons qu'une filière est une succession verticale de fonctions interdépendantes (production, stockage, transformation, etc.) et constituant les maillons d'une même chaîne. Aussi, toute gestion efficace doit-elle intéresser l'ensemble des maillons ; le cas échéant, on aboutit fatalement à des situations de blocage. Ainsi, l'accroissement de la production, sans actions sur les opérations post-récolte, n'a que peu d'incidence sur l'amélioration de la performance de la filière. Or, dans la plupart des cas, les efforts ont surtout porté sur la fonction production au détriment des autres.

Par ailleurs, dans l'exécution des fonctions, il n'a pas été suffisamment tenu compte des facteurs socio-culturels, d'environnement et d'ordre réglementaire.

Facteurs socio-culturels : Dans la plupart des cas, ces facteurs déterminants ne sont pas pris suffisamment en considération. Ainsi :

— les projets sont, pour l'essentiel, conçus avec une connaissance insuffisante du milieu social d'accueil et en l'absence d'une véritable concertation préalable, d'où un manque de motivation des acteurs et/ou une déviation consciente des objectifs du projet par les bénéficiaires ;

— les bénéficiaires des projets en sont rarement les initiateurs, ce qui est source de frustration et empêche une bonne hiérarchisation des besoins. Or, cette hiérarchisation est fondamentale dans les pays aux ressources rares tels que ceux du Sahel. C'est pour parer à cette carence que le Burkina Faso a adopté un Plan quinquennal (1986-1990) dont l'élaboration s'est effectuée sur la base de discussions dans plus de 7 000 villages, dans les départements, les provinces et au niveau national.

— les choix technologiques, souvent à forte intensité capitalistique, sont à l'évidence inappropriés eu égard à l'abondance de la main-d'œuvre. Ainsi, au Burkina Faso :

> « le programme populaire de développement refuse les illusions des projets gigantissimes et sophistiqués et privilégie les petites réalisations afin de faire du Burkina un vaste champ, une suite infinie de fermes. C'est pourquoi le PPD repose avant tout sur l'initiative villageoise : les paysans, réunis au sein de leur « comité de défense de la Révolution », définissent en commun le projet qu'ils considèrent comme prioritaire. Ce programme repose sur un investissement humain de la part des paysans. » (Englebert, *op. cit.*)

— l'efficacité des structures d'encadrement a été surestimée du fait d'une sensibilisation insuffisante, de la faible utilisation de l'alphabétisation fonctionnelle et du cloisonnement résultant de la politique des filières ;

— la perte de la mémoire collective a entraîné une faible valorisation de la technologie traditionnelle ;

— la formation est souvent insuffisante et inadéquate.

Facteurs liés à l'environnement : L'environnement sahélien constitue à bien des égards un obstacle à la bonne gestion des ressources. Cet environnement se caractérise essentiellement par :

— une faiblesse notoire de la disponibilité, de la fiabilité et de la circulation de l'information tant à l'échelle nationale que sahélienne.

— un écosystème fragile, condamnant à plus de rigueur dans les choix technologiques qui se sont souvent opérés sur la base d'expertises non judicieuses. Ces choix sont, dans l'ensemble, inappropriés. Ainsi, le phosphatage excessif des sols, l'extension abusive des surfaces cultivées, le caractère extensif de l'élevage et l'introduction d'engins de pêche peu sélectifs, tels les sennes tournantes, sont autant de pratiques ayant un effet néfaste sur l'environnement ;

— une faiblesse des infrastructures routières, ferroviaires et maritimes.

Dispositions réglementaires : Ce sont les contraintes consécutives à l'intervention des pouvoirs publics qui, au Sahel comme dans tous les pays en voie de développement, jouent un rôle prépondérant. Cette intervention des États contribue parfois à inhiber le développement harmonieux des filières. Il en est ainsi de :

— la diffusion tardive de l'information relative aux prix aux producteurs avec, comme conséquence, une plus grande incertitude au niveau des agriculteurs. La flexibilité du système s'en trouve profondément affectée ;

— la politique d'acquisition des intrants, qui ne favorise pas les agriculteurs les plus démunis ;

— la politique des prix officiels qui ne sont pratiquement jamais respectés. Ce sont les marchés parallèles qui fonctionnent au bénéfice des plus nantis, aggravant ainsi les déséquilibres sociaux au sein des filières ;

— la politique fiscale qui souvent entrave la réalisation de l'autosuffisance alimentaire en facilitant l'importation des denrées alimentaires.

Les lenteurs dans la réalisation de l'intégration économique sous-régionale constituent un obstacle majeur.

Lacunes conceptuelles

L'analyse par filière a conduit à des gestions cloisonnées par type de produit. C'est ce qui explique la superposition de modèles de gestion pas toujours cohérents. La multiplicité des structures d'encadrement témoigne de cette situation peu favorable à la réalisation de bonnes performances.

En fait le modèle analytique retenu sous-estime les interdépendances des filières et ignore l'incidence des relations entre les micro-agents, notamment ceux situés à des niveaux différents sur les performances macro-économiques. Par exemple, la culture attelée qui a été introduite dans les pays du Sahel ne peut être uniquement considérée comme l'outil nouveau qui va accroître la production des paysans. Ce sont des appareils qui imposent autour d'eux un environnement culturel et technique nouveau. Avant tout, il faut se doter du soutien logistique pour les entretenir. L'utilisation de la traction animale implique une meilleure alimentation pour le cheptel, l'introduction de plantes fourragères, l'augmentation des ressources en eau, la modification de l'assolement, la réorganisation du travail au sein des unités de production. L'introduction des semoirs dans une zone à forte densité de population, comme dans le bassin arachidier au Sénégal, provoque la suppression de la jachère, faute de terres disponibles, et crée des problèmes nouveaux de fabrication et d'entretien du matériel (Bonnin, 1981).

En résumé, il faut noter que, même si les lacunes de gestion sont comblées, l'approche par filière de produit ne permet pas de maximiser les performances eu égard aux lacunes conceptuelles déjà citées.

Analyse systémique

C'est un modèle analytique récent basé sur la théorie des systèmes et qui permet de pallier les insuffisances de l'approche par filière par une plus grande considération :
— de l'interdépendance des filières et les relations entre les différentes fonctions d'une même filière ;
— et des fonctions de coordination telles que la qualité, les informations et les lieux d'échange.

L'approche systémique procède par analyse matricielle et repose sur deux types de paramètres, à savoir les filières et les fonctions. La matrice du système agro-alimentaire est complexe eu égard à la multiplicité des fonctions et filières. La bonne gestion d'un tel système requiert une multitude d'informations qui ne sont pas, pour l'essentiel, disponibles au sein des pays sahéliens.

Une parfaite connaissance du système demande donc du temps. Cependant, on peut, d'ores et déjà, agir en s'appuyant sur des sous-secteurs ou sur des sous-systèmes — le sous-système se définissant comme « un ensemble de fonctions très interdépendantes intéressant l'ensemble des filières » et le sous-secteur comme « un groupement significatif d'activités économiques reliées horizontalement et verticalement par des relations de marché» (Schaffer et Garland, 1971). Autrement dit, un sous-secteur est un ensemble de filières très interdépendantes étudiées ensemble selon les fonctions définies (exemple : sous-secteur des céréales).

Ainsi, une connaissance approfondie des principaux sous-systèmes et sous-secteurs est une condition *sine qua non* à la compréhension du système agro-alimentaire du Sahel. La réalisation de l'objectif «autosuffisance alimentaire» requiert des investigations et des actions sur le sous-système «production» mais aussi sur le sous-système «transformation/stockage» et non celui de la «consommation».

Présentation des sous-systèmes

Les figures 1, 2 et 3 indiquent les principales fonctions et filières composant les différents sous-systèmes. De même, les interrelations entre les conditions de base, l'environnement économique, l'État, les filières et les fonctions sont visualisées (Figure 1 ; Figure 2 ; Figure 3).

Fig. 1

Le sous-système « production »

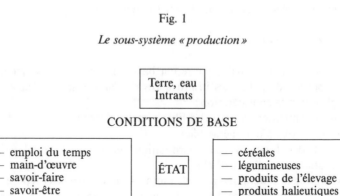

Terre, eau
Intrants

CONDITIONS DE BASE

| — emploi du temps
— main-d'œuvre
— savoir-faire
— savoir-être | ÉTAT | — céréales
— légumineuses
— produits de l'élevage
— produits halieutiques
— fruits et légumes |

EXPLOITANT   PRODUCTION

— Commercialisation des
Intrants et de production
(prix...)
— Débouchés

ENVIRONNEMENT ÉCONOMIQUE

Fig. 2

Le sous-système « stockage-transformation »

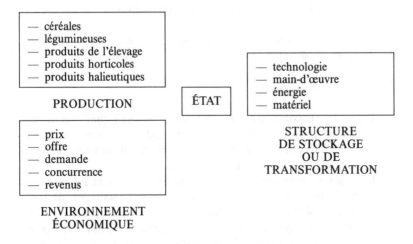

— céréales
— légumineuses
— produits de l'élevage
— produits horticoles
— produits halieutiques

PRODUCTION

ÉTAT

— technologie
— main-d'œuvre
— énergie
— matériel

STRUCTURE
DE STOCKAGE
OU DE
TRANSFORMATION

— prix
— offre
— demande
— concurrence
— revenus

ENVIRONNEMENT
ÉCONOMIQUE

Fig. 3

Le sous-système « consommation »

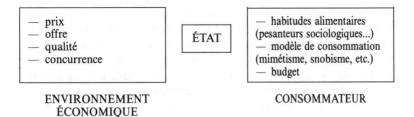

— céréaliers
— à partir légumineuses
— produits de l'élevage
— de la pêche
— horticoles

PRODUITS ALIMENTAIRES

— prix
— offre
— qualité
— concurrence

ÉTAT

— habitudes alimentaires
(pesanteurs sociologiques...)
— modèle de consommation
(mimétisme, snobisme, etc.)
— budget

ENVIRONNEMENT
ÉCONOMIQUE

CONSOMMATEUR

Dynamique des sous-systèmes

Il apparaît que chaque sous-système est composé de blocs qui inter-
agissent formant ainsi un ensemble dynamique au sein duquel le rôle
de l'État est déterminant. A côté de l'État il existe, cependant, d'autres
acteurs telles que les organisations sociales traditionnelles et les struc-

139

tures de production qui concourent à la réalisation de l'autosuffisance alimentaire.

Les figures indiquent, par ailleurs, que la performance dépend essentiellement de facteurs écologiques, économiques, socio-culturels et techniques.

L'étude de la dynamique des sous-systèmes se limitera à l'analyse des facteurs socio-culturels dont l'importance est indéniable.

Sous-système production

Le centre nerveux du sous-système est l'exploitant qui a une rationalité propre qui dépend, entre autres, de son histoire et/ou de son vécu (traditions, expérience...) et de son environnement technologique, écologique, économique et politique.

Le choix d'un système d'exploitation est sous-tendu par la rationalité de l'exploitant qui intègre ses contraintes temporelles, de force de travail et écologiques (terre, eau, énergie...). La rationalité n'est pas figée mais elle est dynamique parce qu'intégrant de façon sélective les réalités vécues. L'expérience des périmètres irrigués dans la région du fleuve Sénégal en est une parfaite illustration. Les objectifs de l'État sénégalais dans l'option de l'irrigation sont :

— de lutter contre la sécheresse en développant la culture du riz pour l'autoconsommation ;

— d'initier les paysans à une technologie nouvelle, celle des cultures irriguées en vue de l'extension future des aménagements ;

— d'obtenir des rendements élevés sur les périmètres en réduisant les coûts de production ;

— de dégager, à long terme, un surplus céréalier commercialisable pour l'autosuffisance alimentaire à l'échelle nationale.

Le bilan actuel de ce projet montre que les objectifs des paysans ne recoupent que partiellement ceux de l'État. En effet, pour les paysans il faut, autant que possible, payer à la société d'encadrement (SAED) les dettes avec de la monnaie et non avec leur production du fait de la faiblesse du prix proposé. De plus, à partir d'un certain seuil de production de riz suffisant pour leur autoconsommation, les paysans se tournent vers les autres cultures traditionnelles pouvant leur assurer des revenus plus intéressants que ce que leur propose la SAED. Ainsi, les paysans n'investissent pas tous leurs efforts dans ce nouveau type de culture. La raison profonde est qu'ils adoptent une stratégie de minimisation du risque (ENDA, *op. cit.*). Les paysans ont de nouveaux besoins ; ils savent qu'avec les temps difficiles qui courent, leur sécurité alimentaire passe par leur sécurité monétaire. Il résulte de cette logique paysanne des conflits avec la logique du surplus poursuivie par l'État (Compagne et Savané, 1986).

« Les sociétés paysannes du fleuve ont leur rationalité. Autrement dit, elles adoptent des moyens adéquats (la diversification), compte tenu de l'objectif que leur imposent les contraintes écologiques et économiques auxquelles elles sont confrontées (la minimisation des risques) ». (ENDA, *op. cit.*).

Tirant les leçons du passé, les paysans sont devenus très méfiants vis-à-vis de ce qui est nouveau. Il s'agit d'abord pour eux d'assurer leur propre sécurité alimentaire familiale. Ils veulent des résultats concrets et immédiats. C'est ce qui explique en partie le succès des périmètres irrigués au niveau villageois. Les PIV (périmètres irrigués villageois) ont fait leur preuve immédiate en réussissant à assurer la nourriture des paysans en période de sécheresse. Cependant, l'adhésion paysanne à la riziculture est vécue comme conjoncturelle plutôt que comme un changement structurel. La culture irriguée n'est qu'une composante de l'unité de production du paysan.

Ce sont les systèmes de production paysans « traditionnels » qui imposent leur propre logique globalisante et « intégrée » aux choix en matière de cultures irriguées et non l'inverse (ENDA, *op. cit.*) mais, si les PIV ont connu un succès, c'est également en partie à cause des subventions de l'État. Ce dernier ayant décidé d'appliquer la vérité des prix et de se désengager du monde rural, des difficultés vont apparaître, hypothéquant la relative sécurité alimentaire que les paysans du Fleuve essayent d'assurer. Néanmoins, par le biais d'associations villageoises et des revenus de l'immigration, qui est forte dans cette région, les paysans essaient de se passer des services des sociétés d'encadrement, ce qui n'est pas sans heurts (CIMADE, *op. cit.*).

A l'inverse des PIV, dans les « grands périmètres » (GP) le bouleversement a été plus brutal et le paysan s'y retrouve souvent comme simple producteur voire ouvrier agricole. Les effets néfastes des GP sont les lourds travaux et le calendrier agricole qui chevauche parfois avec des périodes où le paysan peut se consacrer à d'autres activités culturales :

> « Les GP privilégient les éléments naturels et techniques (machinistes) extérieurs en milieu traditionnel tout en confortant la position de la société de développement qui seule semble être à même de gérer le système. » (ENDA, *op. cit.*)

Cette forme d'encadrement inhibe toute initiative paysanne mais les GP sont les seuls à assurer difficilement le surplus commercialisable demandé.

La performance actuelle du sous-système production est décevante eu égard aux potentialités. Cependant, elle peut être améliorée si les actions suivantes sont menées :

— une meilleure connaissance des systèmes de production. A cet effet, il faut citer l'exemple du Sénégal qui s'est doté récemment d'un département de recherche sur les systèmes au sein de l'Institut Sénégalais de Recherches Agricoles (ISRA) ;

— des orientations conscientes et acceptées du système grâce à une formation, une sensibilisation et une alphabétisation fonctionnelle appropriées. C'est l'exemple du Burkina Faso, où le programme d'alphabétisation est perçu comme une nécessité absolue parce que :

> « un développement endogène doit s'appuyer sur une population responsable, consciente et techniquement formée pour une prise en charge du milieu réelle et effective ». (Englebert, *op. cit.*)

Ce programme, qui s'étend sur dix ans, doit permettre aux paysans d'acquérir les connaissances nécessaires pour identifier leurs besoins, apprécier les décisions qui les concernent, échapper à la crédulité et aux explications mystificatrices.

Sous-systèmes transformation

Si le but visé par la transformation est de fournir des produits destinés à la consommation, en quantité et qualité suffisantes et à temps, les objectifs spécifiques sont différents selon qu'il s'agisse des transformations industrielle, artisanale ou traditionnelle. En effet :

— la transformation traditionnelle vise à satisfaire les besoins de la famille (consommation directe) ;

— la transformation industrielle cherche à répondre à la demande en générant le maximum de profits pour l'industriel ;

— et la transformation artisanale rejoint la transformation industrielle quant aux objectifs mais ses méthodes de travail s'apparente aux procédés traditionnels.

Cette diversité des objectifs est à la base de la multiplicité des rationalités des acteurs de ce sous-système. Ces rationalités dynamiques reposent de façon plus ou moins importante sur la technologie, la main-d'œuvre, l'énergie, le matériel, etc. La bonne gestion de ces variables devra s'appuyer fortement sur les facteurs socio-culturels. Aussi, le choix de la technologie doit tenir compte des besoins essentiels ou élémentaires de la population, de ses formes d'organisation, de sa psychologie, de sa technicité, etc.

De même, la gestion des ressources humaines dans les structures est importante et doit tenir compte de tous les aspects relatifs à la personnalité individuelle et collective des acteurs.

Le sous-système, s'appuyant sur les technologies traditionnelles, est peu performant parce que, entre autres, il n'a pu s'adapter convenablement à l'évolution socio-culturelle des populations sahéliennes. Il n'a pas su répondre aux défis de l'urbanisation, à savoir l'apparition d'une demande importante, diversifiée et exigeante en produits alimentaires. Quant au sous-système moderne, il s'est basé sur des transferts inappropriés de technologie. Les critères techniques et économiques ont, pour l'essentiel, guidé ces transferts.

Les possibilités d'accroître les performances du sous-système sont réelles et devront porter sur :

— une meilleure connaissance du sous-système (traditionnel et moderne) ;

— le développement et l'utilisation de compétences locales devant aider au choix, à l'assimilation, à l'adaptation, à l'utilisation, à la maintenance et — éventuellement — à la reproduction des technologies importées ;

— une sensibilisation sur les résultats positifs à tirer de l'amélioration du sous-système.

Sous-système consommation

Il est caractérisé par une diversité des modèles de consommation suivant l'appartenance au monde rural ou au monde urbain et suivant le niveau d'instruction des populations. Cependant, les modèles de consommation obéissent de plus en plus aux lois de l'économie de marché. En conséquence, la décision d'acquérir un aliment dépend, dans une large mesure, de paramètres tels que la disponibilité, les propriétés organoleptiques, les qualités fonctionnelles et le *marketing mix* (politiques de prix, de distribution et de communication).

A l'évidence, les disponibilités alimentaires sont tributaires de la bonne gestion des sous-systèmes situés en amont (production, transformation) et qui sont influencés par les facteurs socio-culturels. Quant aux autres aspects (propriétés organoleptiques, *marketing mix*, etc.), ils se fondent, avant tout, sur des considérations d'ordre sociologique, psychologique et culturel. Au Sahel la performance du sous-système a beaucoup souffert de l'extraversion des habitudes de consommation.

Le sous-système est fortement perfectible si les actions portent sur la réhabilitation des produits alimentaires locaux et sur une utilisation judicieuse de l'aide alimentaire.

De l'analyse précédente il ressort que l'approche systémique considère le milieu d'intervention (monde rural) comme un ensemble d'éléments, matériels ou non, en relation les uns avec les autres et formant un tout animé d'une dynamique propre.

A l'opposé de l'analyse par filière de produits, qui privilégie l'intégration verticale, l'approche systémique permet une gestion intégrée multidimensionnelle. En effet, tout projet de développement intégré au Sahel doit se fixer, entre autres objectifs :

— l'augmentation de la production agricole au niveau des exploitations ;

— la lutte contre la désertification et la dégradation des sols ;

— la création d'emplois en zone rurale dans le but de freiner l'exode ;

— l'amélioration de la situation sanitaire et nutritionnelle des populations ;

— l'augmentation du pouvoir d'achat des populations ;

— la promotion des populations par l'alphabétisation, l'éducation et la formation ;

— l'organisation autonome des populations concernées qui doivent être les forces motrices du développement ;

— la prise en considération du modèle alimentaire des populations dans le choix des produits ;

— la connaissance des facteurs socio-culturels qui prévalent dans le milieu.

Ainsi, dans le cadre d'un projet visant le développement de la consommation du niébé au Niger, la méconnaissance des facteurs socio-culturels (habitudes alimentaires) a conduit à un accroissement notable de la production sans que le niveau de consommation s'en trouve amélioré du fait que, traditionnellement, le niébé est destiné à l'alimentation animale. Les surplus dégagés n'ont donc pas contribué à l'amélioration de la ration alimentaire des populations de la zone qui était l'objectif premier du projet, le niébé produit étant surtout acheminé vers le Nigéria.

Toute gestion intégrée devra en outre, assurer :

— une bonne coordination entre les différents projets en cours (intégration horizontale) en vue d'augmenter la performance (efficience, équité et flexibilité) du système. Ce faisant, on favorise l'éclosion d'activités annexes, tirant ainsi le meilleur parti des synergies entre les différents projets ;

— le lien entre la ville et la campagne dans la perspective d'un développement national harmonieux et équilibré.

RECOMMANDATIONS

De nombreuses conférences, colloques et séminaires ont eu à se pencher sur la situation alimentaire critique du Sahel. Des recommandations ont été formulées mais surtout pour augmenter la production agricole. Le rôle des facteurs socio-culturels dans les politiques de sécurité alimentaire n'a malheureusement pas souvent reçu toute l'attention requise. Les recommandations formulées veulent contribuer à combler cette lacune.

Favoriser l'auto-organisation des producteurs et leur contrôle sur les politiques mises en œuvre

Si, dans les États du Sahel, les gouvernements ont fait appel au regroupement des villageois, les structures créées apparaissent souvent sans aucun pouvoir. Il faut encourager la création d'associations de producteurs sur la base de structures viables, non-imposées et émanant réellement de leur volonté de s'unir pour améliorer leur vie. Afin de recueillir l'adhésion totale des populations aux options de développement, il importe qu'elles soient d'abord discutées à la base, ce qui permet une meilleure exécution des objectifs arrêtés.

Les programmes de sécurité alimentaire doivent prendre en considération les besoins exprimés par les populations. Elles doivent avoir un droit de regard sur la gestion des sociétés qui les encadrent par le biais de leurs représentants librement choisis. Le contrôle de la gestion par les populations passe par leur formation, leur alphabétisation fonctionnelle et leur éducation.

L'encadrement doit être non dirigée mais à l'écoute des destinataires. Il doit être polyvalent et fait par des gens qui connaissent le milieu. Il doit aider les populations à identifier leurs besoins et leurs priorités. Il s'agit donc de responsabiliser les paysans, ce que ne veut pas dire un abandon du monde rural.

Augmenter les revenus des populations rurales

Assurer aux populations une amélioration « visible » de leur condition est un préalable pour recueillir leur adhésion totale. Cela passe nécessairement par :
— une augmentation des prix aux producteurs ;
— un investissement des recettes tirées des surplus commercialisés, en favorisant le développement de l'artisanat, la construction d'un

145

dispensaire, d'une salle de classe, d'un foyer pour les jeunes, d'un centre social pour les femmes...

Après plusieurs décennies de frustration, les masses rurales veulent goûter aux fruits de leurs efforts, sinon elles développent des alternatives qui leur sont propres et qui peuvent hypothéquer les objectifs de sécurité alimentaire que se fixent les États.

Prendre en considération l'intérêt des villageois dans la réforme du système foncier

Les réformes foncières doivent tendre à donner la terre à ceux qui la travaillent. Il faut veiller à ce que les meilleures terres n'aillent pas toujours à l'agrobusiness ou aux nouveaux exploitants qui bénéficient de crédits bancaires.

Prendre en considération les femmes dans les politiques de sécurité alimentaire par :

— l'amélioration de leur statut juridique dans les réformes foncières et agraires ;
— l'allègement des travaux pénibles que constituent le pilage, la recherche de bois et d'eau, en implantant dans les villages des décortiqueuses et des moulins à céréales, des puits et des plantations de bois de chauffe, et en mettant à leur disposition des foyers améliorés. De telles actions réduiraient leurs dépenses énergétiques, améliorant ainsi leur situation nutritionnelle, et leur permettraient de disposer de plus de temps pour se consacrer à des activités sociales et lucratives.
— la généralisation de centres sociaux pour les femmes où elles peuvent être alphabétisées, se consacrer à diverses activités et recevoir une éducation sur leur corps, leur fécondité et les moyens de la maîtriser, la nutrition, l'hygiène et des principes sanitaires de base.

Freiner l'exode rural

Pour cela, les jeunes doivent sentir « qu'il fait bon d'être dans son village ». Il faut soutenir les projets de développement initiés par les jeunes villageois et les encourager à s'organiser en associations de jeunesse. Les jeunes sont l'avenir d'un pays, et de leur adhésion ou non dépendra le succès de l'objectif de sécurité alimentaire. Les programmes mis en œuvre doivent intégrer leur éducation et leur formation afin qu'ils puissent mener à bien des activités agricoles, artisanales et culturelles.

L'arrêt de l'exode rural passera également par la possibilité pour les jeunes de trouver du travail dans leurs localités et la réduction de l'écart entre la ville et le village.

Améliorer le statut nutritionnel des populations

Les enfants sont le principal groupe à risque de malnutrition dans le Sahel. Il faut améliorer leur ration alimentaire en diversifiant la nourriture et en augmentant la valeur nutritive des bouillies de sevrage. Le développement de jardins potagers, le petit élevage peuvent contribuer à améliorer la situation nutritionnelle ; de même que l'éducation nutritionnelle et sanitaire et l'enseignement de l'économie familiale et sociale peuvent permettre une utilisation plus judicieuse des ressources disponibles.

Valoriser les produits locaux

Dans les pays du Sahel, il n'existe quasiment pas d'industries de transformation des aliments locaux destinés à une consommation nationale ou régionale en dehors de l'huile d'arachide, qui a été supplantée par les huiles végétales importées moins chères. Les produits locaux doivent être valorisés de façon à concurrencer les produits importés. Les acquis de la recherche dans ce domaine doivent passer dans le développement. La création, grâce à l'encouragement de l'investissement national, d'unités de transformation des produits locaux ouvrirait de nouveaux débouchés stimulant la production. Le riz importé, le cube Maggi et le Coca Cola ont envahi tout le Sahel. A quand le cube de Soumbala, le sac de couscous de mil ou de *fonio* ou la bouteille de jus de tamarin ou de *bissap* dans les boutiques ou sur les marchés ? Aussi, l'aide alimentaire doit-elle utilisée de façon judicieuse pour ne pas extravertir le modèle de consommation.

Pour une technologie adaptée

Les choix de transferts de technologie doivent faire l'objet d'études sur leurs incidences sur l'organisation sociale et les systèmes de production. La maîtrise du transfert des technologies passe par la formation de cadres locaux compétents. Il faut également promouvoir des bureaux d'études et des instituts de recherches capables de réaliser des expertises judicieuses et de faire des recherches sur l'adaptation des technologies proposées.

Il faut encourager l'utilisation de technologies simples en faisant appel à des matériaux locaux ou des technologies importées adaptées à l'environnement, que les populations peuvent gérer et développer et dont l'artisanat local pourra assurer la maintenance. Un effort réel doit être fait dans le domaine des énergies.

Améliorer la gestion du système agro-alimentaire

Corriger les lacunes de gestion par la formation, la sensibilisation, la connaissance du milieu par un encadrement polyvalent et l'utilisation optimale de la main-d'œuvre, la connaissance des différents sous-systèmes et de leurs interrelations.

Coordonner les actions de développement

La sécurité alimentaire ne saurait être l'affaire d'un seul ministère. Elle doit être une préoccupation de tous les départements ministériels. Une coordination de leurs actions vers cet objectif doit être une priorité. Dans ce sens, toutes les interventions des ONG doivent être canalisées vers le même objectif pour éviter un double emploi.

L'intégration régionale

Avec la colonisation, l'Afrique a été balkanisée. Des micros-états ont été créés avec des frontières artificielles qui constituent un obstacle au développement des pays. Tous les pays du Sahel n'ont pas les mêmes potentialités mais, si les efforts sont faits en commun, les lendemains seront meilleurs. Des tentatives sont créées (CILSS, CDEAO, système AGRHYMET, création d'un marché céréalier,...) mais les intérêts purement nationaux se heurtent à de nombreuses limites évidentes.

L'intégration régionale doit permettre une harmonisation des prix agricoles dans les différents pays et une attitude commune envers les bailleurs de fonds pour demander un moratoire sur le paiement de leur dette extérieure, qui hypothèque tous leurs projets de développement. L'intégration régionale doit permettre une harmonisation des actions de recherche par la création d'instituts de recherches sahéliens, d'universités sahéliennes... Les pays du Sahel doivent se doter de banques de données fiables et favoriser la circulation de l'information et des chercheurs.

BIBLIOGRAPHIE

Banque mondiale. *Le développement accéléré au sud du Sahara*, 1981.

Bonnin P., *Conditions d'appropriation de nouveaux outils pour le travail du sol en Afrique tropicale sèche*, IREP Développement, Université des Sciences Sociales, Grenoble, 1981.

CERER. *Note sur l'avancement des programmes d'économie d'énergie*, 1986.

CILSS (Comité Inter-États de Lutte contre la Sécheresse dans le Sahel). *Bilan du développement économique des pays du CILSS et perspectives*. Études, travaux de l'USED, 1982, tome 2.

CIMADE. *Projet intégré villageois de Podor*, 1985.

Compagne P. et Garland P. *Institutional performance in agricultural development*. Ag. Administration Workshop, October 20, 1971.

Dey J., *Rôle des femmes dans la production vivrière et la sécurité alimentaire en Afrique*. Dans : « Les femmes dans l'Agriculture », Note d'information 3, FAO, Rome, 1985.

Diao E. et Senghor C.D., *L'industrie agro-alimentaire au Sahel — Analyse et Stratégie pour l'autosuffisance alimentaire*. Mémoire IGIA/ENSIA, Cergy Pontoise, France, 1983.

Dumont R. et Mollin M.F., *L'Afrique étranglée*. Histoire immédiate, Editions du Seuil, Paris, 1980.

ENDA. *Enjeux de l'après-Barrage*. ENDA/Ministère français de la Coopération, 1987.

Englebert P., *La Révolution Burkinabé*, Éditions de l'Harmattan, 1987.

FAO (Food and Agriculture Organisation of United Nations). *Les femmes dans l'agriculture*. Note d'information FAO, 3, Rome, 1985.

Gagner le pari de l'autosuffisance alimentaire. *Sénégal d'Aujourd'hui*, 1983.

Shafer J.O. et Savane MA., Quel avenir pour les nouvelles stratégies alimentaires des paysanneries du Sahel ? Dans : Lemonnier D. et Ingenbleck Y. (eds.) *Les Malnutritions dans les Pays du Tiers Monde*, p. 655-682. Colloque INSERM, 1986, vol. 136.

Annexe

AXES DE RECHERCHE

Afin d'améliorer la gestion des ressources relatives à la sécurité alimentaire dans les pays du Sahel, des recherches prenant en considération les aspects socio-culturels doivent être entreprises selon les axes suivants :

1. Systèmes agro-alimentaires dans les pays du Sahel
2. Modèles de consommation, leur évolution et les facteurs déterminant le choix alimentaire au Sahel
3. Marchés parallèles aux circuits officiels et les alternatives paysannes
4. Formes d'organisation et de solidarité villageoise

5. Rôle des projets villageois et des grands projets dans l'amélioration des revenus et les disponibilités alimentaires
6. Les pouvoirs dans les communautés de base
7. Le chômage et le sous-emploi en milieu rural et urbain
8. Gestion du budget au niveau familial
9. Évolution du statut de la femme : influence des innovations technologiques, du chômage, des agressions de la société de consommation ; résistance aux réformes foncières et juridiques ; maternité et santé de la mère ; attitude des femmes face au planning familial
10. Les énergies renouvelables et leur rôle dans l'économie d'énergie au niveau familial et dans la lutte contre la désertification au niveau villageois ;
11. La valorisation des produits alimentaires du Sahel :
    — valeur nutritive des aliments
    — technologie de transformation des aliments au niveau familial, artisanal et industriel ; effets sur la valeur nutritive des aliments
    — recherche sur les emballages, la stabilité des produits et les techniques traditionnelles de stockage
    — établissement des normes alimentaires sahéliennes et contrôle de la qualité des aliments locaux et importés
12. La recherche nutritionnelle :
    — établissement de standards nutritionnels
    — état nutritionnel de la mère et santé de l'enfant
    — effets des petits et des grands projets sur le statut nutritionnel des populations et les maladies nutritionnelles de carence.

CHANGEMENTS DANS LA PRODUCTION ALIMENTAIRE, LA DISTRIBUTION ET LES HABITUDES ALIMENTAIRES : QUELQUES ASPECTS DE LA SITUATION DE L'AFRIQUE DE L'OUEST

Adel P. den HARTOG

Ce document traite d'un certain nombre d'aspects importants relatifs à l'Afrique et qui concernent les relations entre la production vivrière, la distribution alimentaire et la façon dont les aliments disponibles sont utilisés par la population.

Le système alimentaire (production, transformation et distribution) et les habitudes alimentaires ne sont pas statiques, ils s'influencent mutuellement (Figure 1).

Figure 1

Illustration simplifiée de la relation entre le système alimentaire, les habitudes alimentaires et la nutrition

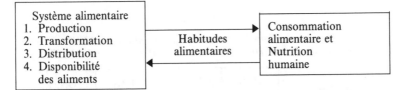

A l'heure actuelle, plusieurs changements d'ordre social et écologique affectent à la fois le système vivrier et les habitudes alimentaires. Il s'agit de : l'urbanisation ; les cultures de rapport ; le manque de bois de chauffage ; l'influence des saisons ; l'aide alimentaire ; et la baisse du prix des denrées agricoles sur le marché international.

L'objectif de ce rapport est de donner une évaluation de la situation en Afrique occidentale et en particulier dans la zone du Sahel.

Changements dans la société et dans les habitudes alimentaires

Il est inutile de dire que le bien-être nutritionnel de l'Homme dépend d'un grand nombre de facteurs. En vue de l'évaluation, nous nous en tiendrons au système alimentaire, à la façon dont les aliments disponibles sont utilisés par la population. A ceci doit s'ajouter un facteur supplémentaire : la santé et l'hygiène. Même dans les régions où la nourriture est disponible en quantités raisonnables, les infections risquent de provoquer des maladies gastro-intestinales qui entraînent une mauvaise assimilation de la nourriture et des éléments nutritifs.

On peut résumer la situation nutritionnelle comme suit : (FAO, 1980 ; La Bonne, 1983 ; Maletnlema, 1983 ; Rahman, 1985) (Tableaux 1 et 2).

Tableau 1

Apports énergétiques quotidiens par personne et pourcentage des besoins moyens en énergie en Afrique tropicale

Région	Apport énergétique moyen	Apport énergétique nécessaire	Pourcentage de besoins moyens en énergie
Sahel	1 879 kcal	2 200 kcal	85
Afrique occidentale	2 135 kcal	2 170 kcal	98
Afrique centrale	1 920 kcal	-	92
Afrique orientale et australe	2 120 kcal	2 150 kcal	99

Tableau 2

Changements dans le pourcentage d'autosuffisance (PAS) des aliments de base en Afrique tropicale : 1962-1964 et 1972-1974

Région	PAS %	Déficit alimentaire 1 000 tonnes	PAS %	Déficit alimentaire 1 000 tonnes
Sahel	99	- 79	83	-1 000
Afrique occidentale	100	- 12	94	- 1 921
Afrique centrale	99	- 54	94	- 506
Afrique orientale et australe	99	- 269	98	- 597

Source : FAO, 1980.

1) La malnutrition protéique et énergétique reste le problème nutritionnel majeur. Elle est due principalement à une mauvaise assimilation d'énergie ou de protéines ou des deux à la fois. La situation risque de s'aggraver en période d'insécurité alimentaire pendant certaines saisons. Le concept de faim saisonnière ou « période de soudure » est bien connu dans diverses langues africaines et les habitudes alimentaires ont été adaptées aux maigres ressources disponibles durant cette période (Chambers et al., 1981 ; Teokul et al., 1983).

2) L'anémie nutritionnelle due à des carences en fer et en acide folique est très répandue à travers le continent africain. Cet état aboutit à un manque d'énergie et à une santé déficiente. L'anémie atteint principalement les femmes en âge reproductif, les nourrissons et les enfants. Les infections parasitaires ainsi que l'apport insuffisant en fer en font une maladie fréquente.

3) On rencontre d'autres types de carences nutritionnelles : l'insuffisance de vitamine A (entraînant la cécité nocturne, puis la xérophtalmie et la kérotamalacie) et la carence en iode. La cécité se manifeste surtout chez les enfants entre 2 et 5 ans, lorsqu'ils souffrent du kwashiorkor ou de carence en protéines. La carence en iode est la cause première du goitre endémique, elle se manifeste dans les régions où le sol a une faible teneur en iode.

Le problème de santé publique qui en découle est plus important en Afrique de l'Est en comparaison de l'Afrique de l'Ouest, exception faite du Cameroun. Si l'on connaît les groupes qui souffrent de malnutrition et si l'on peut déterminer où vivent ces groupes, on possède déjà une indication quant à l'origine de la malnutrition. D'une façon générale, les personnes les plus sérieusement touchées, particulièrement les femmes et les jeunes enfants, se rencontrent dans les :

— régions défavorisées au niveau agricole et écologique, spécialement les régions subissant de fortes variations saisonnières de température ;

— régions de cultures de rapport ;

— campements provisoires à l'intérieur et autour des villes.

Outre le facteur démographique lié à l'accroissement de la population, les processus rapides d'urbanisation et de culture de rapport ont des effets d'une grande portée sur le système alimentaire et les habitudes alimentaires. La tendance générale de remplacement alimentaire en Afrique tropicale est présentée à la Figure 1.

La consommation de riz a augmenté plus rapidement que la production locale, surtout en Afrique de l'Ouest. On estime qu'en l'an 2000 le riz représentera près de 25 % de la consommation de céréales en Afrique de l'Ouest, tandis que le blé importé représenterait 18 %. La consommation des céréales traditionnelles telles que le millet et le sorgho est en train de subir une baisse (Byerlee, 1987 ; Mellor et al., 1987).

Urbanisation et alimentation

L'Afrique est confrontée à un processus rapide d'urbanisation. En 1960, 9,9 % de la population vivait dans des villes de plus de 100 000 habitants, ce chiffre a atteint 18,7 % en 1980 et on s'attend à un pourcentage de 30,6 en l'an 2000.

Dans les années 1980, environ 86 millions d'habitants urbains devaient être nourris (Armstrong et McGee, 1985). La ville est un lieu subissant des changements sociaux et des modernisations très rapides pour le meilleur et pour le pire. De la même façon, les habitudes se modifient, entraînant de plus en plus de problèmes de nutrition parmi les populations pauvres (Schurch et Favre, 1985).

L'urbanisation affecte les habitudes alimentaires à deux niveaux :

— dans les régions urbaines la distribution des aliments et des boissons traditionnels va en se diminuant ;

— les habitudes alimentaires urbaines se propagent dans des régions rurales, la production alimentaire est orientée vers le marché urbain.

Le cœur du problème lié à l'urbanisation est le développement d'habitudes alimentaires qui sont de plus en plus basées sur les produits importés (Badibanga, 1985 ; Eckert, 1978 ; Odéyé et Bricas, 1986). Toutes sortes d'aliments sont importés comme, par exemple : le pain, les biscuits et autres produits à base de blé, les confiseries, la viande et le poisson en conserve, le lait condensé sucré, la sauce tomate en conserve, le sucre, les cubes d'extrait de viande, la bière et les boissons non alcoolisées, le vin et les spiritueux (Figure 2).

Dans plusieurs régions, certains de ces aliments sont actuellement produits sur place ; toutefois, les matières premières nécessaires proviennent en grande partie d'importations étrangères. Il est évident que l'utilisation de ces nouveaux aliments a des conséquences économiques, sociales et nutritionnelles pour le consommateur et pour le pays dans sa totalité. Ceci est particulièrement le cas lorsqu'un aliment comme le blé ou le lait ne peut être produit en grandes quantités à cause des conditions écologiques. L'alimentation industrielle et importée a trouvé une place au sein de la nourriture traditionnelle parmi les groupes citadins aux revenus moyens et supérieurs. Dans une certaine mesure les consommateurs plus défavorisés ont également intégré certains aliments importés à leur régime alimentaire et le revenu est le facteur qui limite la consommation.

Avec des dépenses alimentaires (pour la nourriture de subsistance) comprises entre 60 et 70 % des revenus, il reste peu de moyens pour d'autres aliments. Toutefois, on observe une certaine compétition entre les aliments nécessaires pour subsister, comme l'aliment de base, et les denrées plus savoureuses et luxueuses qui satisfont d'autres besoins.

Figure 2

Tendances des substances alimentaires en Afrique tropicale

Aliments   Communautés

Igname, millet et sorgho   Communautés rurales
Bière de sorgho, vin de palme

Manioc ou maïs   Cultures de rapport

Riz

Pain, autres produits à base de blé,   Communautés urbaines
aliments industriels.
Boissons non alcoolisées.
Bière et spiritueux en bouteilles

Pourquoi le citadin a-t-il un plus grand besoin d'aliments importés ? Différents facteurs de conditionnement, qui sont étroitement liés, entrent en jeu :

1) Le consommateur urbain a besoin d'aliments faciles à préparer en vue d'économiser du temps et du combustible.

2) Les citadins pauvres nécessitent une nourriture bon marché. La politique d'alimentation urbaine visant à maintenir le prix de l'aliment de base aussi bas que possible a pour résultat que, à la longue, les fermiers ne sont pas encouragés à produire une plus grande quantité d'aliments. Finalement, les aliments ont été importés de l'étranger sur une base commerciale ou sous forme d'aide alimentaire.

3) Les communautés expatriées et une classe moyenne naissante ont créé une demande de denrées de luxe.

4) Il est inutile de dire que les pratiques du marché international ont contribué à promouvoir l'utilisation des produits alimentaires étrangers.

Il y a un danger de marginalisation au niveau de la production et de l'industrie alimentaire locale. Dans les villes et peu à peu dans les régions rurales, les aliments et les boissons traités de façon industrielle remplacent les aliments produits localement, particulièrement ceux provenant de petits entrepreneurs du secteur non officiel.

Dans le système alimentaire urbain (comme c'est le cas en milieu rural), ce sont principalement les femmes qui se chargent d'apporter

155

la nourriture sur le marché urbain, de préparer et transformer les aliments (à petite échelle) et de vendre la nourriture au consommateur citadin (Bisiliat, 1986).

Dans un certain nombre de villes, on a mis sur pied une industrie alimentaire à capital plus intensif ainsi que des débouchés commerciaux tels que boutiques et supermarchés. Est-ce que les femmes ont la possibilité de participer à ces nouveaux développements et de quelle façon ?

Il importe de donner une attention spéciale à l'industrie de transformation alimentaire locale aussi bien au niveau industriel qu'au niveau artisanal afin d'offrir un meilleur service au consommateur et en vue de maintenir les importations au niveau minimum. A cet égard on pourrait penser à :

— des aliments qui répondent aux besoins généraux des consommateurs au pouvoir d'achat inférieur, et réalisent un équilibre satisfaisant entre prix et qualité ;

— des aliments qui répondent aux besoins des groupes spécifiques pour des raisons sociales et nutritionnelles ; il s'agit, par exemple, de la mère et du jeune enfant. La période de sevrage — lorsque des aliments autres que le lait maternel sont introduits dans le régime du nourrisson — est une période très vulnérable du point de vue nutritionnel.

Après maints essais et erreurs, il est actuellement possible de produire des aliments de sevrage (à petite échelle) à partir de matières premières locales dans des pays comme le Bénin et la Sierra Leone. Ces aliments de sevrage sont nourrissants, ils sont adaptés au goût et aux habitudes alimentaires locales et sont relativement bon marché, tout au moins bien meilleur marché que les aliments industriels importés.

On utilise le terme « technologie appropriée » qui tend à refléter les imperfections de l'industrie moderne à grande échelle. Il est important de réaliser que ce terme renvoie à une approche et non seulement à des équipements entraînant peu de frais et simples quant au fonctionnement (Bruinsma *et al.*, 1983).

Comme il a déjà été dit auparavant, le consommateur des zones urbaines et périurbaines est dépendant des aliments préparés localement qu'il peut acheter sur les stands ou à des vendeurs. Quelle est la quantité nutritionnelle et hygiénique de ces aliments ? La même question concerne les aliments importés — est-ce que ces aliments offrent la même qualité que celle requise dans le pays d'origine ?

Outre une loi sur l'alimentation, il est nécessaire d'avoir un système de contrôle alimentaire effectif qui protège le consommateur. Le consommateur au faible pouvoir d'achat est toujours très vulnérable : il dispose de peu d'argent et est forcé d'acheter en petites quantités. Le fait d'acheter en petites quantités revient finalement assez cher et les aliments en question sont souvent de qualité inférieure.

Influence de la ville sur les habitudes alimentaires rurales

En dépit de l'urbanisation, la majorité de la population africaine vit en milieu rural et les petits fermiers continueront à représenter la plus grande partie de la population dans les années à venir. On constate néanmoins une forte propagation vers l'extérieur de l'influence urbaine dans les zones rurales (Goody, 1982). L'urbanisation signifie que la production alimentaire s'orientera vers le marché urbain en plein développement : aliments de base mais aussi fruits et légumes. Dans quelle mesure les communautés rurales sont-elles capables de produire suffisamment afin de couvrir leurs propres besoins et ceux du marché urbain, ainsi que de cultiver et de rassembler le bois de chauffage pour les citadins ?

Des exemples de quelques pays dans d'autres parties de l'Afrique — comme le Zimbabwe — ont montré que les fermiers sont tout à fait sensibles aux encouragements à produire plus d'aliments. Il s'agit donc d'offrir de meilleurs prix en combinaison avec un développement agricole effectif et une plus grande variété alimentaire locale.

Ce besoin de diversité est nécessaire non seulement en vue de produire une plus grande quantité d'aliments mais également pour renforcer les habitudes alimentaires locales et éviter la dépendance par rapport aux produits importés.

L'influence urbaine fera adopter à la population rurale certains éléments des habitudes alimentaires de la ville. Nombreux sont les citadins qui n'ont pas rompu leurs liens avec leur village natal. Les activités commerciales, les programmes de radio et les journaux s'introduisent de plus en plus dans les milieux ruraux.

Les produits tels que les boissons non alcoolisées, le lait en conserve, le poisson, la viande, le pain et les biscuits se répandent des villes jusqu'à dans les campagnes. Bien que ces aliments jouent un rôle quelque peu marginal dans le régime, ils sont néanmoins très appréciés à cause de leur goût et du côté pratique de leur utilisation.

Au niveau national, ceci représente une charge sur les minces réserves de devises.

Dans certaines régions rurales, le biberon en plastique et le lait en poudre sont des produits courants qui entraînent de graves problèmes de santé.

Cultures de rapport et cultures vivrières

L'urbanisation n'est pas le seul facteur responsable des importations alimentaires. Avec le développement économique des zones rurales et une plus profonde incorporation dans l'économie mondiale, l'agricul-

157

ture s'oriente de plus en plus vers les cultures de rapport et le marketing (voir, par exemple, Gielen, 1986 ; Sudrie 1985). Ceci pourra fournir au pays les ressources nécessaires en vue du développement économique et permettra aux fermiers d'élever leur niveau de vie. On peut, toutefois, se demander dans quelle mesure les femmes bénéficieront des nouveaux revenus en espèces (voir, par exemple, Bisiliat *et al.*, 1986).

Ce processus risque d'avoir des effets secondaires négatifs sur la nutrition : remplacement des cultures vivrières intensives par des cultures vivrières exigeant moins de travaux, mais inférieurs du point de vue nutritionnel ; remplacement des cultures vivrières par des cultures de rapport non vivrières.

Les revenus en espèces de la famille ne sont pas souvent utilisés afin de combler le déficit nutritionnel par l'achat de suppléments alimentaires. Dans les zones rurales du Sénégal, par exemple, le riz importé a remplacé en partie le mil (Josserand, 1984). Le besoin d'argent comptant risque d'entraîner la vente excessive et à bas prix des produits alimentaires juste après la récolte, ceci aux dépens des besoins domestiques. Vers la fin de l'année, lorsque les provisions alimentaires diminuent, il faut racheter des aliments à un prix élevé.

Dans certaines régions, le bétail forme une partie complexe du système alimentaire. Les éleveurs et les fermiers s'opposent à propos du sol et de l'eau. La pression économique risque d'obliger les éleveurs à vendre les produits laitiers et la viande aux dépens de la consommation familiale. Le développement de l'élevage sur pâturage risque d'affecter la production laitière. L'utilisation du lait par l'Homme en vue de la consommation journalière et des pratiques cérémoniales diminuera, d'une part à cause de la diversion du lait de vache vers les jeunes veaux, et d'autre part du fait que les troupeaux sont de plus en plus éloignés des lieux de résidence (Teitelbaum, 1977).

D'autre part, il est intéressant de noter que, dans certaines zones rurales confrontées à des problèmes d'instabilité politique et économique, il existe une tendance à abandonner progressivement la culture de rapport au profit de la culture alimentaire de subsistance.

Aide alimentaire et habitudes alimentaires

La production alimentaire est en retard et, afin de couvrir les besoins nutritionnels, plusieurs pays d'Afrique ont augmenté les importations sur une base commerciale. Lorsque les gouvernements eurent épuisé les devises requises, l'aide alimentaire joua un rôle de plus en plus important. Entre 1961 et 1963 et le début des années 1980, l'aide alimentaire a nettement augmenté en Afrique sub-saharienne : de 0,67 kg à 6,02 kg de céréales par personne (l'importation céréalière totale en 1981 s'élevait à 26 kg) (Mellor, *op. cit.*). Au fil des années, d'importants changements ont eu lieu en ce qui concerne les pays donateurs. Les États-Unis d'Amérique fournissaient autrefois presque toute l'aide alimentaire. Actuellement plus de la moitié provient des donateurs suivants : PAM, Communauté Européenne, Canada et Australie.

La nature des aliments compris dans l'aide est en grande partie déterminée par leur disponibilité, en d'autres mots par ce qui peut être produit dans les pays industrialisés et, à un moindre degré, par les habitudes et les besoins alimentaires des pays bénéficiaires.

Tout porte à croire que l'aide alimentaire sous forme de blé a stimulé la consommation de pain. Ce qui est souhaitable à court terme s'avère de moins en moins souhaitable, voire même dangereux, à la longue (Erard et Mounier, 198-4).

Au niveau national, l'aide alimentaire a permis aux gouvernements de retarder les réformes agricoles nécessaires. L'attitude des pays donateurs est, à l'heure actuelle, de plus en plus orientée vers le développement au lieu de se limiter à la pure distribution d'excédents alimentaires (Stevens, 1986 ; Van den Briel-van Ingen, 1985). L'aide alimentaire peut être utilisée comme un instrument de développement, au niveau national, par exemple, comme un moyen de produire des fonds dits compensatoires et d'épargner des devises. Au niveau domestique, les programmes d'intervention nutritionnelle basés sur l'aide alimentaire ont tendance à agir comme une sorte de subvention.

D'autre part, il importe de réaliser que les pays industriels doivent encore faire face à d'énormes excédents alimentaires, ce qui maintient le prix de l'alimentation sur le marché mondial à un niveau très bas. Les excédents alimentaires signifient en outre que les pays donateurs sont contraints par les groupes de pression agricoles de fournir davantage d'aide alimentaire qu'il n'est strictement nécessaire.

Pénurie de combustibles en relation avec la nourriture et les habitudes alimentaires

Les familles pauvres vivant dans les régions arides et semi-arides doivent faire face à des problèmes de ressources en combustible qui vont en diminuant. Dans la plupart des sociétés concernées, ce sont les femmes et les enfants qui se chargent de rassembler le bois pour la cuisine.

Il semble que le chiffre de la population dépasse la croissance des jeunes arbres au détriment nutritionnel des familles pauvres (à long terme). La pénurie de combustibles risque d'avoir les effets suivants (Sow, 1986 ; Eckholm *et al.,* 1984) :

— Le ramassage du bois, qui était autrefois une activité présentant peu de difficultés, risque de devenir un véritable fardeau pour les femmes. Est-ce que ceci aura lieu aux dépens du temps consacré aux soins des enfants ?

— Le prix du bois de chauffage va augmenter et agrandira les dépenses totales alimentaires.

— Le fait d'économiser sur le combustible aura une influence sur la préparation des repas, donc sur la nutrition : entre autres, diminution du nombre de fois où l'on préparera un repas ; raccourcissement du temps consacré à la cuisine ; consommation de plats réchauffés au lieu de plats fraîchement cuisinés ; changements dans le choix des aliments ; moins de temps et de combustible en vue de la préparation d'aliments spécifiques destinés aux nourrissons et afin de faire bouillir l'eau.

Il est inutile de dire qu'une recherche intensive de bois de chauffage signifiera un déboisement et une érosion supplémentaire et mettra en danger la production alimentaire. Il est difficile pour les familles pauvres de trouver d'autres sources de combustible. Les réchauds à kérosène, biogaz et les réchauds solaires sont seulement accessibles aux familles plus aisées. De telles innovations, comme par exemple le réchaud solaire (il s'agit des modèles les plus simples), risquent de changer radicalement les habitudes alimentaires s'il n'est plus possible de faire la cuisine tôt le matin.

On économisera peut-être de l'énergie en remplaçant le feu nu par des fourneaux fabriqués à partir de matériaux disponibles localement, comme l'argile ou la terre.

Dans quelle mesure est-ce que la production de combustible renouvelable, comme les plantations de bois, peut faire face à la demande toujours grandissante d'énergie nécessaire pour la cuisine et les activités artisanales ?

Le droit à la nourriture

Jusqu'ici la plupart des efforts réalisés en vue de l'amélioration de la situation alimentaire et nutritionnelle ont eu lieu au niveau de l'augmentation de la production alimentaire.

Selon de nombreux points de vue, ces efforts représentent un processus indispensable afin de procurer suffisamment de nourriture à un pays. Toutefois, l'augmentation de la production alimentaire en tant que telle ne signifie pas automatiquement que chacun recevra suffisamment de nourriture et aura désormais un meilleur état nutritionnel.

La prétendue révolution verte a donné des résultats impressionnants au niveau des récoltes mais n'a pas mis fin à la malnutrition parmi les classes pauvres. En ce qui concerne les effets de la production, il est nécessaire de considérer ce que Amartya Sen appelle « le droit à la nourriture », autrement dit le commandement légitime qu'une personne exerce sur les biens et les services afin d'obtenir suffisamment de nourriture (Sen, 1984) (Figure 3).

Figure 3

Le droit à la nourriture et à la nutrition

		Revenu en espèces Crédit	
Biens		Terres	
		Cheptel	
		Aide alimentaire	

Le droit à la nourriture d'une communauté → *Alimentation* → Nutrition

| *Services* | | Extension agricole
Éducation nutritionnelle
Services de Santé
Contrôle alimentaire |

Source : A. Sen — Poverty and famines, 1986.

Le droit à la nourriture dépend non seulement du niveau économique et technique de la production et de la distribution alimentaire mais également des droits vis-à-vis de l'État ou de la Communauté.

Il importe de réaliser que le droit à la nourriture au niveau familial dépend également du système de distribution alimentaire en vigueur au sein de la famille. Dans les sociétés à prédominance masculine, il est courant que la plus grande part de nourriture de meilleure qualité, comme la viande, aille à l'homme et que les enfants et les femmes en reçoivent une part plus petite.

Sciences nutritionnelles et sciences sociales : la nécessité d'une étroite collaboration

Au cours des efforts présents et à venir en vue d'améliorer la situation alimentaire et la nutrition humaine, une étroite collaboration est indispensable entre les sciences naturelles et les sciences sociales. Nous nous limiterons à la relation entre les sciences nutritionnelles et les sciences sociales.

Ceci peut se réaliser, et l'a déjà été dans une certaine mesure, à deux niveaux essentiels :

161

a) Tout d'abord au niveau de l'analyse de la situation nutrition-nelle : quelle est la nature et l'étendue du problème nutritionnel, qui est mal nourri et pourquoi ? (Figure 4).

Figure 4

Sciences nutritionnelles et sciences sociales au niveau de l'analyse de l'état nutritionnel

Signes de malnutrition

Nutritionnistes

Malnutrition

Causes directes

Nutritionnistes
Spécialistes des
sciences sociales

apport alimentaire insuffisant	→	état de santé

Causes profondes

Spécialistes des
sciences sociales
et nutritionnistes

Habitudes alimentaires
terre, cheptel, revenu,
services de santé, etc.

Causes fondamentales : systèmes économique et politique nationaux et internationaux

Les symptômes et les signes de malnutrition sont généralement étudiés par les nutritionnistes et le corps médical. Afin d'étudier les causes immédiates et profondes de la malnutrition, il est nécessaire que les nutritionnistes et les spécialistes des sciences sociales collaborent entre eux.

b) En trouvant les moyens d'arriver à une solution aux problèmes nutritionnels : par exemple, une politique alimentaire et nutritionnelle ; la production d'aliments spécifiques ; les programmes d'intervention nutritionnelle (par exemple, l'éducation nutritionnelle) ; les programmes d'alimentation supplémentaire et l'évaluation des projets.

On a maintes fois affirmé qu'une approche multidisciplinaire était nécessaire. Ceci est facile à dire : toutefois, les exemples de collaboration étroite entre les sciences naturelles et les sciences sociales sont relati-vement rares.

On possède également de bons exemples de travail et de rencontres entre nutritionnistes et spécialistes des sciences sociales. Au niveau international il existe un comité « Nutrition et Anthropologie » de l'Union Internationale des Sciences Nutritionnelles (IUNS), et la Com-mission Internationale pour l'Anthropologie de l'Alimentation de l'Union Internationale des Sciences Anthropologiques et Ethnologiques

(IUAES). Dans certains endroits, comme à l'Université Nationale du Bénin (République Populaire du Bénin), il y a une étroite relation de travail entre le Département de Technologie Nutritionnelle et Alimentaire et le Département de Sociologie et de développement Rural. Travailler en étroite coopération signifie avoir un objectif commun précis basé sur un intérêt mutuel.

Outre le facteur très important de savoir si un individu est en mesure de travailler avec des personnes dont l'arrière-plan scientifique n'est pas le même, un autre point fondamental est d'avoir une juste compréhension du mobile de chacun.

La nutrition peut être définie comme la science anthropo-biologique orientée vers l'étude de l'Homme en relation avec son alimentation. La nutrition à sa base dans les sciences naturelles et est abordée de façon quantitative par le recueil des données concernant les individus ou les catégories de la société.

Les sciences sociales traitant de l'alimentation et de la nutrition ont une approche à la fois qualitative et quantitative orientée en grande partie vers la communauté. Les problèmes nutritionnels sont étudiés dans le contexte d'une société et d'un cadre écologique déterminé.

Les sciences nutritionnelles et les sciences sociales jouent un rôle complémentaire lors de l'analyse de la situation alimentaire et nutritionnelle, et en vue de trouver les moyens d'accomplir ce qui est nécessaire et possible pour une meilleure nutrition (den Hartog et van Staveren, 1983 ; Pelto et al., 1980).

BIBLIOGRAPHIE

Armstrong W.R., McGee T.G., Dépendance alimentaire et urbanisation — développement des ressources alimentaires, *Revue Tiers Monde,* 26, n° 104, 1985, p. 823-840.

Badibanga A., L'urbanisation mimétique et l'extraversion des villes africaines, *Revue Tiers Monde,* 26, n° 104, 1985, p. 849-859.

Bisiliat J., Choix technologiques, emplois du temps, travail féminin. Dans : Bricas N. et al., (éds.). *Nourrir les villes en Afrique sub-saharienne,* p. 311-319, Paris, Éditions l'Harmattan, 1986.

Bisiliat J., Courade G., Diallo-Leguen Y., Morel A. (éds.). Femmes et politiques alimentaires. Dans : *Actes du séminaire international sur la place des femmes dans l'autosuffisance et les stratégies alimentaires,* Paris, l'ORSTOM, 1985, 741 p.

Bruinsma D.H., Witsenburg W.W., Würdemann W., *Selection of Technology for Food Processing in Developing Countries,* Wageningen, PUDOC, 1986, p. 199.

Byerlee D., The Political Economy of Third World Food Imports; the case of wheat, *Economic Development and Cultural Change,* 35, nº 2, 1987, p. 307-328.

Chambers R., Longhurst R., Pacey A. (eds.). *Seasonal Dimensions to Rural Poverty.* London, Frances Pinter, 1981.

Den Hartog A.P., van Staveren W.A., *Manual for Social Surveys on Food Habits and Consumption in Developing Countries,* Wageningen, PUDOC, 1983, 114 p.

Eckert H., Environnement infra-urbain des grandes villes africaines : Pourquoi ? *Revue Tiers Monde,* 1978, p. 149-159.

Eckholm E., Foley G., Barnard G., Timberlake L., *Fuelwood : the Energy Crisis that won't go away.* Washington, Earthscan, 1984, 107 p.

Erard P., Mounier F., *Les marchés de la faim, l'aide alimentaire en questions,* Paris, Éditions de la Découverte, 1984 215 p.

FAO, *Plan alimentaire régional pour l'Afrique,* Rome, FAO, 1980, 113 p.

Gielen G., *Le système alimentaire d'une région déficitaire au Burkina Faso,* Tilberg, Institut d'études pour le développement, 1986, 157 p.

Goody J., The Impact of the World System. In : Goody J. (ed.), *Cooking, Cuisine and Class — a study in comparative sociology,* p. 175-190, Cambridge, University Press, 1982.

Josserand H.P., Farmer's Consumption of an Imported Cereal and the Cash/Foodcrop Decision — an example from Senegal, *Food Policy,* 9, nº 1, 1984, p. 27-34.

La Bonne M., La précarité alimentaire en Afrique, *Revue Tiers Monde,* 24, nº 95, 1883, p. 589-596.

Maletnlema T.N. Food and Nutrition in National Development. In : der Haar F. (ed.), *Executing Food and Nutrition Programmes in East, Central and Southern Africa — experience and practice,* p. 11-44. Wageningen, Netherlands International Nutrition Institute, 1983.

Mellor J.W., Delgado C.L., Blackie M.J., *Accelerating Food Production in Sub-Saharan Africa,* Baltimore, Maryland, John Hopkins University Press, 1987, 448 p.

Mellor J.W., Food Aid : Reflection of a Decade of Action. *Food and Nutrition,* 10, nº 1, p. 91-104.

Odéyé M., Bricas N. A propos de l'évolution des styles alimentaires à Dakar. Dans : Bricas N. *et al., Nourrir les villes en Afrique sub-saharienne,* p. 179-195, Paris, Éditions l'Harmattan, 1986.

Pelto G.H., Jerome N.W., Kandel R.F., Methodological Issues in Nutritional Anthropology, p. 47-59. In : Jerome N.W. ; Kandel R.F., Pelto G.H. (eds.). *Nutritional Anthropology — Contemporary Approaches to Diet and Culture,* New York, Redgrave, 1980.

Rahman F.H., A Bigger Pie to Share and Bigger Gaps between Haves and Haves-not. Highlights of FAO's Fifth World Food Survey. *Ceres,* 1985, 18, nº 6, p. 17-26.

Schurch B., Favre A., *Urbanisation and Nutrition in the Third World — an annotated bibliography,* Lausanne, Nestlé Foundation, 1985, 160 p.

Sen A., Food Battles : Conflicts in the Access to Food. *Food and Nutrition,* 1984 10, nº 1, p. 81-89.

Sow F., Les femmes et les projets d'énergie au Sénégal : impact sur le travail féminin et le bien-être familial. *Rapport de Coopération Technique,* Genève, ILO, 1986.

Stevens T.W., After the Famine, Food Aid Policy and Management Issues in Sub-Saharan Africa. *Food Policy,* 1986, 11, nº 3, p. 193-196.

Sudrie O., Dépendance alimentaire et urbanisation en Afrique sub-saharienne. *Revue Tiers Monde,* 1985, 26, nº 104, p. 861-878.

Teitelbaum J.M., Human versus Animal Nutrition : a development project among Fulani cattlekeepers of the Sahel of Senegal. In : Fitzgerald T.K., *Nutrition and Anthropology in Action,* p. 125-140. Assen/Amsterdam, van Gorcum, 1977.

Teokul W., Payne P., Dugdale A., Seasonal Variations in Nutritional Status in Rural Areas of Developing Countries : a review of the literature. *Food and Nutrition Bulletin,* 1983, nº 4, p. 7-10.

Van den Briel-van Ingen T., *Guidelines for Dairy Food Aid.* Wageningen, The Netherlands Nutrition Foundation, 1985, 54 p.

PARTICIPATION POPULAIRE
ET DÉVELOPPEMENT A LA BASE

L'expérience nigérienne de la Société de Développement

Michel KEITA

Le Niger est un pays sahélien enclavé, situé à 1 000 kilomètres de la mer et couvrant une superficie de 1 267 000 km². Il comporte quatorze zones agroclimatiques allant du Sahara au Nord jusqu'à la zone soudanienne comprise entre les isohyètes 350 mm et 850 mm au Sud. Cette zone soudanienne tend d'ailleurs à s'amenuiser car les isohyètes tendent à glisser vers le Sud. Les terres agricoles couvrent 8 % de la superficie totale et les terres effectivement cultivées représentent 2,6 %. La zone agricole comprend des sols sablonneux, carencés en phosphore et en matière organique, appelés couramment sols dunaires, et des sols argileux de cuvettes et bas-fonds généralement plus fertiles.

On observe une saison humide comprise enre mai et octobre et une saison sèche pour le reste de l'année. Les précipitations sont très variables d'une année à l'autre. La température moyenne annuelle varie de 24° C en décembre-janvier à 40° C en avril.

La zone nord, comprise entre les isohyètes 100 mm et 350 mm, est peuplée de nomades qui pratiquent l'élevage transhumant.

Population

La population du Niger est de l'ordre de 6 000 000 habitants dont 80 à 90 % sont considérés comme population rurale. Cette population progresse actuellement à un rythme voisin de 3 % par an ; 7 % en milieu urbain et environ 2 % en milieu rural.

La densité moyenne de cette population est de 4,6 habitants au kilomètre carré par rapport à la superficie totale et de 163 habitants/km² par rapport à la superficie cultivée.

Situation économique

L'économie nigérienne connaît une baisse sensible en raison de la chute du prix de l'uranium ; l'encours de la dette publique extérieure est estimée à environ 330 milliards de francs CFA en 1987. Le Fonds National d'Investissement (FNI), qui s'élevait à 26 milliards de Fr. CFA en 1980, a été ramené à 7 milliards en 1987.

Le produit intérieur brut (PIB) est estimé à 715 milliards de F CFA en 1986. Le PNB par habitant était de 240 dollars US en 1983 avec un taux de croissance de 2,8 % inférieur au taux de croissance de la population de 3,1 %.

Le budget de l'État pour l'exercice 1986-1987 équilibré en recettes et dépenses a été arrêté à la somme de 133 milliards de F CFA.

Situation agricole

La superficie totale cultivée annuellement est d'environ 3 550 000 hectares, dont 10 000 ha sous irrigation. Les principales cultures sont celles du mil, du sorgho et du haricot niébé. Elles couvrent 90 % de la surface cultivée et assurent en année de bonne pluviométrie l'autosuffisance alimentaire du pays. Après un grave déficit alimentaire en 1984-1985, la production agricole s'est améliorée grâce à une meilleure pluviométrie.

La ration alimentaire, qui est chiffrée à 2 300 calories, est assurée pour 80 % par les céréales (mil-sorgho) et 20 % par d'autres produits de l'agriculture et de l'élevage.

Élevage

Le cheptel, qui a beaucoup souffert à cause de la sécheresse de 1984, est en voie de reconstitution. L'élevage est la seule ressource des populations vivant dans les zones arides. Le système d'exploitation est encore basé sur la transhumance.

L'élevage représente environ 25 % du PIB agricole et sa production est contrôlée par une population représentant 19 % de la population rurale.

Politique de développement rural

En raison des aléas climatiques, le gouvernement du Niger encourage la mise en place de périmètres irrigués pour garantir un minimum de production même en cas de sécheresse. Mais le coût des investissements pour ces aménagements est très élevé.

L'apport des cultures irriguées étant considéré comme un complément, l'effort est porté sur le développement des cultures pluviales dans le cadre de projets communément appelés « projets de productivité ». Dans le cadre de ces projets, la stratégie consiste à mettre en œuvre des opérations de petite envergure pouvant être gérées et entretenues par les bénéficiaires.

Un autre aspect important de la politique de développement rural est *la lutte contre la désertification* et la sauvegarde du patrimoine foncier.

Les institutions de développement rural

La « Société de Développement »

Cette société repose sur des structures de consultation, de concertation et de participation constituées par la population organisée en associations socio-professionnelles, en *samarya,* Groupements Mutualistes Villageois (GMV), etc.

Au niveau du village, elle s'appuie sur le Conseil Villageois de Développement (CVD). Au niveau du canton, c'est le Conseil Local de Développement (CLD) présidé par le Chef de Canton. Au niveau de l'arrondissement c'est le Conseil Sous-Régional de Développement (CSRD), présidé par le sous-préfet et auquel sont conviés les chefs des services techniques d'arrondissement. Au niveau départemental, c'est le Conseil Régional de Développement (CRD), présidé par le préfet et qui regroupe les représentants des CSRD. Enfin, au niveau national, c'est le Conseil National de Développement (CND), présidé par le président du CND et qui regroupe les représentants des CRD, des associations socio-professionnelles et des fonctionnaires.

Les comités techniques régionaux

Il existe un comité technique au niveau de chaque arrondissement (COTEAR) et un au niveau de chaque département (COTEDEP). Ces comités sont respectivement présidés par les sous-préfets et les secrétaires généraux adjoints de préfecture et comprennent les représentants des différents services qui existent au niveau des arrondissements ou des départements. Ils apportent leur appui technique aux préfets et aux sous-préfets.

Les ministères

La politique de développement rural est mise en œuvre par :
— Le ministère du Plan pour ce qui est des micro-réalisations.
— Le ministère de l'Agriculture pour ce qui est des projets du secteur rural et pour la recherche agronomique.
— Le ministère de l'Hydraulique et de l'Environnement pour ce qui est de la reforestation et de l'hydraulique.

Le ministère du Plan

En plus de la coordination des actions des autres ministères, le ministère du Plan s'occupe de la programmation des micro-réalisations ainsi que de la recherche de leur financement.

Le ministère de l'Agriculture

Est responsable de la mise en œuvre de la politique agricole dont l'exécution est confiée aux différentes directions spécialisées qui sont :
— la Direction de la Production Agricole (DPA), qui s'occupe de la vulgarisation agricole ;
— la Direction du Génie Rural, qui s'occupe des aménagements hydro-agricoles, des travaux de CES/DRS, des constructions rurales ;
— la Direction des Études, de la Programmation et des Statistiques, qui s'occupe de la programmation des études et du suivi-évaluation des projets ;
— la Direction des Affaires Administratives et Financières, qui s'occupe de la gestion administrative et financière.

L'Union Nationale des Coopératives (UNC)

L'UNC a remplacé l'Union Nationale de Crédit et de Coopération (UNCC) qui a été dissoute en 1984. Bien que ses attributions ne soient pas encore clairement définies, on peut dire qu'elle s'occupe de l'organisation du mouvement coopératif et de la commercialisation de la production. Elle est représentée au niveau de tous les départements et arrondissements.

Le crédit agricole

Le crédit agricole était géré par la Caisse Nationale de Crédit Agricole (CNCA), créée à partir de 1968. Cette caisse consentait des avances de commercialisation à l'UNCC, l'OPUN, la SONARA

(Société Nigérienne de Commercialisation des Arachides). Elle préfinançait aussi l'achat des intrants et équipements agricoles. Malheureusement, sa situation financière est devenue désastreuse et elle a maintenant cessé toute activité.

L'Institut National de Recherche Agronomique (INRAN)

Il est placé sous tutelle du ministère de l'Agriculture. Il est chargé de la recherche agricole. Son siège est à Niamey. Il dispose de laboratoires à Tarna et à Niamey et de stations de recherche en plusieurs endroits du pays.

Formation agricole

Elle est dispensée au niveau national par :
— L'École Nationale Supérieure d'Agronomie (ENSA), située à Niamey et qui forme des ingénieurs d'application.
— L'Institut Pratique de Développement Rural (IPDR) de Kollo, qui forme les agents techniques et les techniciens du développement rural (TDR).

L'Office National des Aménagements Hydro-Agricoles (ONAHA)

Créé en 1979, il remplace le Génie Rural dans le domaine des travaux d'aménagements hydro-agricoles et l'UNCC dans celui de la gestion des périmètres. Il dispose de trois directions régionales situées à Niamey, Tahoua et Tillabery.

L'Office des Produits vivriers du Niger (OPVN)

Il est chargé de la commercialisation des produits vivriers — mil, sorgho — qu'il achète au prix officiel pour desservir les centres urbains et les zones déficitaires. L'OPVN dispose de nombreux magasins de stockage. Il collabore avec l'UNC pour l'achat des céréales auprès des coopératives. Il gère le stock de sécurité nationale (120 000 tonnes) et tente de stabiliser le marché céréalier. Cependant, il n'intervient que sur 20 % des céréales commercialisées, soit environ 4 % de la production.

La Société Nigérienne de Commercialisation des Arachides (SONARA)

Initialement, elle était chargée de la commercialisation des arachides. Depuis que cette production est en baisse, elle s'occupe de la commercialisation du niébé et même des oignons.

Le Riz du Niger (RINI)

Il est chargé de l'usinage et de la commercialisation du riz local en liaison avec les coopératives. Il est actuellement confronté à des problèmes de commercialisation en raison de la concurrence du riz extérieur et du fait d'un manque de crédit de commercialisation.

L'Office des Eaux du Sous-Sol (OFEDES)

Il est chargé de la construction et de l'entretien des puits et forages sur l'ensemble du territoire national. Il fait de plus en plus appel à la participation villageoise en raison du nombre d'ouvrages et des contraintes financières.

La CFDT

Elle détient le monopole de la production du coton pour laquelle elle assure l'encadrement technique. Elle dispose d'usines d'égrenage au niveau local. Depuis la suppression de l'UNC, elle travaille en liaison avec l'ONAHA.

PROBLÉMATIQUE ET PARADOXE

La problématique d'une étude des méthodes d'amélioration des systèmes de gestion des ressources physiques, naturelles, humaines, technologiques, environnementales et financières, faisant appel surtout aux initiatives locales, au savoir traditionnel et à la participation populaire en vue d'assurer un développement rural intégré et soutenu dans les pays du Sahel, est rendue particulièrement difficile par le fait qu'elle suppose un exercice intellectuel en contradiction formelle avec la réalité de l'expérience vécue en ce domaine par les systèmes agro-pastoraux sahéliens.

En effet, depuis un demi-siècle, sinon un siècle, dans le cadre des territoires coloniaux puis celui des États indépendants, les paysans et éleveurs sahéliens, leurs systèmes de production et de reproduction ont été soumis à une logique tendant à étouffer les initiatives locales, à occulter le savoir traditionnel et réduire la participation populaire à la seule adhésion aux programmes et projets conçus et exécutés par des niveaux centraux de décision politique, économique et technique.

Cette problématique réelle vécue par la paysannerie sahélienne et que pourrait résumer la formule « comment réduire les logiques paysannes à la logique étatique » devait bien finir par avoir ses effets, parmi lesquels on compte le développement de l'État, ses structures et parastructures, ses interventions au détriment du développement des communautés de base, de leur capacité d'initiative et de gestion, d'accumulation technologique et de productivité.

De même que la production agricole est au centre de toute approche visant à la sécurité en matière alimentaire, que l'agriculture est la base objective des économies sahéliennes et la ruralité une des caractéristiques socio-économiques fondamentales des pays sahéliens, les ressources relatives à la sécurité alimentaire ne sont ni plus ni moins que l'ensemble des ressources nationales d'un État sahélien.

Aussi l'interventionnisme public et l'ingérence étatique n'ont-ils épargné, au cours des dernières décennies, aucun secteur de l'économie nationale, aboutissant à éroder même la maîtrise par les producteurs ruraux et leurs groupements de base (familles, campements, villages) des ressources directement à leur portée qu'il s'agisse de la terre (organisation territoriale, découpages administratifs, aménagements hydro-agricoles), de la végétation (politique forestière, réglementation forestière), de l'eau (hydraulique pastorale) et même de la force de travail (scolarisation obligatoire puis nécessaire, migrations de travail, exode rural), des échanges (fixation des prix des produits, réglementation de la circulation des céréales ou du bétail), des facteurs de production (approvisionnement en intrants).

Ces interventions et leurs mesures d'accompagnement, notamment dans les secteurs socio-éducatifs et des coopératives, ont nécessité la mise en place d'un appareil institutionnel impressionnant doté de textes réglementaires et d'organes d'exécution aussi variés que nombreux, en charge de concevoir, de gérer et d'exécuter la politique poursuivie à travers une multitude d'organismes publics et para-publics, de programmes (à couverture nationale et/ou régionale), de projets (à caractère régional ou local), d'opérations (à une ou plusieurs cibles) et de réalisations (ponctuelles ou reproductibles).

Le bien-fondé de ces interventions et leur justification, qui ont pu correspondre à une nécessité historique de consolidation de l'État et de construction de la nation, sont moins en cause, d'une part, que la limite de leur impact et, d'autre part, leur effet sur la perception socio-culturelle par les populations rurales du rôle de l'État et de la marge de manœuvre dont elles pouvaient disposer en matière de maîtrise de leur environnement et de projection de leur devenir.

L'étendue du territoire national, les formes d'occupation de l'espace, l'ampleur des besoins et leur diversité, l'importance des moyens financiers nécessités par les programmes étatiques d'intervention en matière de développement sont autant de facteurs externes de la limitation de leur impact.

Nombreux sont les facteurs internes qui limitent l'impact des programmes étatiques et contribuent à leur rigidité techno-administrative : la non-prise en compte de la capacité d'initiative et de participation locale des populations, intégrées à leur terroir et intégrant leur histoire ; la négation de toute valeur scientifique à un savoir traditionnel enraciné dans son milieu et évoluant avec lui. On peut aussi mentionner le refus de prendre en considération les variations à échelle réduite des conditions écologiques et culturales, celle des modes de faire-valoir et des pratiques foncières. Ainsi, dans le même temps que la richesse nationale ajoutée des emprunts, subventions et dons extérieurs était ponctionnée en vue du financement des politiques et programmes d'intervention étatiques, leur cible énoncée, les créateurs de cette même richesse, les producteurs ruraux, continuaient-ils une évolution quasi-autonome, notamment dans les aspects essentiels de la production et des échanges.

L'évolution du monde rural pris comme un ensemble, à la limite d'impact des politiques et programmes étatiques, s'est traduite par les phénomènes suivants :

— maintien d'une agriculture extensive, peu outillée ; manuelle avec pour corollaires la consommation et la dégradation des espaces, la remontée des cultures vers le Nord dans les zones marginales et à hauts risques ;

— maintien d'un élevage extensif, de simple gardiennage et de recherche des pâturages et de l'eau avec pour effets la destruction du couvert végétal et le surpâturage dans la zone pastorale, d'où une descente des troupeaux vers le Sud, dans les zones agricoles.

Deux facteurs vont accentuer et accélérer ces effets : la croissance naturelle d'une population dont l'état de santé général s'est amélioré continuellement et la perturbation des conditions géo-climatiques aboutissant à la baisse et l'irrégularité du régime des pluies. Alors même que la croissance démographique et le développement urbain vont accroître la demande alimentaire, le morcellement des exploitations familiales sans intensification culturale, la colonisation de nouvelles terres utilisées pour des cultures extensives vont entraîner la baisse de fertilité des sols et la destruction du maigre couvert végétal, principale source d'énergie pour la consommation. Enfin, les crises écologiques et alimentaires graves et successives de 1973-1974 et 1984-1985 vont donner à cet ensemble de causes et conséquences une ampleur considérable en même temps qu'elles vont entraîner la prise de conscience du premier terme du paradoxe de la politique nigérienne de développement rural.

Le second terme est mis en évidence par les phénomènes suivants :

— la fragilité des écosystèmes rendant aléatoire l'utilisation des principaux intrants (engrais chimiques, culture attelée) en dehors des zones privilégiées très localisées (mares, bas-fonds, périmètres irrigués) alors même que la faiblesse des revenus en limitait l'accès à un nombre réduit de producteurs ruraux ;

— les fluctuations d'une production dépendant pour l'essentiel de conditions climatiques hasardeuses qui rendent illusoire toute politique de prix alors même que les arbitrages sont toujours à faire entre la protection des producteurs et/ou celle des consommateurs ;

— les variations saisonnières de l'offre et la demande des produits agricoles conjuguées à celles des besoins en numéraire des paysans et éleveurs ;

— l'injection périodique des stocks d'aide alimentaire rendant vaine toute tentative d'organisation pérenne d'un marché fonctionnel reposant sur la concurrence ou la complémentarité entre organismes publics, coopératifs et privés ;

— les coûts d'investissement qui rendent prohibitif le financement de la réalisation des aménagements hydro-agricoles alors même que les charges d'amortissement posent problème et que l'écoulement des principales spéculations (riz, coton, blé) connaît des difficultés.

La prise de conscience du paradoxe de la politique nigérienne de développement rural sera aiguisée par la détérioration de l'environnement économique national et international, comme en fait état la déclaration du Premier ministre Hamid Algabit à l'occasion de la réunion de la Table Ronde des bailleurs de fonds (Niamey du 30/03 au 04/04/1987) :

> « Mon pays, le Niger, connaît depuis 1981 une situation difficile dont les conséquences à moyen et long termes sont encore plus redoutables que les effets immédiats financiers, économiques et sociaux que nous avons maîtrisés ensemble. »

En effet, si de 1975 à 1980 le Niger a connu une croissance moyenne de son PIB de l'ordre de 7 % par an, dès 1981 la tendance s'est inversée sous les effets conjugués de plusieurs facteurs :

— la chute des cours de l'uranium ;

— les mauvaises campagnes agricoles de 1983 et 1984 ;

— l'arrivée à l'échéance des dettes contractées pendant la période de croissance.

A partir de 1983 le Service de la Dette dépasse 40 % du budget de l'État alors que les recettes des principaux produits exportés (uranium, bétail) diminuent des deux tiers. A la situation tendue des finances publiques s'ajoute le ralentissement de l'activité productive intérieure. Le PIB a chuté de 4 % en 1983 et de 16 % en 1984. Les contraintes structurelles au développement du Niger se font donc sentir d'une façon exceptionnelle depuis 1981.

La situation que je viens de décrire signifie que le Niger est sur le chemin de son développement, face à des défis majeurs qui sont :

175

— Tout d'abord, le déséquilibre entre la croissance démographique, qui signifie croissance des besoins, et la capacité de faire face à ces besoins : en l'an 2000 le Niger aura plus de 10 millions d'habitants. Les besoins alimentaires en équivalent-céréale seront de l'ordre de 2 000 000 tonnes à raison de 250 kg/an et par habitant.

Sur la base des tendances actuelles, le déficit théorique est compris entre 600 000 et 1 000 000 tonnes. A cette situation purement quantitative s'ajouteraient les problèmes de la structure démographique : la population sera essentiellement jeune (puisque 60 % auront moins de 25 ans) et près de 50 % de celle-ci sera urbanisée.

— Ensuite, le défi écologique : si la dégradation du potentiel agropédologique et forestier continue selon le rythme actuel, le tiers des terres cultivables et la moitié des terres cultivées seraient perdues en l'an 2000 ou n'auraient que des rendements insignifiants.

— Enfin, le principal défi humain de l'avenir, le défi de la jeunesse : notre structure démographique fait que les 5 à 25 ans font plus de 70 % de la population. Cette tranche d'âge concentre en elle-même et dans sa vie quotidienne l'essentiel des problèmes de développement qui ont pour nom :

— l'insuffisance de l'éducation de base ;
— les risques alimentaires liés à la malnutrition ;
— le sous-emploi ;
— le manque de savoir-faire technologique si indispensable à toute intégration au monde moderne ;
— l'important déficit de logement en milieu urbain.

Il est connu de tous que, pour être viable, toute société humaine doit, avant tout, compter sur sa jeunesse : c'est en elle que réside la capacité d'autodéveloppement de demain et, en ce qui nous concerne, les perspectives de concrétisation de la société de développement.

C'est dans l'évolution parallèle du monde rural et des politiques et programmes étatiques que réside le paradoxe du développement rural nigérien tel que mis en œuvre depuis la colonisation et, plus particulièrement, ces trente dernières années. Tout au long de cette période, le monde rural a mis au point des réponses aux situations nouvelles et critiques qui l'assaillaient, mais limitées par les moyens à sa disposition et bien en deça de l'ampleur des problèmes. Dans le même temps, les politiques et programmes étatiques affinaient leurs méthodes d'intervention et capitalisaient l'expérience de quelques succès ponctuels mais surtout de leur échec global.

C'est ce constat de l'échec devenu évident qui va permettre la remise en cause non pas des objectifs sectoriels du développement rural mais de son orientation et ses applications.

A partir de 1979, un processus de réflexion, de bilan, concrétisé par des séminaires nationaux, est engagé en vue de répondre à l'ampleur nouvelle des défis du développement. Il va déboucher rapidement sur le constat de l'équation paradoxale de la politique de développement rural et la nécessité d'élaborer une problématique nouvelle tendant à réconcilier l'évolution du monde rural et celle des politiques et programmes étatiques. L'élaboration de cette nouvelle problématique s'organise autour de la réponse à un certain nombre de questions, notamment :

Comment restituer aux producteurs ruraux la maîtrise du potentiel d'institutions, de structures et d'infrastructures élaboré à travers la mise en place des politiques et programmes étatiques ?

Comment susciter l'initiative locale et catalyser les savoirs et expériences des producteurs ruraux au profit de la protection de l'environnement et l'intensification de la production agricole ?

Comment enraciner la participation populaire au développement comme une donnée socio-économique majeure et un fait politique significatif de la vie nationale ?

Ces questions rejoignent pleinement celle posée à ce séminaire : Comment améliorer les méthodes de gestion des ressources relatives à la sécurité alimentaire ?

Toutefois, cette série de questions s'est imposée et a été analysée dans le contexte nigérien sous un angle prospectif. L'importance de ces questions et la profondeur de leurs implications ont contribué à l'élaboration du projet de société de développement comme le cadre global de la recherche et de l'organisation des réponses aux questions posées.

GENÈSE DE LA SOCIÉTÉ DE DÉVELOPPEMENT

Le Niger est un pays continental et sahélien caractérisé par la localisation à forte prédominance rurale (90 %) de sa population. Cette situation a fortement orienté les préoccupations de l'État dans la recherche des formes et moyens de satisfaction des besoins essentiels des producteurs ruraux, base de l'économie nationale. La limitation objective des moyens de l'État et la perception juste de la nécessité d'une mobilisation des populations et de leur adhésion aux objectifs de la construction nationale ont de tout temps marqué l'effort d'articulation de la planification du développement aux moyens et aspirations de la base.

De même, le contexte d'une économie sous-développée et d'une agriculture sous-équipée, l'état d'analphabétisme et la croissance démographique ont conduit à l'élaboration d'une approche globale sous-tendue par des interventions sectorielles en vue de la réalisation des objectifs d'indépendance économique, d'autosuffisance alimentaire et d'amélioration du niveau de vie des masses. Dans cette voie, deux décennies de développement (1960-1980) ont abouti certes à des résultats inégaux suivant les secteurs, à des ruptures d'orientation et des révisions de choix. Cependant la ligne principale se dessine nettement d'une démarche tendant à l'organisation conséquente de l'appareil administratif et de la politique économique, à la dynamisation des systèmes de production agricole et la responsabilisation d'un secteur industriel et commercial national, à la formation des ressources humaines.

L'instauration de la société de développement s'inscrit dans le fil de cette ligne principale, dont elle apparaît comme un aboutissement et un dépassement. En tant qu'aboutissement, elle est le résultat de l'expérience cumulative politique, économique, culturelle et sociale du peuple nigérien. En tant que dépassement, la société de développement représente le cadre institutionnel d'expression de l'effort national vers le progrès et consacre la dimension nouvelle de développement national comme un fait politique fondé sur la « démocratie participative » et transcrit dans la Charte Nationale en son Titre I, Chapitre I, Section 4 :

> « La Consultation, la Concertation et la Participation constituent les principes de base de la Société de Développement. La participation en est l'un des objectifs essentiels. Il s'agit de faire en sorte que tous les citoyens soient partie prenante dans la gestion des affaires publiques, de permettre aux communautés de base de prendre en charge leurs propres affaires et de donner à tous la possibilité de s'exprimer sans discrimination ni exclusive aucune.
>
> Les institutions de la Société de Développement ont pour ressort la démocratie participative, c'est-à-dire la participation populaire la plus large et la plus effective. Pour ce faire, il faut qu'une éthique de la démocratie soit instaurée afin que la participation puisse se développer pour devenir un acquis du peuple. D'essence démocratique, la participation englobe toutes les couches sociales et concerne tous les aspects de la vie nationale. Elle se fera par l'instauration d'un dialogue égalitaire entre toutes les catégories sociales. »

Une périodisation de l'expérience nigérienne et une lecture de la politique actuelle du Niger en matière de développement conduisent au constat qu'il y a eu dans l'expérience nigérienne de développement un passage de la notion de participation populaire à celle de développement à la base. La notion de participation populaire conservait le rôle moteur d'incitateur de développement national à l'État et à ses structures et parastructures qui encadrent le monde rural, l'assistent et œuvrent à susciter en son sein les réflexes de la participation. L'application de cette notion de participation populaire est une caractéristique fondamentale de la période 1960-1980 de notre histoire récente.

La notion de développement à la base privilégie celle-ci comme acteur principal ; elle suppose un transfert réel des responsabilités, des compétences et des moyens de réalisation des « objectifs » à son niveau. Elle connote une transformation du rôle de l'État dans le sens d'une inversion des pouvoirs de décision au profit des communautés de base et des forces sociales, de leurs organisations et leurs structures dans le cadre de la société de développement.

Perçue dès 1974 comme un objectif majeur, l'application de la notion de développement à la base est contemporaine du processus démarré en 1979 de mise en place de la société de développement, elle s'affine à travers l'exercice de consultation et de concertation, qui aboutira par la participation à l'installation en 1983 du Conseil National de Développement.

Depuis 1979, l'application de la notion de « développement à la base » s'est précisée à travers l'organisation des débats nationaux sur : « l'École nigérienne » (Zinder, mars 1982) ; « les Stratégies d'Intervention en Milieu rural » (Zinder, novembre 1982) ; « la Santé » (Maradi, mars 1983) ; « la Désertification » (Maradi, mai 1984) ; « l'Élevage » (Tahoua, avril 1985). Elle s'est confortée à travers la pratique de la « démocratie directe » initiée par le Président du Conseil National de Développement lors de ses rencontres à Tesker, N'Gurti, Torodi et Gossi avec des hommes et des femmes de toutes conditions du Niger profond.

Elle s'est renforcée à travers l'élaboration de la Charte Nationale qui stipule en son Titre III, Chapitre VII : « ... l'orientation nigérienne du développement rural est celle d'un développement à la base ».

La conjonction en 1983-1984 d'une crise économique nationale et internationale marquée par une récession sévère et d'une crise écologique, traduite par une sécheresse recrudescente ayant menacé les cadres même de l'appareil productif et de l'organisation sociale, a accéléré l'application de la notion de développement à la base par la responsabilisation du mouvement coopératif à tous les niveaux, l'amplification des cultures de contre-saison et l'élargissement de l'option pour les micro-réalisations.

Au Niger, par opposition aux cultures vivrières ou commerciales dont la période de production se situe pendant l'hivernage (mai-juin à septembre-octobre), ce qui justifie leur nom de « cultures pluviales », les cultures de contre-saison sont basées sur l'irrigation et entreprises pendant la saison sèche, à savoir d'octobre à fin mai. Elles peuvent recouvrir des espèces végétales aussi multiples que le riz, le coton, le blé, le maïs, le niébé, le manioc et tous les produits maraîchers.

Pratiquées en certains endroits de façon traditionnelle, elles ont connu un développement soudain en raison de l'orientation de la politique agricole en vue de pallier notamment les effets des aléas climatiques sur le système cultural. L'implantation de sites de contre-saison dépend essentiellement des potentialités hydrologiques locales ; on en trouvera donc au bord des mares permanentes ou temporaires, dans les cuvettes et les bas-fonds ; sur les berges des fleuves ou dans le lit des *koris* ; sur les terrains où la nappe est facilement accessible.

Les micro-réalisations s'intègrent dans les grandes orientations nationales et poursuivent, au niveau local, les objectifs sectoriels de leur domaine d'intervention.

Elles interviennent principalement pour l'atteinte des objectifs suivants :
— la recherche de l'autosuffisance alimentaire ;
— la défense et la restauration de l'environnement ;
— l'équipement en infrastructures socio-économiques de base (hydraulique, santé, éducation et formation, artisanat et petite industrie, pistes rurales, habitat et assainissement, etc.)

De fait, les cultures de contre-saison sont un volet des micro-réalisations.

Aussi, l'amplification des cultures de contre-saison a-t-elle eu pour effet de multiplier et intensifier les interventions de type de micro-réalisations. Les micro-projets existent aujourd'hui en nombre important et leur financement, s'il peut être le fait d'organismes bilatéraux ou multilatéraux, est, dans de multiples cas, assuré par des organisations non gouvernementales (ONG), l'État ou les collectivités locales des sites concernés. Ils se caractérisent par des charges récurrentes faibles, une technologie adaptée aux besoins locaux, une participation active des groupes concernés.

La mobilisation et la détermination des populations observées sur les sites de cultures de contre-saison lors des campagnes 1983 et 1984, les enseignements tirés de cette opération ont accentué la conviction que la motivation des populations et la prise en compte de leurs aspirations sont une donnée capitale dans la conduite des actions de développement rural. De fait, les micro-réalisations se définissent moins par leur taille que par leur capacité à prendre en compte la dimension du développement à la base et à s'intégrer au système socio-économique du pays. La périodisation établie de l'expérience du Niger n'oppose pas les notions de « participation populaire » et de « développement à la base », du moins elle ne les oppose ni en tant que notions ni dans l'absolu.

Elle les oppose en ce qui les distingue à l'échelle nigérienne — à savoir, leur contexte historique, leur contenu socio-économique, leur dimension politique qui diffèrent. En effet, les notions de « participation populaire », de « développement participé », de « développement communautaire », de « développement local », issues d'une approche conceptuelle convergente, sont complémentaires sinon équivalentes et même interchangeables. Elles se distinguent toutefois par leur contexte réel d'application, leur traduction en programmes concrets et la volonté politique qui les porte, d'où la diversité et la richesse des expériences historiques dans ce domaine à l'échelle d'un même pays comme à l'échelle du monde.

INSTITUTIONS DE LA SOCIÉTÉ DE DÉVELOPPEMENT

Depuis 1979, le Niger œuvre à la mise en place de la société de développement en vue de responsabiliser les populations pour qu'elles deviennent véritablement les initiateurs, les acteurs et les principales bénéficiaires du développement. Le principe est que le développement sera réalisé désormais grâce à la dynamisation des organisations de la société de développement pour réduire les charges récurrentes des projets, orienter le processus d'accumulation vers un développement villageois plus apte à s'auto-entretenir. Cette orientation doit permettre une harmonieuse symbiose de l'agriculture et de l'élevage, réduire le phénomène de dégradation de l'environnement immédiat de l'habitat rural.

La samarya

La *samarya* est une structure de transition entre la famille et le village, dont le rôle principal est d'assurer la mobilisation de tous les jeunes, mais aussi de toutes les communautés villageoises par la création et la promotion d'un esprit de fraternité, de solidarité et d'entraide entre les différentes couches sociales.

Au titre des réalisations concrètes de la *samarya* on peut citer : la construction de 2 160 classes (1975-1985), 1 674 km de pistes rurales, 53 Maisons de Jeunes et la plantation de plus de 2 643 800 arbres dans le cadre de la lutte contre la désertification, sans compter les activités artistiques et culturelles.

Les coopératives

Le Niger étant un pays essentiellement rural où près de 90 % de la population est employé dans la production agro-pastorale et arti-sanale, toute stratégie de développement demeure donc tributaire de la promotion des agriculteurs éleveurs et artisans. La finalité du mouvement coopératif est de permettre aux paysans d'autogérer leur structure et de contribuer à la réalisation de l'objectif d'autosuffisance alimentaire.

Les groupements mutualistes villageois ou pastoraux, les coopératives et les unions locales, sous-régionales, régionales, l'Union Nationale des Coopératives (UNC), forment l'ossature pyramidale du mouvement coopératif dans notre pays. C'est à travers ces structures que sont menées l'ensemble des actions coopératives décidées par les paysans dans les différentes assemblées. Il s'agit principalement de :
— l'approvisionnement en intrants ;
— la commercialisation des produits agro-pastoraux et artisanaux ;
— la promotion de la formation ;
— la désertification ;
— la mise au point et l'exécution de projets directement gérés par les bénéficiaires.

L'UNC, mise en place en avril 1974, regroupe 7 Unions Régionales des Coopératives (URC), 40 Unions Sous-Régionales des Coopératives (USRC), 213 Unions Locales des Coopératives (ULC) et 1 167 Coopératives regroupant 10 628 Groupements Mutualistes (MG).

La philosophie d'encadrement du mouvement coopératif est basée sur l'autogestion faisant une large place à l'auto-encadrement paysan. Il est à noter que les structures de gestion jouent très peu leur rôle, particulièrement aux échelons inférieurs (GM, Coopératives et ULC).

Les activités entreprises par l'Union de 1984 à 1986 portent sur :
— la formation des paysans (11 368 paysans formés) ;
— la vulgarisation ;
— la récupération et distribution des semences d'urgence ;
— la commercialisation primaire des produits agricoles ;
— les activités promotionnelles (banque céréalière, boutique, pharmacie coopérative) ;
— l'artisanat.

La *samarya* et les coopératives occupent 50 % des sièges au sein des différents Conseils de Développement depuis le niveau du village jusqu'au niveau de la nation.

Les associations socio-professionnelles

Pour faire de la participation populaire une réalité, assurer le progrès, préserver la paix sociale, les associations socio-professionnelles prennent une part active à l'ensemble des opérations relatives au développement. Représentées au sein des Conseils de Développement, elles œuvrent à la promotion économique. Il s'agit notamment de :
— l'Association des Femmes du Niger (AFN) ;
— l'Union des Syndicats des Travailleurs du Niger (USTN) et d'autres syndicats corporatifs ;

— l'Association islamique du Niger (AIN) ;
— l'Association des Anciens Combattants et Victimes de Guerre ;
— l'Association des Artistes musiciens et chanteurs.

Les instances de la société de développement

La société de développement possède des structures institutionnelles comportant de bas en haut cinq niveaux et, à chaque niveau, un Conseil dont les membres sont démocratiquement élus.

1) Dans le village ou la tribu, le Conseil Villageois ou de tribu de Développement (CVD) s'occupe de toutes les actions de développement économique, social, culturel du village dont les attributions sont d'ordre fiscal, administratif et judiciaire.

2) Au niveau du canton ou du groupement on trouve le Conseil Local de Développement (CLD). Au niveau du CLD, 50 % des sièges vont aux *samaryas* et aux coopératives. Le Conseil est présidé de droit par le chef de canton ou de groupement. Les attributions du chef de canton sont celles du chef de village sauf les attributions d'ordre fiscal. Le Conseil, pour sa part, s'occupe de toutes les actions de développement économique, social et culturel au niveau du canton ou du groupement.

3) Au niveau de l'arrondissement ou de la commune se trouve le Conseil Sous-Régional de Développement (CSRD). Émanation du CLD, il est présidé de droit par le sous-préfet d'arrondissement ou le maire de la commune. Le CSRD s'occupe de toutes les actions de développement au niveau sous-régional.

4) Au niveau du département, le Conseil Régional de Développement (CRD) est présidé par le préfet. Il comprend les sous-préfets, les maires, les représentants des chefferies traditionnelles, les *samaryas,* les mouvements coopératifs et les organisations sociales et socio-professionnelles. Ses attributions sont au niveau du département, celles du CSRD au niveau de l'arrondissement ou de la commune.

5) Le Conseil National de Développement (CND) comprend environ 150 membres provenant de la base, des bureaux nationaux, des organisations socio-professionnelles, des fonctionnaires, des militaires et des étudiants. Son président, nommé par le Chef de l'État, est le second personnage du pays. Le CND se réunit trois fois par an et propose au gouvernement les options fondamentales de la politique de développement optimum du Niger. Il peut être saisi par le gouvernement de toute autre question d'intérêt national.

Fonctionnement

A l'intérieur de ce cadre opèrent les structures de participation que sont les coopératives et les *samaryas* — la participation s'effectue d'une manière très simple. Au cours de leurs activités quotidiennes, les villageois rencontrent des difficultés pour réaliser des actions d'intérêt commun. Ils soumettent leurs problèmes au Conseil Villageois. Ces besoins sont recensés par les cadres techniques de l'arrondissement si les conditions de réalisation dépassent les moyens du village. On élabore un avant-projet à soumettre au CSRD. Ces idées-devenues-projets sont soumis au CRD après avis du Comité Technique du Département (COTEDEP). Une fois les projets approuvés à ce niveau, leur financement est recherché au niveau des autorités compétentes ou au niveau de certaines ONG. Notons enfin que l'on peut aussi élaborer un projet à partir d'un simple constat des potentialités importantes d'une localité. Suivant l'importance des projets, ils peuvent, par cheminement, arriver au niveau du CND.

ENVIRONNEMENT DE LA SOCIÉTÉ DE DÉVELOPPEMENT

L'environnement de la société de développement est représenté par les organes et structures héritées de l'expérience nationale de planification.

C'est dès les lendemains de l'indépendance que le Niger optait pour une approche planifiée du développement national, comme en témoignent le Plan triennal intérimaire (1961-1963), le Plan quadriennal (1965-1968) ainsi que les perspectives décennales. A partir de 1968, toutefois, cet effort de rationalisation des buts et objectifs d'un développement global s'essouffle, et l'abandon progressif de la planification par objectifs est marqué pour la période 1968-1974 par l'adoption de méthodes de programmation des investissements et le suivi de leur exécution. Cette phase de l'expérience nigérienne en matière de planification est caractérisée comme celle de la « programmation permanente ». Elle correspond de fait à un recours accru à l'aide extérieure, dont les propres critères guideront le choix des secteurs d'investissement à la place d'une réflexion locale, nationale et autodéterminée.

Le changement de régime intervenu le 15 avril 1974, sur toile de fond de la sécheresse et la famine au Sahel, la redéfinition des orientations du développement national qui s'ensuivit, devaient refermer cette parenthèse de vide de l'expérience nigérienne en planification.

Le Programme triennal (1976-1978) et le Plan quinquennal (1979-1983) renouaient les fils d'une approche réfléchie, nationale d'abord, sur les caractères propres du sous-développement nigérien et les exigences nouvelles de la construction nationale.

Les différentes étapes de ce patrimoine de planification de développement économique et social ont en commun la part prépondérante d'attention et d'intérêt qu'elles accordent au monde rural, ses caractéristiques et problèmes, son organisation et les transformations à y apporter. Elles se différencient notablement par leur philosophie d'approche des problèmes ruraux.

Alors que la première série de Plans (1961-1974) partage largement l'idéologie du développement par le rattrapage des pays industrialisés, le programme triennal, le Plan quinquennal et, surtout la société de développement projetée allient une approche réaliste des questions économiques à la revalorisation de l'identité culturelle. Sur le terrain, dans la vie sociale, la conjonction réelle des éléments de philosophie et des réalisations successives de ces différents Plans, explique la nature ambivalente des opérations de développement. Aujourd'hui, comme il ressort aussi bien des discussions au niveau central que de la mission sur le terrain, *un certain nombre de projets sont en cours dont il faut assurer à la fois l'harmonisation et la réorientation.*

Les projets de développement

L'histoire de la politique agricole du Niger est caractérisée par l'introduction et le développement des cultures de rentes destinées essentiellement à l'exportation : arachide et coton. Ces deux cultures ont conservé leur importance jusqu'à la sécheresse de 1972-1973. Jusqu'à cette date, la plupart des programmes de recherches et de vulgarisation concernaient ces cultures. De même, des sociétés ont été créées pour organiser leur commercialisation et leur exportation (Société Nigérienne de l'Arachide et la Compagnie Française pour le Développement des Fibres Textiles).

A partir de 1974, les différents Plans de développement successifs assignent au secteur rural les orientations fondamentales suivantes :
— la recherche de l'autosuffisance alimentaire de la population ;
— l'élévation du niveau de vie du monde rural.

Dans sa présentation des orientations à long terme pour le développement de l'agriculture, le Plan quinquennal 1979-1983 rappelle que l'autosuffisance alimentaire est l'objectif final en matière de développement avec l'élévation du niveau de vie du monde rural. La politique de développement de l'agriculture s'appuie sur deux axes principaux :
— le développement des cultures sèches traditionnelles ;
— le développement des cultures irriguées.

Cette politique doit être complétée dans le domaine de la production animale par des actions de développement de l'élevage et d'organisation d'un nouvel équilibre agriculture-élevage. Trois grands types de programme ont été réalisés : les projets « productivité » dans le domaine des cultures sèches ; les travaux d'« aménagement hydro-agricoles » dans le secteur des cultures irriguées ; ainsi que les « projets à couverture nationale » (PCN, PV), qui se situent en amont de la production.

Si, dans leur ensemble, les différents programmes de développement rural dans l'agriculture et l'élevage ont des volets relatifs à la formation de l'encadrement du terrain et de l'auto-encadrement villageois, deux types de projets se distinguent par leur importance et leurs capacités de se constituer en supports d'une action globale et intégrée d'alphabétisation, d'information/sensibilisation des producteurs ruraux. Ces deux types de projets sont : d'une part, ceux de productivité ; d'autre part, ceux d'encadrement et de modernisation de la zone pastorale. Ils ont en commun leur dimension spatiale et couvrent l'ensemble de la zone agricole et la zone pastorale. Ils partagent une pluralité d'objectifs à travers laquelle la transformation nécessaire des conditions, l'accroissement de la productivité et la rationalisation des termes de la commercialisation des produits agro-pastoraux se combinent avec la formation de l'encadrement de terrain et celle de l'auto-encadrement.

Les projets de « développement rural », de « productivité », les projets « intégrés », vont se multiplier et couvrir des zones supposées intégrées du fait de leur coïncidence avec les divisions administratives existantes. Le Projet Zinder (dit des « trois M »), le Projet Intégré de Maradi, le Projet de Productivité de Niamey, le Projet de Développement Rural de Dosso, ainsi que d'autres projets d'envergure moins étendue, vont, de 1974 à 1983, servir de point d'application des orientations. En 1983 on pouvait constater au titre des « actifs des projets » :

1) une amélioration de la formation paysanne dans les Centres de Perfectionnement Technique (CPT à Zinder), les centres de Promotion Rurale (CPR à Maradi, Niamey et Dosso) ;

2) le renforcement institutionnel des services techniques du développement rural ;

3) des résultats relativement positifs en matière de vulgarisation ;

4) un accroissement substantiel des études, de la recherche appliquée et des essais divers dans le secteur agricole.

Cependant, le Programme intérimaire de Consolidation (1984-1985), en évaluant les projets de productivité, faisait ressortir les difficultés certaines : en particulier, celles inhérentes au financement et autres charges récurrentes ; aux structures pesantes des projets ; aux mécanismes sophistiqués de programmation ; de suivi et d'évaluation ; ainsi qu'à des difficultés dans les secteurs de la formation des paysans, de la vulgarisation et de la recherche appliquée.

Selon les faits et aux yeux des paysans producteurs, la politique des « grands projets » a été un échec. Cet échec se justifie de la non-maîtrise à tous les niveaux des paramètres ci-dessous :

— une conception nationale et souvent extra nationale de ces projets ;

— une lourdeur administrative couplée à une bureaucratisation excessive dans la direction des projets ;
— une mauvaise gestion matérielle et financière ;
— un endettement excessif des populations paysannes ;
— un impact généralement négatif du projet sur le milieu rural.

Dans ce cadre, la participation des populations était devenue non seulement « superflue » mais, en plus, le paysan qui n'appliquait pas « le paquet technologique » confectionné par le projet apparaissait au mieux comme « un irrationnel », sinon comme « un paresseux ». C'est dans ce contexte que, conscient de la gravité de la situation du monde rural et face à la sécheresse de 1983, l'État nigérien va s'orienter vers l'application d'une politique de « démocratie participative » à travers l'option pour les micro-réalisations.

La politique des micro-réalisations

Depuis 1982 le Niger a engagé un processus de réforme de ses stratégies d'intervention en milieu rural. En 1985, après un séminaire national sur les « Règles générales de Fonctionnement des Micro-Réalisations », il a été décidé que la réforme envisagée viserait à faire de la responsabilité et de la participation des communautés rurales aux activités intéressant leur terroir les facteurs-clé du développement rural.

Les leçons tirées de l'expérience des « grands projets » indiquaient clairement que la promotion du monde rural n'est possible que si les communautés de base sont consultées, associées à toutes les phases, et si elles s'intéressent et participent volontairement aux actions visant l'amélioration de leurs conditions d'existence. Or, pour susciter l'initiative et l'adhésion de ces communautés, il faudrait que les actions à entreprendre répondent à des besoins clairement exprimés par elles. Ces principes vont constituer les objectifs essentiels de la politique des micro-réalisations dans notre pays. Les organes décentralisés de la société de développement, c'est-à-dire les Conseils à tous les niveaux, constituent le cadre institutionnel de mise en œuvre des micro-réalisations.

Cette approche, en relation avec la décentralisation, vise à accorder plus de prérogatives aux régions dans la définition et l'exécution des programmes de développement. Il convenait de concevoir une éthique nouvelle et de transformer l'Administration en un outil de développement. Pour ce faire l'Administration à tous les niveaux doit, au-delà de la gestion courante, s'efforcer d'enrayer les lenteurs et désagréments de toutes sortes et respecter les droits des populations.

Dans le cadre de la société de développement, les collectivités territoriales jouissent de leur autonomie financière. De ce fait on peut noter que, de 1984 à 1986, les budgets des collectivités ont connu une évolution remarquable en passant, par exemple, à 1 963 946 605 F CFA (1985) et 2 348 036 176 F CFA (1986).

Cette progression a permis aux collectivités d'engager des actions propres de développement, faisant appel à la participation populaire. L'examen de la répartition sectorielle des investissements réalisés par les collectivités, au titre du développement à la base, permet de constater une certaine hiérarchisation.

En effet, la priorité, depuis 1983 a été accordée aux secteurs de l'agriculture et des forêts et faune, suivis de l'enseignement et de la santé. Ce constat conforte dans l'idée que la décentralisation administrative, bien gérée, favorise la responsabilité des populations et l'autogestion. De plus, les micro-réalisations suscitent un intérêt particulier des bailleurs de fonds.

On compte aujourd'hui approximativement 160 projets en exécution au titre des micro-réalisations. Ce chiffre n'inclut pas les projets financés par les collectivités territoriales. Il n'inclut pas non plus « les composantes micro-réalisations » dans certains programmes d'envergure régionale. A titre indicatif on peut constater que les ONG ont financé en 1984-1985, au titre du programme d'urgence, pour 824 063 029 F CFA de réalisations. Dans le cadre des opérations « cultures de contre-saison », le Fonds Européen de Développement (FED) a, de son côté, financé pour 135 210 407 F CFA de projets dans treize arrondissements du pays.

L'approche des micro-réalisations demeure aujourd'hui la stratégie qui semble la plus opérationnelle dans la perspective d'un développement à la base accéléré et cohérent. Mais, à l'image de toutes les autres stratégies, elle soulève un certain nombre de questions :

— Quelle est, en effet, la part réelle de la population dans l'initiation, la conception et la réalisation des projets, quand on sait le niveau de formation et de qualification de ces populations ?

— Quelle est la place des micro-réalisations dans le cadre d'une planification nationale ? Dans quelle mesure, en effet, l'option d'une planification micro-économique n'est-elle pas en contradiction avec un développement planifié à la base ?

Mais, au-delà de ces interrogations, le problème réel qui se pose est celui de la démocratisation des rapports au sein de la base elle-même. Les micro-réalisations ne favorisent-elles pas l'émergence de groupes privilégiés ?

FINALITÉS DE LA SOCIÉTÉ DE DÉVELOPPEMENT

La politique générale du Niger en matière de développement est caractérisée depuis 1979 par un effort constant et soutenu de transformation de l'approche même du développement à travers la recherche d'une ethique nouvelle de gestion de l'État et des finances publiques, d'une conception adaptée des projets et opérations privilégiant la responsabilité et la participation paysannes. Cet effort permanent s'est traduit concrètement par une inspiration dans la planification du développement et la consécration des micro-réalisations, des décisions et mesures dans le secteur public et para-public, une innovation structurelle consistant en l'élaboration du concept de la société de développement, la mise en place du Conseil National de Développement, et ses instances régionales et locales.

A cet égard, la politique générale du Niger en matière de développement peut être considérée comme un mouvement d'ensemble de l'appareil d'État et des populations vers l'application d'un partenariat responsable et équitable. Parce qu'il s'agit d'un mouvement d'ensemble aux implications à la fois profondes et de plusieurs dimensions, la politique générale du Niger en matière de développement est, à l'heure actuelle, un défi et un pari. Elle est un défi aux pesanteurs politiques, administratives et techniques, elle est un pari sur la disponibilité, la motivation et la mobilisation des populations de base, et des techniciens à tous les niveaux. Ses caractères de défi et de pari font de chaque application de notre politique de développement une expérimentation à grande échelle, avec ses heurs et bonheurs. Aussi, le Niger se présente actuellement comme un vaste laboratoire d'idées et de réalisations concourant à l'émergence d'un nouveau modèle social et d'un nouveau modèle institutionnel.

Du modèle social

L'objectif central au Niger est, par la mise en œuvre des ressources et moyens disponibles, de réaliser un développement des forces productives en vue d'une amélioration du niveau de vie, au sens le plus large, des populations, un aspect important de ce développement étant celui de sa capacité d'auto-entretien. A cet égard, les conditions socio-historiques et socio-économiques qui prévalent commandent une transformation de l'approche et la perception des problèmes et enjeux de la production, son organisation, ses finalités et sa répartition depuis le niveau villageois, base de l'organisation rurale, jusqu'au niveau national et central de l'État. La mise en place de la société de développement, l'option pour une démocratie participative sont autant d'indicateurs qui marquent une prise de conscience collective de la dimension des réformes à entreprendre et témoignent d'une disposition certaine à en enclencher le processus.

Ce sont là autant de conditions nécessaires mais qui ne seront suffisantes qu'en veillant constamment à l'adaptation et à l'application des principes généraux sur le terrain, sur chaque terrain d'opération, de réalisation ou d'aménagement aussi réduit soit-il, mais considéré comme un cas en soi et pour soi — un « phénomène social total ».

Cette disposition, qui donne priorité aux situations de terrain, est une recommandation fondamentale en la matière du modèle social à mettre en œuvre. En effet, le modèle social projeté par la société de développement, et dont la réalisation est un objectif à long terme, suppose la transformation progressive du modèle social actuel partout et chaque fois où cela est possible.

L'histoire économique et sociale ne donne pas de recette quant aux formes de passage d'un modèle social à un autre. C'est de l'observation même du fonctionnement des institutions de la société de développement que se dégageront les règles de nature à favoriser et garantir l'émergence et la pérennité du nouveau modèle social. A cet égard, une attention particulière devra être accordée à la prise en compte des niveaux infra-villageois et infra-coopératif afin d'assurer la voix au chapitre des plus petits (producteurs atomisés) et des moins nantis (paysans pauvres) qui sont, par ailleurs, le plus grand nombre et, en conséquence, l'élément moteur de la participation démocratique. Leurs besoins et leur localisation devront éclairer le choix des investissements et des réalisations. Leur mode d'expression et leurs appréhensions devront être intégrés aux processus et formules de concertation, de consultation et de participation. C'est dire l'importance d'un modèle institutionnel à même de les prendre en compte et celle de l'élaboration d'un code foncier de type à sécuriser leur rapport au principal moyen de production qu'est la terre.

Du modèle institutionnel

Malgré les efforts réels en vue d'une décentralisation effective, le système institutionnel reste caractérisé par la lenteur du transfert des pouvoirs de décision et des moyens de l'initiative aux acteurs directs sur le terrain des opérations.

Dans un contexte marqué par la prépondérance du niveau central et la concentration de l'information et du capital scientifique et technique au niveau d'une minorité élitiste associant les notabilités traditionnelles, les technocrates modernes et les partenaires extérieurs, le dépassement du système actuel apparaît comme une gageure. Il reste, toutefois, possible à condition de prendre conscience du phénomène et des méfaits de sa reproduction aux différents échelons de l'organisation économique, sociale et administrative. Ce phénomène doit être combattu et sa disparition accélérée conformément aux idéaux de la société de développement. La réalisation d'un modèle institutionnel nouveau implique une reconversion de la mentalité de l'encadrement au sens large en même temps que la démocratisation de l'information et de la formation en vue d'assurer aux populations le transfert du capital scientifique et technique. Sur ce plan, la Charte Nationale dispose en son Titre I, Chapitre II, Section II :

« ... les écueils majeurs, auxquels il faudrait prendre garde pour ne pas bloquer le fonctionnement normal des nouvelles institutions, se rapportent :
— au poids des hiérarchies sociales au sein de ces Institutions ;
— aux tendances à la bureaucratisation ;
— au risque de confiscation des pouvoirs décentralisés par l'appareil administratif.
L'information des forces sociales doit être à la fois politique et technique, permanente et opérationnelle ».

C'est aussi au niveau du modèle institutionnel que devra être prise en compte la dimension économique et ses implications en matière de politique des prix, d'organisation des circuits de commercialisation, de choix des investissements et des modalités de leur financement. Il s'agit de questions concrètes allant de la décision de réaliser un barrage au choix de sa localisation, du type d'ouvrage, des spéculations agricoles et des pratiques culturales ; il peut s'agir de la fourniture des intrants agricoles comme de la garantie d'un prix rémunérateur aux producteurs ruraux ; il peut s'agir de la prospection des marchés pour l'écoulement des produits de cultures de contre-saison. Ce sont là autant d'exemples de la nécessité d'une participation de la base à la prise des décisions économiques et techniques au niveau des mécanismes institutionnels.

Du régime foncier

Caractérisée pendant plusieurs générations par une disponibilité relative des terres, mêmes marginales, pour l'agriculture et des possibilités de jachère comme d'alternance des exploitations agricoles, la situation foncière est, depuis une décennie, du fait de la croissance démographique et de la dégradation des conditions climatiques, le sujet d'une préoccupation grandissante pour les productions rurales. De fait, la capacité d'extension et même de réserve du patrimoine foncier des communautés rurales a atteint une limite objective.

Le système foncier traditionnel, marqué par l'accès à la terre à travers l'appartenance au groupe social et à la communauté villageoise et privilégiant le droit d'usage par rapport au droit de propriété *stricto sensu,* s'est ressenti de cet état de fait et de son évolution. En effet, si l'appropriation du sol était formellement collective, sa jouissance, sa manipulation et sa circulation étaient de type essentiellement familial et intra-familial, correspondant aux niveaux de la famille élargie et simple, en tenant compte des relations d'alliance, de clientèle sinon de vassalité, de voisinage et d'amitié.

La diminution progressive de la disponibilité en terres, le passage d'une situation d'abondance relative à un état de rareté effective ont eu pour effet, sur l'échelle temporelle, la désuétude progressive du nombre des règles du système foncier traditionnel : règles liées à l'antériorité d'occupation ; aux dons de terre ; aux prêts à contrepartie symbolique et même sans contrepartie. Au contraire, le niveau de gestion familiale des terres avec une composante distinctive possédants-/non possédants s'est renforcé, les dons de terre ont pratiquement disparu, les prêts impliquent une contrepartie significative et de plus en plus monétaire, la vente de terres est apparue et se généralise tendanciellement.

Du système foncier traditionnel survit et se maintient comme règle principale d'accès à la terre, celle de l'héritage... elle-même remise en cause de plus en plus par la limite atteinte des possibilités de morcellement entre co-héritiers. Cette tendance, plus marquée sur les terres à forte potentialité agricole (vallées et bas-fonds), est répercutée aujourd'hui sur l'ensemble des terres à vocation agro-pastorale.

L'évolution du système foncier traditionnel a été historiquement accentuée par les interventions de l'Administration sur le patrimoine foncier à l'occasion de la réalisation des aménagements hydro-agricoles, des stations pastorales de pompage, de la délimitation des terres agricoles et pastorales ainsi que des couloirs de passage pour le bétail, de la redéfinition de certaines unités administratives et territoriales. Plus récemment, les appels à la préservation et la protection des patrimoines foncier et forestier et l'option pour une politique de petites réalisations à l'échelle du village et des terroirs sont venus renforcer l'incertitude quant au statut juridique de la terre et des règles à observer relativement à son appropriation et sa circulation.

En conséquence, toute intervention, aussi réduite soit-elle, qui implique un investissement productif agricole soulève l'appréhension légitime des usagers traditionnels et locaux du terroir, une réticence manifeste, des résistances sourdes mais non moins réelles. Le régime foncier actuel est composite. Il se caractérise par la juxtaposition de règles héritées du système traditionnel, prescrites par le droit islamique ou issues du droit moderne. Elles peuvent converger ou diverger dans leur esprit, de même que leurs champs d'application peuvent se rencontrer ou s'exclure. De manière générale, le droit moderne s'applique aux zones urbaines et aux catégories sociales informées de son existence et de ses possibilités de recours, alors que les zones agricoles et la population rurale sont l'apanage de l'interprétation et l'application des règles de la tradition et du droit islamique. L'exemple des aménagements hydro-agricoles sur lesquels l'accès à la terre est d'un caractère particulier et aléatoire, illustre les possibilités de combinaison et de confusion sans possibilité de reproduction du système.

Autre exemple édifiant, celui du rapport non résolu des femmes aux terres agricoles, qu'il s'exprime en termes d'appropriation ou d'usage.

L'essoufflement du système foncier traditionnel, les imperfections en matière de distribution/redistribution des terres sur les périmètres irrigués, les appréhensions quant au statut de la terre au niveau des petites opérations d'équipement productif militent en faveur de la définition de règles du jeu simples et claires, précises, contenues par un cadre général, souple et évolutif, adaptable à chaque terrain et prenant en compte les formes d'accession par voie de succession. Il s'agit de concilier, dans une démarche rationnelle et pragmatique, les impératifs de la règle de droit et de la justice sociale avec les exigences du développement agricole et de l'aménagement du territoire. A ce niveau, la gestion des terroirs apparaît aujourd'hui comme une dimension fondamentale du régime foncier à définir pour l'avenir.

BIBLIOGRAPHIE

CILSS/Club du Sahel, *Colloque sur les Politiques céréalières dans les Pays sahéliens,* Mindelo-San Vicente, décembre 1986.
Conseil National de Développement, *Plan d'Action de Tahoua.* Débat national sur l'élevage, avril 1985.
FAO (Food and Agriculture Organisation of the United Nations). *Etude prospective sur le Développement agricole dans les Pays de la Zone sahélienne,* 1975-1990.
Keita Thérèse, *Insertion de la Riziculture moderne dans les Exploitations de la Zone de Namarde-Goungou,* 1983.
République du Niger, *Perspectives Décennales de Développement,* 1965-1974.
République du Niger, *Plan quadriennal,* 1965-1968.
République du Niger, *Préparation du Plan quinquennal 1987-1991.* Groupe Développement rural — Diagnostic du Secteur (document provisoire), multi, 1986.

République du Niger, *Programme Intérimaire de Consolidation,* 1984-1985.

République du Niger, *Séminaire national sur les Stratégies d'Intervention en Milieu rural.* Zinder, 15-22 novembre 1982.

Thevenin P., *Synthèse des évaluations de projets de développement rural au Niger.* Ministère de la Coopération, 1984.

LES MÉTHODES D'AMÉLIORATION DES SYSTÈMES DE GESTION DES RESSOURCES EN AFRIQUE

La situation dans les pays du Sahel

Dieudonné OUEDRAOGO

La crise du Sahel est avant tout la crise d'un système de développement et par voie de conséquence une crise du système de gestion de ressources[1] car, pendant longtemps, le développement de la région sahélienne était essentiellement impulsé de l'extérieur (capitaux, technologie, etc.) mais celui-ci a fait défaut. Tout se passe comme si la situation des pays sahéliens se dégradait davantage par rapport à celle des autres pays : dépendance alimentaire accrue, déséquilibre croissant des balances commerciales, épargnes nationales quasi-inexistantes, rupture de plus en plus prononcée de l'équilibre écologique, etc.

De nombreux déséquilibres (ville/campagne, écologique, commercial, population/ressources, etc.) persistent malgré l'aide internationale et la réalisation de projets de toutes natures. Cette situation alarmante est particulièrement ressentie dans le monde rural où les paysans sont, pour la plupart, confrontés à des problèmes de survie quotidienne. Or les pays sahéliens ont une économie qui se caractérise par une forte prédominance de l'agriculture, d'où l'importance qui doit être accordée à ce monde rural (50-90 % de la population selon les pays).

Les dernières années de sécheresses successives et l'échec des deux premières décennies de développement (1960-1980) ont tout de même amené progressivement les États concernés et leurs partenaires à être plus critiques à l'égard des politiques et stratégies de développement passées ou en cours. C'est ainsi qu'on est arrivé à concevoir de nouvelles approches du développement, dont certaines privilégient les initiatives locales, la participation populaire, etc. Mais en réalité qu'en est-il

---

1. Cette communication reprend assez largement une étude réalisée par l'auteur et B.A. Alioune : *Des méthodes d'amélioration des systèmes de gestion en Afrique, la situation dans les pays sahéliens*, INSAH, Unesco, Bamako 1987, 97 p.

concrètement pour les paysans sahéliens ? Les différentes nouvelles options relevant plus ou moins de la notion plus globale de développement rural intégré, ont-elles des chances d'aboutir ? A partir d'une réflexion générale et d'une étude de cas, nous essayons d'engager le débat sur les moyens d'amélioration de la situation du monde rural sahélien.

PROBLÉMATIQUE GÉNÉRALE

Depuis l'accession des pays sahéliens à l'indépendance, les stratégies de développement sont demeurées peu efficaces. Le bilan des deux premières décennies de développement permet en effet de faire les constats suivants :

— La première décennie de développement (1961-70), engagée avec optimisme et marquée par une assistance internationale consistant principalement en des relations privilégiées entre métropole et anciennes colonies, n'était dans l'ensemble qu'un prolongement de la situation antérieure. Elle était fondée sur la politique des « modernisations » qui, progressivement, ameneraient tous les secteurs (économique, social, culture, etc.) de la vie nationale au développement.

— La deuxième décennie (1971-80) indiquait l'insuccès de la politique des modernisations et ce avec d'autant plus d'éclat qu'elle a coïncidé avec une conjoncture économique particulièrement difficile (flambée des prix du pétrole, récession de l'économie mondiale) et la prise en conscience subséquente de la fragilité des milieux naturels (sécheresse) et de l'économie des pays sahéliens.

En effet, l'économie sahélienne a été au plus bas au cours de cette deuxième décennie et c'est principalement son secteur rural qui a accusé la baisse la plus profonde. L'Occident a certes exporté vers les pays sahéliens son modèle de croissance industrielle qui a accouché ici et là de grandes réalisations (« zone franche », complexe chimique, chantier naval, etc.), mais il s'est agi en fait de placages n'ayant profité qu'à une élite locale occidentalisée et ce au détriment du monde rural. Cela a fortement affecté les relations ville/campagne, par une explosion urbaine jamais égalée (6 à 10 voire 12 % par an) et dans certains cas un « dépeuplement » des campagnes particulièrement déshéritées où ne résident encore que des vieux, des femmes et des enfants.

La crise des pays sahéliens apparaît alors au grand jour, invitant ainsi pour la troisième décennie (1981-1990) en particulier à une réflexion plus approfondie sur les voies et moyens à mettre en œuvre pour rendre les actions de développement plus efficaces et profitables au monde rural. Cette crise, exacerbée par la sécheresse, a en effet heurté la conscience des « développeurs » qui ont aussitôt embouché la trompette du « nouvel ordre »... tant au plan des relations internationales qu'au plan national. Le train des mesures concerne la « réhabilitation des structures traditionnelles », l'initiation de projets de développement à la base, le développement communautaire, une technologie appropriée, etc. Il s'agit désormais de restructurer les sociétés rurales en créant des cadres nouveaux, des centres et pouvoirs locaux de participation, des agents de vulgarisation de nouveau style et des stratégies nouvelles. Ainsi s'ouvre l'ère pour la réhabilitation des systèmes traditionnels sahéliens : le clan, le village et les réseaux de villages servent alors de trame à des modèles comme le développement à la base, le développement autocentré, le développement endogène, le développement communautaire, etc. Ceci indique des formes de développement au ras du sol, annonçant le scénario de l'autonomie solidaire. La chaîne de solidarité traditionnelle peut ainsi poser les jalons d'une approche plus globale, plus intégrante et qui implique une gestion intégrée des ressources dans un cadre global de développement dont le concept consacré est celui de « Développement Rural Intégré » (DRI). La gestion intégrée des ressources est une notion moderne et prospective, les programmes sont conçus de manière intégrée, autocentrée et dynamique. Appliquée à la planification du milieu rural, la notion de gestion intégrée rejoint celle de développement rural intégré soutenue par deux idées de forces.

La première idée c'est que tout projet de développement doit être adapté au milieu local où l'on veut l'implanter et au contexte culturel, respecter les équilibres écologiques et viser en priorité le mieux-être des populations concernées.

La deuxième est que tout projet doit être sous-tendu par une approche prenant en compte tous les secteurs se rapportant à la vie des individus et des groupes sociaux (agriculture, élevage, forêts, transports, éducation, santé, etc.). Ces différents secteurs étant liés les uns aux autres, chaque projet devrait être « considéré comme un système et ses différentes composantes analysées ».

Dans le principe, l'essentiel des actions ou programmes relève donc de groupes pluridisciplinaires d'intervenants (populations, État, bailleurs de fonds, chercheurs, développeurs, etc.) adoptant une démarche interdisciplinaire : ils se soucient certes de la rentabilité économique mais également de l'importance du produit social dans le résultat final. Peut-être, par cette voie, le Sahel et l'Afrique en général retrouveront-ils enfin leurs marques. C'est là un débat très actuel auquel nous essayons de contribuer en présentant les résultats d'une étude de cas portant sur un projet de développement intégré, celui de l'« Aménagement des vallées des Volta » (AVV) au Burkina Faso.

L'AMÉNAGEMENT DES VALLÉES DES VOLTA :
UNE EXPÉRIENCE DE DÉVELOPPEMENT RURAL INTÉGRÉ AU BURKINA FASO

Les vallées des Volta recèlent les potentialités agricoles les plus élevées du Burkina mais elles sont restées longtemps sous-peuplées et sous-exploitées en raison de l'existence endémique de l'onchocercose, la « cécité des rivières ». La mise en valeur de ces vallées n'a été sérieusement envisagée qu'à partir des années 1970 à la faveur de la réalisation du programme régional de lutte contre l'onchocercose consistant à la destruction des gîtes du vecteur de cette maladie, la simulie, dans les pays concernés de l'Afrique occidentale.

La stratégie d'aménagement repose sur deux principes majeurs :

> « ... L'exploitation des ressources naturelles par un développement harmonieux des différents modes d'utilisation des terres en assurant le maintien de l'équilibre écologique et la sauvegarde de la faune et de la flore ; et la mise en valeur agricole des terres par des exploitations familiales à responsabilité individuelle et dotées de facteurs modernes de production en vue de garantir au colon un revenu supérieur à celui des exploitations traditionnelles et un cadre de vie satisfaisant ».

Le schéma directeur de l'aménagement des vallées des Volta, élaboré en 1972, prévoit 700 000 hectares aménagés en cultures sèches et 56 000 ha en cultures irriguées en vue de l'installation de 65 000 familles (environ 400 000 personnes) dans 828 villages neufs, créés de toutes pièces.

D'un coût total de 60 milliards de francs CFA sur une période de 25 ans (1972-1996) l'AVV devrait permettre de produire en « vitesse de croisière » les tonnages suivants : 96 000 de coton, 6 800 de sorgho, 40 000 de petit mil, 83 000 de maïs, 27 000 d'arachide, 16 000 de niébé, 65 000 de soja, 500 000 de canne à sucre et 81 500 de riz-paddy.

En fait, l'AVV est une opération « terres neuves » de grande envergure sur laquelle l'« état burkinabé comptait pour résoudre plusieurs problèmes : surpeuplement du Plateau Mossi, sous-exploitation des terres les plus fertiles du pays, sécurisation et accroissement de la production agricole nationale, amélioration des conditions de vie des paysans, etc.

Une opération « terres neuves » techniquement bien montée

La conception du projet de l'AVV se situe bien dans le sillage du discours sur le développement rural intégré. La chaîne opérationnelle de l'AVV s'étale sur une période de neuf ans divisée en deux phases distinctes : une première phase d'études et d'aménagement de base d'une durée de quatre ans avant l'arrivée des colons ; une deuxième phase de cinq ans consacrée à l'installation et à l'encadrement des familles recrutées.

A partir du schéma général, les zones à aménager sont divisées en unités géographiques de 10 000 ha en moyenne dont 4 200 ha cultivables dénommés blocs. Des études de base plus poussées (topographiques, sociologiques, pédologiques, hydro-géologiques) permettent de dresser un schéma d'aménagement directeur de chaque bloc qui fait apparaître l'emplacement des villages, l'implantation des champs, la localisation des équipements collectifs, (puits, école, dispensaires, etc.) et le tracé des routes.

Les travaux d'aménagement commencent ensuite par la mise en place de l'infrastructure de base du bloc : logements du personnel d'encadrement, réseau routier, forages, magasins de stockage, dispensaires et école. Les travaux d'aménagement de base terminés, on procède à l'installation des migrants, leurs conditions de recrutement étant les suivantes : abandonner les terres du village d'origine pour s'installer définitivement dans les périmètres AVV ; avoir au moins trois actifs, donc deux hommes, par exploitation ; et suivre les conseils de l'encadrement.

A son arrivée, le migrant construit lui-même sa maison d'habitation sur une parcelle de 1 ha affectée à cet effet dans son village d'accueil et où il peut entretenir un champ de case. Il bénéficie en outre d'une dotation en outils manuels (coupe-coupe, *daba*, pioche, pelle, cordes à semis) et une aide alimentaire du PAM jusqu'à la première récolte. Il reçoit aussi six soles de 1,50 hectare ou de 3 ha chacune (au rythme de deux la première année et une chaque année suivante) selon la capacité de travail de sa famille classée parmi les sept types retenus.

Afin de faciliter l'utilisation des tracteurs et autres matériels agricoles, les parcelles de ces soles sont regroupées suivant la nature des spéculations en blocs de culture de plusieurs hectares, généralement situées à moins de 2 km des villages. La parcelle de chaque paysan est délimitée par des bandes anti-érosives reboisées de 10 m de large tous les 100 m et servant de brise-vent, et des bandes de séparation (pare-feux) de 5 m de large. Mais si, dans les jardins de case, l'AVV donne la possibilité au paysan de choisir les cultures et les techniques culturales qui lui conviennent, l'exploitation des autres terres agricoles (blocs de culture), de loin les plus importantes, est soumise à des règles strictes d'assolement étalé sur six ans. Coton la première année, sorgho blanc la deuxième, coton, arachide et niébé la troisième, sorgho rouge et petit mil la quatrième et jachère les cinquième et sixième années, par exemple, dans la vallée du Nakambé (ex.-Volta Blanche).

Le « paquet technologique » retenu comprend également l'utilisation optimale des facteurs modernes de production (semences sélectionnées, engrais, produits de traitements phyto-sanitaires, chaîne de culture attelée) obtenus sur crédit agricole. L'adoption par les paysans de ce paquet technologique, différent de celui des terroirs traditionnels, nécessite évidemment la mise en œuvre d'un encadrement dense : un encadreur pour 25 familles et une animatrice pour 50 familles. On estime néanmoins que les tâches d'encadrement s'allègeront une fois les installations terminées et les pratiques culturales nouvelles assimilées et que, à partir du moment où les paysans seront alphabétisés, ils pourront assumer par eux-mêmes l'amélioration de leurs exploitations. Ainsi, on prévoit une baisse progressive du niveau d'encadrement : un encadreur pour 25 familles les quatre premières années, un pour 50 familles à partir de la cinquième année d'installation et par la suite un pour 100 familles, en vue d'aboutir finalement à l'auto-encadrement.

Le modèle d'exploitation ainsi conçu doit permettre d'obtenir des rendements 40 à 50 % plus élevés que ceux des terroirs traditionnels voisins. Mais l'opération AVV ne s'en tient pas aux seuls objectifs de développement de la production agricole, elle se veut une action de développement rural intégré visant également l'élévation du niveau de vie (santé, éducation, habitat, etc.) des paysans et la constitution de communautés villageoises bien organisées et démocratiques[2]. Si, par exemple, au moment de leur création et pour les besoins de l'Administration, chaque village est affecté d'un numéro indiquant son ordre d'établissement dans le bloc (V1, V2, V3, etc.) les paysans doivent ensuite s'entendre entre eux pour attribuer un nom à leur village, créer un marché, construire une mosquée ou une église, etc.

Dès la deuxième année d'installation, lorsqu'ils se connaissent mieux, les paysans sont invités à créer un comité villageois de 9 à 10 membres, chargé de régler les différends et de servir d'intermédiaire entre les exploitants et l'AVV en matière de vulgarisation agricole, d'approvisionnement en intrants, d'organisation des travaux collectifs et de gestion des équipements collectifs. A partir de la quatrième année les comités villageois sont en mesure de se regrouper pour former un comité de bloc.

---

2. Dès 1980, l'AVV comptait 10 blocs : Linoghin (8 villages), Rapadama (8 villages), Bomboré (7 villages), Mogtédo (6 villages), Kaïdo-Sud (6 villages), Po-Est (6 villages), Tiébélé (6 villages), Bané (4 villages), Kaïdo-Nord (4 villages) et Manga-Est (4 villages). Chaque village regroupe 25 à 50 familles.

Un constat : le dépassement du modèle de l'AVV

Les différents modèles d'aménagement et d'exploitation ont certes été techniquement bien conçus mais leur réalisation à l'échelle paysanne a très rapidement achoppé sur plusieurs difficultés.

Des travaux d'aménagement de base, généralement bien exécutés mais jugés coûteux

Entre 1972 et 1982 l'AVV a construit 964 km de routes et de pistes, 8 dispensaires et 25 salles de classes, effectué 236 forages équipés de pompes, défriché 7 919 hectares, labouré mécaniquement 18 496 ha, procédé au reboisement industriel de 3 215 ha, etc. A quelques exceptions près, tous les travaux d'aménagement effectués en régie ou par une entreprise ont été corrrectement exécutés, même si l'on peut observer des retards liés à des problèmes de coordination entre les différents services de l'AVV, de régularité des versements des financements extérieurs et de gestion de fonds. Ces retards ont été particulièrement ressentis au niveau des sous-solages qui, non effectués à temps, perturbent le calendrier agricole. Les travaux de construction des écoles et des dispensaires, qui devaient en principe être achevés avant l'arrivée des migrants, ne commencent en réalité que deux ou trois années après l'installation des premières familles dans le bloc, contribuant ainsi à aggraver les problèmes de santé et de scolarisation, surtout pour les migrants dont les villages d'origine disposaient de ces infrastructures.

Parmi les réalisations de l'AVV, les paysans se plaignent des normes d'implantation des forages qui, munis de pompes à pied ou à bras, tombent souvent en panne, tandis que les artisans formés par l'entremise de l'AVV n'ont pas toujours les connaissances technique et l'équipement nécessaire pour les réparer.

Le seul type de travaux de base dont l'exécution laisse encore vraiment à désirer a trait aux reboisements familiaux et industriels. Non seulement les bandes anti-érosives entre les parcelles ne sont pas correctement plantées comme prévu mais elles sont également en partie cultivées par les paysans. Le reboisement sur deux rangées autour des parcelles d'habitation, à raison de cent arbres par famille, est aussi incorrectement effectué parce que les essences fournis ont peu d'intérêt aux yeux des paysans, qui ne les entretiennent pas et laissent les animaux les endommager. Sur les 16 500 plants distribués gratuitement en 1975 (87,4 % d'eucalyptus et 3,5 % d'arbres fruitiers — manguiers, citronniers, orangers), à peine 30 % ont survécu à la plantation.

Le seul projet de reboisement industriel, financé sur prêt de la CCCE

(1,8 milliard de F CFA) et portant sur 7 000 ha en cinq ans (1977-1981), ramené à 6 000 ha n'a au demeurant, été réalisé que sur 3 215 ha (eucalyptus 80 %, *neem* et *gmelina* 20 %) à Wayen dans la vallée du Nakambé. 5 800 hectares au total ont tout de même été reboisés fin-1984.

En fait, contrairement au discours, l'AVV défriche beaucoup plus qu'elle ne reboise, accélérant ainsi la dégradation d'un milieu qui était jusque-là quelque peu épargné par les défrichements intempestifs, nécessaires à l'agriculture extensive. La diminution du couvert végétal qui en découle accroît l'érosion des sols, restreint l'étendue des zones de parcours du bétail et accélère les processus de rupture des équilibres écologiques dont l'une des conséquences les mieux perçues par les paysans est « l'explosion » de la population de singes, prédateurs des cultures, causée par la destruction des habitats de leurs principaux ennemis, les léopards.

Même si, dans l'ensemble, les travaux d'aménagement de base sont effectués selon les normes préétablies, ils sont jugés trop coûteux pour les profits réels qu'on en tirerait. Fin-1981 l'opération AVV avait déjà coûté 11 909,1 millions de francs CFA pour seulement 2 450 familles installées, soit quelques 4 861 000 F CFA par famille migrante. Le problème majeur ne se situe cependant pas à ce niveau, il se manifeste surtout au niveau du recrutement des familles par l'AVV.

Un paradoxe migratoire

L'opération AVV repose sur le postulat suivant : la majorité des paysans burkinabè et particulièrement ceux du Plateau Mossi surpeuplé, déjà habitués à effectuer d'importantes migrations et confrontés aux problèmes d'un déficit vivrier chronique, sont disposés à accepter d'être transférés dans les vallées des Volta pour peu qu'une infrastructure économique et sociale soit mise en place et qu'une campagne de sensibilisation soit soigneusement menée auprès des migrants potentiels. Mais ce postulat a été infirmé — l'AVV éprouve des difficultés dans ses recrutements alors que des populations de plus en plus nombreuses s'installent anarchiquement dans sa zone d'intervention.

Des recrutements de plus en plus difficiles

L'opération AVV a été conçue avec beaucoup d'optimisme, le rythme des transferts des familles étant le suivant : 300 en 1974, 600 en 1975, 200 en 1976, 17 000 en 1977 et 3 000 à 5 000 par an entre 1978 et 1986.

Les retards pris dans les réalisations de terrain, les difficultés de financement et la faiblesse des candidatures enregistrées à partir de 1975 amenèrent l'AVV à réduire son programme de recrutement de 58,5 %. Jusqu'en 1975 les candidats à la migration AVV n'avaient pratiquement qu'une seule source d'information, celle de l'État (radiodiffusion, agents recruteurs), nécessairement tendancieuse. Par la suite les migrants AVV en visite dans leur village d'origine constituaient une autre source d'information, plus crédible aux yeux des candidats mais moins élogieuse pour l'opération (surcharge de travail, absence de soutien moral, etc.). C'est pourquoi l'AVV a été amené à modifier ses méthodes de recrutement (amélioration des campagnes de sensibilisation, recrutement « tous azimuts », etc.), également sans grand succès.

2 231 familles ont certes été installées contre 1 824 prévues entre 1976 et 1980 mais, rapporté aux prévisions initiales, ce rythme d'installation a été, de toute évidence, loin d'être satisfaisant : 15,3 % (2 231 familles sur les 14 600 prévues). Les difficultés éprouvées dans ces recrutements tiennent surtout au fait que les aspects humains de l'opération ont été mésestimés sinon occultés : mise à l'écart des femmes, non prise en compte des structures familiales traditionnelles et des itinéraires villageois de décision, absence d'une garantie foncière chez les migrants, opposition non réglée des populations riveraines des blocs, non prise en compte des cheminements migratoires existants, etc. Nous n'en voulons pour preuve que l'importance des migrations spontanées dans la zone d'intervention de l'AVV.

Un rush inattendu de migrants spontanés

Les vallées des Volta sont, certes, encore peu peuplées mais leur libération de l'onchocercose, engagée en 1974, et l'exemple donné par l'AVV quant à leur repeuplement ont autorisé le développement d'un courant migratoire vers ces « terres neuves » de plus en plus fort mais anarchique. La construction de routes et de forages a permis l'installation progressive de migrants le long des routes ou à proximité des blocs aménagés ou encore sur des terres destinées à des aménagements agricoles, forestiers ou touristiques, malgré l'interdiction faite à ce type d'implantation.

2 265 familles de migrants agricoles spontanés, soit jusqu'à 91 % des 2 489 recensées dans la zone d'intervention au début 1985, s'y sont installées entre 1974 et 1985 (18 473 personnes). En dépit de la concession foncière faite par l'État, la grande majorité de ces migrants demandent aux propriétaires traditionnels, en principe déchus de leurs droits sur les terres, l'autorisation d'ouvrir des champs ou de s'installer. En considérant que le taux d'accroissement annuel de ces migrants

a été de 94,8 % entre 1974 et 1985, il est clair que les familles transférées et ces migrants agricoles entreront rapidement dans une compétition vive quant à l'occupation de l'espace, ce qui mettra en cause tous les plans d'aménagement de l'AVV. Ceci paraît d'autant plus évident que les migrants spontanés utilisent des méthodes beaucoup plus extensives. La migration agricole spontanée n'occasionne pratiquement aucune charge financière pour l'État mais son coût écologique est particulièrement élevé.

L'installation d'éleveurs et de bûcherons dans ces vallées s'oppose encore plus nettement à toute la stratégie d'intervention de l'AVV. En 1985, 291 éleveurs dont 263 sédentaires ont été recensés. Disposant de troupeaux relativement importants (50,2 bovins en moyenne chacun), la plupart (61,5 %) n'ont pas demandé l'autorisation de s'installer aux détenteurs coutumiers des droits sur les terres, mais ils se plaignent tous de la précarité de leur situation face à la pression croissante des migrants agricoles spontanés et, surtout, de l'ouverture progressive des blocs de l'AVV qui restreignent les aires de pâturages et de mouvements des troupeaux.

Les éleveurs transhumants et les bûcherons ont une action encore plus dévastatrice pour les terres neuves qui constituaient, jusque-là, les plus grandes réserves naturelles de bois et de pâturages du pays. Ces éleveurs n'hésitent pas, sur leur passage, à mettre le feu à la végétation ou à abattre certaines espèces ligneuses afin d'offrir en pâturage à leurs troupeaux les jeunes repousses d'herbes ou de feuilles. Les bûcherons, quant à eux, font avancer de véritables « fronts de déboisement » dans ces vallées en vue de l'approvisionnement des villes en bois de feu et de charbon de bois.

Dans ces conditions d'installation « irrégulière » de migrants éleveurs et surtout d'agriculteurs de plus en plus nombreux, il convient de voir si l'AVV arrive tout de même à réaliser ses objectifs de production dans les quelques blocs qu'elle a réussis à aménager.

Mais où sont ces exploitations-types de l'AVV ?

L'AVV a certes défini sept exploitations-types devant progressivement adopter le paquet technologique minutieusement mis au point, mais on observe sur le terrain que les modèles retenus ne sont pas tout à fait appliqués, soit parce que certaines de leurs normes sont objectivement inadaptées, soit parce que les paysans ont développé des stratégies individuelles selon leurs intérêts. Si l'affectation d'un indice d'activité à tout membre d'une famille migrante est tout à fait commode pour la répartition des superficies cultivables, celle-ci est faite sur des bases assez discutables et ne favorise pas la mise en place de ces exploitations-types. La fixation de l'indice d'activité effectuée en fonction de l'âge (par exemple 0,50 pour des hommes âgés de 12 à 14 ans et 1 pour ceux de 15 à 64 ans) est en effet hasardeuse dans la mesure où la date de naissance des migrants, analphabètes et n'étant pas nés dans une maternité pour la plupart, ne saurait être connue avec exactitude. Des erreurs commises pour chaque individu et cumulées au niveau de la famille peuvent ainsi facilement dépasser 100 % et rendre complètement erronée la classification parmi les sept types d'exploitation.

La fixation de l'indice d'activité en fonction du sexe (par exemple 1 pour les hommes âgés de 15 à 64 ans et 0,75 pour les femmes du même groupe d'âge) relève également d'une idéologie largement véhiculée mais fausse dans la mesure où il est établi que les femmes participent autant sinon plus que les hommes aux travaux agricoles dans de nombreuses régions burkinabè.

Le calcul fait par l'AVV de l'indice d'activité des familles pèche enfin par son caractère quelque peu statique, qui ne permet pas de prendre effectivement en considération l'évolution de la taille des familles car le recensement démographique prévu n'est pas effectué chaque année. Lorsqu'il est fait, les méthodes de collecte, d'exploitation et d'analyse des données laissent à désirer (collecte par un personnel de terrain souvent incompétent et peu consciencieux, dépouillement lent et vite dépassé, publication tardive des résultats).

Comme les familles évoluent aussi bien dans leur taille (croît naturel, migration) que dans leur structure (répartition par âge et par sexe), il est évident que, au bout de quelques années, leurs indices d'activité peuvent changer fondamentalement au point de ne plus correspondre du tout aux normes initiales d'attribution des terres aménagées. C'est pourquoi la majorité des familles installées se trouvent assez rapidement confrontées à un problème souvent difficile à résoudre : l'équilibre à établir entre la capacité de travail disponible et l'étendue des terres à mettre en culture. Les exploitations de type I et II ayant un indice d'activité inférieur à 3,50 n'arrivent pas toutes à mettre en culture l'ensemble des superficies prévues et n'ensemencent parfois que deux ou trois des quatres soles. Les grandes exploitations (type III et IV) confrontées par contre à un problème d'insuffisance de terres attribuées en arrivent, quant à elles, à faire des extensions en bout de champ ou à ouvrir des champs « en brousse » ou encore à entretenir des parcelles prêtées par d'autres exploitants.

Ceci a d'autres conséquences. La plupart des normes de production retenues par l'AVV sont peu respectées : superficies cultivées plus ou moins importantes que celles prescrites, adoption partielle du système d'assolement, faible utilisation des intrants agricoles, emploi d'une main-d'œuvre salariée (notamment pour la récolte du coton), etc.

L'étendue des superficies effectivement cultivées est, certes, fonction de l'importance de la main-d'œuvre disponible mais elle tient aussi à d'autres facteurs : l'état de la trésorerie familiale et des stocks céréaliers en particulier. Ainsi, les paysans cultivent généralement des superficies supérieures (environ 10 %) à celles prescrites parce que le besoin d'accroître leurs revenus monétaires et, surtout, de garantir la sécurité vivrière les amène toujours à étendre démesurément les superficies consacrées au coton et au sorgho blanc. Le dépassement des superficies prescrites pour le coton, seule culture susceptible de permettre le remboursement du crédit agricole et de procurer quelque argent est de l'ordre de 5 % ; celui du sorgho blanc atteint 16 % parce que les migrants, originaires du Plateau Mossi pour la plupart (91,1 %), recherchent d'abord et surtout l'autosuffisance.

Les superficies consacrées aux légumineuses (niébé, arachide) sont, par contre, inférieures (35 % environ) à celles retenues par l'AVV en raison du faible intérêt que les paysans leur accordent. Les stratégies adoptées dans ce dernier cas s'expliquent aisément : pratiquant une culture de rente facile à écouler, le coton, les paysans n'ont plus à s'embarasser d'une deuxième culture de rente, l'arachide, pour laquelle il n'existe aucune structure efficiente de commercialisation, quand bien même celle-ci serait en partie une culture vivrière.

Les paysans ne suivent pas non plus le plan d'assolement de l'AVV. Même lorsqu'ils ne peuvent pas cultiver leurs quatre soles par insuffisance de main-d'œuvre et en raison des difficultés qu'ils éprouvent à les défricher manuellement, les paysans en arrivent à mettre en culture des terres marginales (terres pastorales, réserves naturelles) mais plus faciles à déboiser parce que plus proches des habitations et moins fournies en végétation. Ils s'attaquent même aux bandes anti-érosives aménagées entre les parcelles qui doivent, en principe, être reboisées. C'est justement cette insuffisance en main-d'œuvre familiale liée à l'interdiction de procéder à des défrichements par le feu (méthode habituelle des terroirs d'origine) qui amène les paysans à ne pas respecter le système d'assolement de l'AVV qui prévoit, entre autres, une période de jachère de deux ans après quatre années de culture : plusieurs champs sont dans leur cinquième ou sixième année de culture, voire davantage.

L'adoption de légumineuses constitue, dans la logique technicienne, l'étape essentielle de celle de la rotation des cultures qui conserve la fertilité des sols et améliore la qualité de l'alimentation. Obligation est donc faite aux paysans de les cultiver au cours de la troisième année mais, en 1980, jusqu'à 56 % des parcelles cultivées depuis plus de deux ans n'ont jamais été ensemencées en ces légumineuses. Remarquons tout de même que, si les paysans sont habitués à la culture pure de l'arachide, il ne le sont pas pour celle du niébé, toujours cultivé traditionnellement en association avec les mils. La consommation par les parasites des feuilles de cette dernière plante freine l'utilisation nécessaire et conseillée de produits de traitements phyto-sanitaires alors que, dans ces nouvelles conditions, le niébé est plus exposé aux attaques. Le caractère extensif de la production agricole apparaît enfin dans la sous-utilisation des intrants. Les semences améliorées sont certes systématiquement employées dans la production cotonnière, mais elles le sont très peu pour les autres cultures : 7 % seulement des parcelles de sorgho blanc ont été ensemencées en variétés améliorées en 1979-80. Les engrais sont aussi essentiellement utilisés pour la production cotonnière : 123 kg/ha d'engrais, soit 82 % de la dose recommandée pour le coton contre 67 kg/ha (44,6 % de la dose prescrite) pour le sorgho blanc en 1979-80. L'utilisation des insecticides, satisfaisante pour le coton, ne l'est pas du tout pour les autres cultures et particulièrement le niébé : 7,5 litres/ha, soit 75 % de la dose recommandée pour le coton et seulement 2,5 l/ha (33,3 % pour le niébé.

La chaîne de culture attelée est imposée aux agriculteurs. 75 % des paysans sont effectivement équipés dans les délais prévus, c'est-à-dire au bout de la deuxième et troisième année d'installation, et 97 % possédaient une charrue en 1980. Mais la large diffusion de la charrue n'implique pas nécessairement l'abandon de la culture à la *daba* (entraide de culture, etc.) à laquelle les paysans et, surtout les autres membres de leurs familles sont habitués. Ils y restent attachés parce qu'elle établit, ne l'oublions pas, un contact plus étroit entre l'agriculteur et sa terre.

Dans tous les cas, la plupart des paysans pensent que les quantités d'intrants recommandées sont trop importantes pour les parcelles, que leurs coûts sont trop élevés pour les revenus supplémentaires qu'ils en tirent. En nous basant, en effet, sur les prix officiels au producteur, la prise en charge des coûts des intrants (48 093 F CFA en 1979-80) devrait permettre d'obtenir une production supplémentaire d'au moins 207,8 kg de mils et 736,6 kg de coton, performance minimun que les paysans ne sont pas toujours assurés de faire en raison du caractère aléatoire de la pluviométrie. On comprend alors que ceux-ci n'utilisent pas les quantités recommandées d'intrants et privilégient de ce fait l'extensif par rapport à l'intensif.

Ce dernier choix relève ainsi d'une certaine rationalité mais il devrait être nuancé parce qu'il ne s'applique véritablement qu'aux cultures autres que celle du coton. Ce choix est d'autant plus justifié que les paysans recherchent d'abord et surtout dans les blocs aménagés les moyens de subsistance (mils) dont ils ne disposaient pas suffisamment dans leurs villages. L'accroissement de la production céréalière, recherché surtout dans l'extension inconsidérée des superficies (rendue possible par l'utilisation de la charrue et la relative disponibilité des terres agricoles), n'autorise pas des rendements élevés mais il assurerait une plus grande sécurité dans la production. Aussi, n'est-il pas étonnant que les rendements des mils (800-900 kg/ha) soient inférieurs d'environ 10 % à ceux qui étaient prévus par l'AVV en culture intensive, mais que ce manque-à-gagner soit compensé par l'étalement de la production sur des superficies plus grandes, permettant aussi de réduire les risques d'une mauvaise saison agricole au niveau de l'ensemble des récoltes.

En raison de la faiblesse des revenus monétaires procurés par les légers excédents céréaliers (quelques 3 000 F CFA par famille en 1979-1980), de la finalité essentiellement vivrière de la production des mils et de la relative disponibilité des terres agricoles, il est évident que le caractère suffisant des récoltes de ces denrées conforte les paysans dans leur choix pour des méthodes extensives dans la culture des mils. Cette attitude est loin de convenir à l'AVV, qui espérait que la recherche des revenus monétaires les plus élevés possibles amènerait les paysans à intensifier non seulement la culture cotonnière mais également celle des mils, et à pouvoir ainsi dégager des surplus céréaliers importants pour les régions déficitaires du pays.

Au cours de la campagne 1979-80, les exploitants des périmètres de l'AVV ont tout de même obtenu, par l'intermédiaire de leurs structures coopératives, des revenus cotonniers nets moyens de 64 687 F CFA qui sont nettement supérieurs aux 40 000 F CFA initialement prévus, les extrêmes étant de 299 265 et 25 452 F CFA . A ces revenus il faut, d'ailleurs, en ajouter d'autres (16 559 F CFA en moyenne) provenant essentiellement du petit commerce et de l'artisanat (39,6 %), de l'élevage (36 %) et des migrations (20,9 %), ce qui est assez satisfaisant pour les paysans.

Somme toute, les objectifs de l'AVV sont aussi atteints dans la production cotonnière mais cette dernière ne joue pas entièrement son rôle. Si l'AVV espérait moderniser l'exploitation des paysans à partir des revenus cotonniers qui serviraient à l'acquisition des intrants, alors également utilisés dans la production vivrière, et si les paysans tendent à respecter toutes les normes prescrites pour la production cotonnière, le transfert technologique souhaité vers les cultures vivrières n'est véritablement assuré que pour le matériel de labour. Comme nous l'avons vu, ce dernier permet surtout d'étendre les superficies cultivées et, par conséquence, d'accroître le caractère extensif de la céréaliculture. Autrement dit, l'AVV estime pouvoir intensifier la production vivrière grâce à l'argent et aux connaissances technologiques acquises dans la culture cotonnière, mais les paysans ont une autre démarche : il s'agit d'abord et surtout de garantir la sécurité alimentaire de leurs familles et d'obtenir ensuite les revenus cotonniers les plus élevés possibles. Quelle que soit leur importance, ces revenus cotonniers ne représentent pas à leurs yeux un élément fondamental des ressources familiales, essentiellement basées sur les stocks vivriers. Il n'en représentent que l'élément monétaire, utilisé en principe pour la satisfaction des besoins non alimentaires dans le cadre de la sphère marchande de leur économie. Le prix payé par l'accroissement des ressources des paysans est cependant une déstabilisation de leurs familles.

Déstabilisation économique et sociale des familles installées

Plusieurs éléments concourent à la déstabilisation économique et sociale des familles installées : l'insécurité foncière, les tentatives de transformation de l'exploitation familiale en entreprise, etc. Les paysans ne sont que des usufruitiers des terres qui leur ont été distribuées, toute la zone d'intervention de l'AVV ayant été déclarée domaine privé de l'État. Si, selon les textes de base, il a été prévu l'octroi aux paysans d'un titre d'occupation foncière (droits d'usage), rien n'a été fait jusqu'à présent dans ce sens, exposant ces derniers à une insécurité totale.

Les droits d'usage n'étant pas garantis, les paysans ne sont pas assurés de pouvoir laisser leurs terres en héritage à leurs descendants. Au décès du chef de famille, l'exploitation est seulement maintenue lorsqu'un fils marié ou un membre de la maison peut en prendre la direction. Dans le cas contraire, elle retourne à l'AVV qui l'affecte à une nouvelle famille. Dès lors on comprend que la plupart des paysans ne soient pas convaincus que leurs descendants se fixeront définitivement dans les villages AVV. C'est pourquoi ils n'y érigent que des cases alors qu'ils construisent parfois des habitations plus grandes dans leur village d'origine, ce qui prouve bien que, tout en résidant dans les blocs aménagés, ils conservent des rapports solides avec leur terroir d'origine en vue d'un éventuel retour au sein de la grande famille. L'insécurité foncière ne favorise pas la stabilisation des blocs où la majorité des paysans n'ont pas encore choisi de rester définitivement. C'est d'autant plus compréhensible que les revendications des anciens propriétaires fonciers demeurent pressantes.

Elle est aussi préjudiciable au respect strict des normes de production ayant trait à la préservation du milieu écologique (reboisements familiaux, entretien des bandes anti-érosives, système de jachère, mise en place d'une sole de légumineuses) et surtout à la protection des périmètres de l'AVV contre une exploitation sauvage de leurs ressources naturelles. Cette insécurité foncière des paysans est telle que, à la limite, certains d'entre eux préfèrent en secret la situation des migrants spontanés qui non seulement disposent d'autant de terres qu'ils veulent en négociant avec les anciens propriétaires fonciers, mais également ne sont pas assujettis aux pressions d'une société d'intervention aussi harassante que l'AVV qui leur dicte ce qu'il faut cultiver, quand, où et comment il faut le faire...

Sans leur assurer le contrôle des terres, l'AVV essaie pourtant de transformer l'exploitation paysanne en une entreprise individuelle au sein de laquelle elle mésestime ou occulte les rapports intra-familiaux car c'est le chef de la famille qui est recruté et qui est le seul interlocuteur de l'AVV. L'exploitation est conçue comme étant une unité de production, une entreprise ayant une certaine dimension (nombre d'actifs, superficies cultivées), un siège unique assuré exclusivement par son chef. Cette conception de l'exploitation paysanne, qui isole le chef de famille et fait des autres membres de famille de simples aides familiaux totalement soumis à leur « patron », est fondamentalement différente de celle qui prévaut dans les terroirs d'origine. Le résultat en est une dépendance économique accrue des membres de la famille et surtout des femmes vis-à-vis des chefs d'exploitation. Ceci contribue à distendre les rapports entre le chef de famille et les siens et à aggraver les conflits intra-familiaux dans la mesure où toutes les personnes actives de la famille participent au moins autant que le chef de famille aux travaux des champs et s'estiment lésées dans la répartition des biens et bénéfices du travail commun. Le chef de famille s'arrange certes pour nourrir toute sa famille à partir des récoltes de céréales mais il dispose en effet à sa guise des revenus monétaires provenant de la vente du coton. Cet argent sert à l'achat de certains biens de petit équipement (lampes à pétrole, lits, etc.) et de biens de consommation courante (savon, sucre, vêtements, viande) pour tous les membres de la famille mais également, et surtout, de quelques biens de petit équipement (bicyclette ou mobylette, poste à transistors) et de biens de consommation (bière, cigarettes, noix de cola) pour lui-même.

Il s'ensuit une relative déstabilisation de l'organisation économique et sociale des familles avec, pour conséquence, une montée des revendications des « aides familiaux » et un développement des initiatives individualistes du chef d'exploitation qui l'amènent parfois à cacher le niveau réel des revenus cotonniers afin de pouvoir les utiliser à son gré. La désapprobation des aides familiaux vis-à-vis de cette nouvelle situation se manifeste par une obéissance plus réticente dans l'exécution des travaux, médiocrement effectués comme une corvée, et surtout par l'émigration des jeunes gens. Cette dégradation des rapports intra-familiaux est d'autant plus ressentie au sein des familles que la réconfort, la sécurité et la solidarité, assurés par les classes d'âge dans les villages traditionnels, ne le sont pas dans les villages AVV, créés de toutes pièces et regroupant des familles d'origines différentes.

On comprend le peu d'intérêt que les paysans attachent au projet de constitution de communautés villageoises démocratiques. Le baptême des villages, laissé à l'initiative de l'assemblée des paysans, ne s'effectue pas toujours comme prévu et l'on observe même parfois la subdivision plus significative de certains villages en plusieurs quartiers.

Dans d'autres cas, les paysans du même village proviennent de régions tellement différentes, sur le plan géographique aussi bien que sur le plan social et culturel, qu'ils entretiennent entre eux des rapports tendus, préjudiciables aux activités collectives (moulin, pharmacies villageoises, banques de céréales) qui leur donnent l'occasion d'affirmer leur origine et de manifester la solidarité ethnique ou régionale.

La récente réorientation de la stratégie d'intervention de l'AVV permettra-t-elle, dans ces conditions, de surmonter les diverses difficultés évoquées ci-dessus ?

Vers des aménagements mieux adaptés, une exigence des sources de financement extérieurs et des paysans

Les difficultés de l'AVV sont nombreuses. Les sources de financement estiment que le coût d'installation des familles est très élevé ; les paysans installés dénoncent les méthodes dirigistes et centralisantes de l'AVV ; le développement des migrations spontanées vers les vallées perturbe la réalisation du schéma directeur d'aménagement et les populations riveraines des blocs aménagés s'insurgent contre l'installation de paysans modernes et « privilégiés » sur leurs terres. Une réorientation des méthodes de l'AVV était donc nécessaire ; elle a été engagée en 1980. L'AVV intervient désormais dans des Unités de Planification (UP) comprenant plusieurs Unités de Développement autonomes (UD) qui regroupent non seulement les villages AVV mais également les villages traditionnels voisins et les migrants spontanés, dans le cadre d'un développement régional « plus intégré ». Elle a aussi deux fonctions essentielles : une fonction « aménagiste » et une fonction « projets ».

La fonction « aménagiste » se réduit à la coordination de la politique relative à l'aménagement, de concert avec les ORD et tous les autres services locaux de l'État, des périmètres AVV (village AVV) et des zones hors-AVV formant une entité géographique et administrative, et à l'identification, la conception et la programmation des actions de développement entreprises dans le territoire concerné.

La fonction « projets » consiste en l'élaboration et la réalisation de projets de colonisation des terres qui disposeraient dorénavant de structures d'exécution autonomes, relayées progressivement par les services locaux de l'État (ORD, santé, HER, éducation, environnement, etc.) dans un délai de cinq ans. Cette décentralisation est accompagnée par la mise en place dans les UP et les UD de structures légères, jugées plus efficaces et moins coûteuses, s'occupant à la fois du recrutement, de l'installation des migrants, de la réalisation des infrastructures sociales, de l'encadrement, de l'équipement des paysans, etc.

Si la mise en œuvre de la nouvelle stratégie d'intervention rend caduque l'appréciation faite ci-dessus sur les blocs AVV et s'il est évidemment hasardeux de présager des résultats de l'AVV nouvelle formule, remarquons tout de même que ni les paysans transférés, ni ceux vivant dans les villages traditionnels riverains, ni les migrants spontanés n'ont en réalité été directement associés à son élaboration. Les familles installées par l'AVV sont quelque peu « perdues » et font encore moins confiance à cette société d'intervention. A leurs yeux, elle n'a pas de stratégie précise et, procédant par tâtonnements, les a finalement entraînées dans une aventure loin des leurs. Les paysans des villages traditionnels pensent, quant à eux, que l'AVV nouvelle formule leur fait justice mais ils restent enfermés dans les structures villageoises (chefferie, système de production, etc.) au point de ne pas être suffisamment motivés pour adhérer totalement à l'opération. Les migrants spontanés, attachés à une certaine liberté de manœuvre, craignent par contre d'être soumis d'autorité aux normes de production de l'AVV qui n'ont pas encore fait la preuve de leur efficacité.

La coexistence désormais reconnue entre les trois groupes de paysans (migrants AVV, migrants spontanés et paysans autochtones) et les éleveurs s'aggravera certainement les conflits évoqués plus haut tant que la question foncière ne sera pas résolue et qu'une stratégie globale d'intervention, prenant en compte les intérêts réels de toutes les parties concernées, ne sera pas clairement définie. S'il est vrai que la réorientation des méthodes d'action de l'AVV révèle l'échec de l'expérience de mise en valeur des vallées des Volta grâce à des transferts de population et à l'assolement mils-coton-jachère, il n'en demeure pas moins vrai que le choix maintenu par cette société d'aménagement pour une approche technocratique et productiviste du développement, aussi intégré soit-il, constituera un handicap sérieux à la réalisation des objectifs de l'AVV.

HYPOTHÈSES ET CONCLUSIONS

Le modèle de développement de l'AVV, caractéristique de nombreux projets dits de « développement intégré » exécutés dans les pays sahéliens, n'a pas été conçu par les ruraux. Il a non seulement été imposé au monde rural mais il a été également tenu peu compte des intérêts et des logiques des populations concernées. En fait de développement intégré, il n'en répond que dans le discours de ses promoteurs. Le modèle focalise plutôt dans sa réalisation sur certains secteurs dits « productifs » de la vie rurale (accroissement de la population cotonnière dans l'AVV). C'est pourquoi les systèmes de production et de gestion des ressources effectivement mis en place ne correspondent généralement pas à ceux prévus par des techniciens, même s'ils diffèrent aussi de ceux qui prévalent avant l'exécution des projets, car les populations rurales élaborent toujours des stratégies individuelles et collectives pour se dérober un tant soit peu aux obligations qui leur sont faites dans ces projets. Tant qu'on privilégiera, comme on le fait dans le modèle des techniciens, les rendements et non la productivité (en considérant le paysan ou le pasteur comme un simple facteur de production comme la terre, le forage ou l'engrais) et les intérêts lointains (villes et métropole), les projets de développement, aussi bien techniquement montés soient-ils, porteront des germes d'échec dès leur mise en route et finiront plus ou moins par échouer.

Il importe plutôt de partir des connaissances et des intérêts des populations concernées dans l'élaboration, l'exécution, le suivi et l'évaluation de ces projets en vue d'une amélioration du « dedans » des systèmes de production. Les systèmes de production conçus par les Sahéliens eux-mêmes serviraient alors de guide dans cette démarche que le Comité Inter-État de Lutte contre la Sécheresse du Sahel (CILSS) a tout de même quelque peu empruntée dans sa « stratégie révisée ».

Prendre en compte le modèle de production des paysans sahéliens

Les modèles de production et de gestion conçus par les paysans et réalisés (en fonction tout de même de nombreux facteurs exogènes) par eux-mêmes dans leurs terroirs diffèrent largement de ceux des techniciens des projets de développement qui, lorsqu'ils s'y intéressent, ne s'en tiennent en fait qu'aux seuls aspects susceptibles de faciliter la réalisation des leurs. En effet, les systèmes de production des terroirs villageois non assujettis à la nomenclature commerciale visent actuellement trois objectifs bien hiérarchisés : assurer d'abord l'autosuffisance vivrière et particulièrement la sécurité céréalière des familles ; produire ensuite, si possible, des cultures commerciales susceptibles de procurer l'argent nécessaire à l'acquisition de biens marchands ; et « accumuler » enfin sous forme de petit — et surtout de gros — bétail, qui jouent le rôle d'une caisse d'épargne sur pied. C'est pourquoi les paysans associent toujours la polyculture à l'élevage mais aussi, lorsque c'est possible, à d'autres activités économiques (artisanat, petit commerce, « migration de travail », etc.). Ils disposent ainsi d'un « système d'activités » et non d'une activité unique propre au modèle des techniciens.

La division du travail agricole (activité fondamentale) au sein de leur famille s'effectue en fonction de la place que chaque membre y occupe. C'est ainsi que la production céréalière est essentiellement faite sous l'autorité du chef de famille qui en est le responsable et le gestionnaire des récoltes. Elle est pratiquée dans les champs collectifs, généralement dispersés à travers le terroir villageois pour des raisons d'adaptation aux différents types de sols et de sécurisation vis-à-vis des risques climatiques, et entretenus par tous les membres de la famille.

Par contre, les cultures commerciales (arachide, coton) et toutes les autres cultures (légumes, etc.) peuvent être pratiquées dans des champs individuels par les dépendants (fils, femmes, frères, etc.) qui les entretiennent pour leur propre compte.

Si les autres activités économiques (commerce, artisanat, etc.) sont souvent effectuées sous le contrôle du chef de famille, elles peuvent également être exercées, de façon autonome, par les autres membres de la famille qui sont, dans ce cas, les principaux bénéficiaires.

Parallèlement à l'unité de production de base centrée sur la culture collective des mils coexistent ainsi des sous-unités de production et, par conséquent, une organisation décentralisée de consommation des produits autres que les mils et un agencement centripète des budgets de la famille qui fait ressortir une opposition/complémentarité entre le budget collectif et les budgets individuels, parfois très parcellisés. Il en résulte que, si les systèmes de production agricole relèvent du même système social et de son histoire et présentent, de ce fait, les mêmes combinaisons majeures entre les facteurs de production (prépondérance des méthodes extensives sur les champs dispersés à contours irréguliers, polyculture, appropriation collective des terres, prépondérance du travail humain et outillage rudimentaire, etc.), l'existence de plusieurs centres de décision et de gestion secondaires au sein des familles favorise le développement de nombreuses techniques dont la composition est modifiée en permanence en fonction des intérêts du moment et des moyens dont disposent les différents membres de la famille. Aux choix globaux des paysans en matière de combinaisons des facteurs de production disponibles s'intègrent, donc, ceux liés à un système de gestion des ressources (terres, main-d'œuvre, etc.). Par exemple, les chefs de famille étendue ont l'exclusivité de la gestion des champs de case et ceux de famille restreinte de quelques champs de village, tous les autres devant se contenter des champs de brousse, ce qui indique le primat du collectif sur les terres les plus productives.

En effet, la pression du collectif (à l'échelle familiale et de la communauté villageoise) sur les ressources (terres, arbres, eau, etc.), plus forte dans les environs immédiats des villages, diminue progressivement au fur et à mesure qu'on s'en éloigne. La relative intensification des méthodes et pratiques culturales évolue également dans le même sens, c'est-à-dire inversement aux risques de dégradation du milieu écologique. Ceci traduit indubitablement de remarquables modes d'adaptation aux conditions écologiques, aux besoins collectifs et individuels des familles et aux logiques des paysans dont les projets de développement intégré devraient plutôt s'inspirer en vue d'une amélioration des systèmes de production ruraux. Techniciens et autres spécialistes du développement n'imposeraient plus alors leur modèle qui, du reste, n'a généralement pas remporté grand succès. Ils accorderaient simplement un appui aux populations rurales qui, après un diagnostic de leur situation et de celle de leur terroir, seraient en mesure d'élaborer et de mettre en œuvre les stratégies nécessaires à l'amélioration de leurs systèmes de production.

Autrement dit, il s'agirait, comme l'indique bien « la stratégie révisée » du CILSS, de « rendre à l'Homme son rôle de moteur du développement ».

Le CILSS et sa stratégie révisée

Le Comité Inter-États de Lutte contre la Sécheresse dans le Sahel, créé en 1973, regroupe actuellement neuf pays africains frappés par les dernières années de sécheresses successives : Burkina, Cap-Vert, Gambie, Guinée-Bissau, Mali, Mauritanie, Niger, Sénégal et Tchad. Il dispose d'un Secrétariat Exécutif à Ouagadougou et de deux institutions spécialisées de recherche et de formation : l'Institut du Sahel de Bamako et le Centre Régional d'Agro-Météorologie et d'Hydrologie (AGRHYMET) de Niamey. En collaboration avec la Communauté Économique des États de l'Afrique de l'Ouest (CEAO), il a aussi créé le Centre Régional d'Énergie Solaire (CRES) de Bamako. Les pays du CILSS et leurs partenaires ont fondé en 1975 le « Club des Amis du Sahel » en vue de donner une expression concrète à leur coopération.

Le premier acte commun du CILSS et du Club du Sahel a été de bâtir une stratégie de développement des pays sahéliens, « la stratégie d'Ottawa » adoptée en 1977 avec son programme de première génération comportant environ 600 projets. Face à l'évolution de la situation de la région sahélienne et compte tenu de l'amélioration de la compréhension de cette situation, la stratégie du CILSS a été révisé en 1985. Concrètement, on est passé d'une stratégie fondée sur le développement par secteur et principalement des secteurs productifs (culture pluviales, cultures irrguéees, etc.) à une stratégie plus globale prenant en compte toutes les réalités sahéliennes. La stratégie révisée a ainsi trois grands objectifs :
— rendre à l'Homme son rôle moteur du développement ;
— rebâtir l'économie de la région sur des bases saines ;
— trouver un nouvel équilibre écologique et aménager l'espace en conséquence.

Cette stratégie, basée sur le fait que tout est lié (les hommes, leur économie et leur environnement) part d'une analyse sans complaisance de la situation actuelle du Sahel : une croissance démographique soutenue (2-3 % par an) ; une explosion urbaine (6-10 % par an) ; de fortes disparités régionales ; une dépendance alimentaire accrue (quelques 200 000 tonnes importées en 1960 et près de 1 000 000 tonnes de céréales actuellement) ; un déséquilibre croissant des balances commerciales ; un endettement de plus en plus lourd (4,5 milliards en 1983) ; une rupture de l'équilibre écologique grave, etc.).

Il s'agit donc d'opter pour un développement de masse, c'est-à-dire un développement touchant l'ensemble de la population et responsabilisant l'homme sahélien vis-à-vis de la réhabilitation de son milieu car ces bilans-programmes (des projets de première génération) montrent que ce sont surtout les facteurs sociaux (marginalisation des producteurs ruraux notamment) qui expliquent l'insuccès des politiques mises en œuvre dans les différents secteurs du développement : intensification des cultures pluviales, extension des cultures irriguées, etc. Les systèmes de production sahéliens ne peuvent en réalité être efficaces que lorsqu'elles viennent en appui à des initiatives locales, propres aux populations concernées. Ceci implique une révision de la conception même du développement à laquelle doivent être désormais associés tous les Sahéliens, informés mais aussi formés au changement. On ne développe pas quelqu'un, on l'aide plutôt à se développer et le développement est avant tout l'affaire de tous.

Concrètement, il s'agit dans cette stratégie révisée du CILSS d'élargir la base productive de l'économie sahélienne en privilégiant l'approche globale des problèmes du développement. C'est ainsi, par exemple, que la recherche doit concevoir, en rapport avec les paysans et les éleveurs, de nouveaux systèmes de production plus performants et adaptés à chaque terroir et aux conditions socio-économiques locales. L'équilibre ainsi recherché entre l'homme sahélien, son économie et son environnement se situent dans le cadre global d'un nouveau système de gestion intégrée des ressources garantissant la satisfaction des besoins actuels mais également ceux des générations futures.

Un autre aspect du caractère intégré de la stratégie révisée du CILSS est l'articulation qui a été forgée entre les niveaux national et régional dans sa mise en œuvre. En effet, cette stratégie sert de base aux stratégies nationales qui tiennent néanmoins compte des contraintes et des objectifs propres à chaque pays membre du CILSS. Ainsi elle sert aussi de guide aux politiques sectorielles et à une planification plus « stratégique » intégrant à la fois les besoins actuels et les besoins futurs. La cohérence entre les stratégies nationales et les actions régionales d'appui sont, quant à elles, assurées par le CILSS et ses institutions spécialisées.

Dans son approche des problèmes de lutte contre la sécheresse (et le développement) et dans sa mise en œuvre, la stratégie révisée répond bien aux préoccupations de la gestion intégrée des ressources (et du développement intégré). Mais son succès tient, à ne pas en douter, au respect des engagements pris par les États membres du CILSS et du soutien de la communauté internationale qui, s'ils faisaient défaut, réduiraient cette stratégie en un beau discours dont les populations sahéliennes ne seraient pas dupes.

L'aide de la communauté internationale devrait être réorientée parce qu'elle s'est encore peu concentrée sur la production alimentaire et la réhabilitation de l'environnement, secteurs pourtant prioritaires de la stratégie du CILSS.

L'approche technocratique des problèmes de développement a conduit à la mise en œuvre de projets plaqués, sectoriels et conçus sans participation effective des populations, et qui ont pour la plupart échoué. L'expérience de l'AVV, en zone burkinabè, en témoigne bien.

Les dernières années de sécheresses successives ont certes durement frappé les pays sahéliens mais elles les ont tout de même amenés à réviser leurs politiques et stratégies de développement. Ces pays ont non seulement constitué, avec l'aide de la communauté internationale, un front commun de lutte contre la sécheresse et ses effets mais ils ont également élaboré une stratégie collective fondée maintenant sur l'approche globale des problèmes de la sécheresse et du développement. Cette nouvelle stratégie privilégie le modèle de gestion intégrée des ressources recentrant le processus de développement sur l'homme sahélien, désormais responsabilisé vis-à-vis de son milieu et de son avenir.

Dès lors on comprend l'important rôle que devraient jouer les populations sahéliennes dans le développement économique et social et la réhabilitation écologique de leur région par l'amélioration de leurs systèmes de production. Si, dans ces conditions, les systèmes traditionnels de gestion intégrée des ressources sont devenus inadaptés pour diverses raisons, non seulement ils offrent des cadres sociaux ou institutionnels (organisation communautaire) dont on devrait s'inspirer mais ils comportent également des éléments pertinents (« système d'activités économiques » et non activité unique, par exemple) que l'on devrait réhabiliter. Ceci nécessite une autre conception du développement et, par voie de conséquence, des changements de mentalité chez les producteurs, l'État et les sources d'aide auxquels les chercheurs (en sciences sociales notamment) doivent contribuer.

BIBLIOGRAPHIE

Ba Alioune et Ouedraogo D., *Des méthodes d'amélioration des systèmes de gestion en Afrique, la situation dans les pays sahéliens*. INSAH/Unesco, Bamako 1987, 97 p.

Bugnicourt J., *Disparités régionales et Aménagement du territoire en Afrique*, Paris, A. Colin, 1971, 354 p.

Burkina Faso, Ministère du Plan, *L'impact socio-économique du programme de lutte contre l'onchocercose au Burkina (1974-1984)*, Ouagadougou, 1986, 222 p. annexes.

Cheick B., *L'État et l'Espace en Afrique, problématique de la territorialité d'une ancienne colonie française. L'exemple du Sénégal* dans Labogehu, n° 4, 1985.

Funel J.-M. et Laucoin G., *Politique d'Aménagement hydro-agricole, développement en zones arides*, Presses Universitaires Françaises, collection technique vivante, Paris, 1980, 212 p.

Maldaguem, *Problématique de l'Approche intégrée : Notion de Développement Rural Intégré*, Unesco : CILSS-IS : Eismv-Ciem : Fapis, 1985, Publication n° 5.

Ministère du Plan, Burkina Faso, *L'impact socio-économique du programme de lutte contre l'onchocercose au Burkina (1974-1984)*, Ouagadougou, 1986, 222 p. annexes.

Ouedraogo O.D., *Aménagements hydro-agricoles, opérations « terres neuves » et déplacements de populations au Burkina de 1900 à nos jours*. Thèse de Doctora d'État, Bordeaux-III, 1986, 109 p. annexes.

LES FACTEURS SOCIO-CULTURELS DU DÉVELOPPEMENT

Les méthodes d'amélioration des systèmes de gestion des ressources relatives à la sécurité alimentaire dans la Sahel

Seydou SIDIBE

La crise alimentaire qui, depuis des années, frappe durement une bonne partie du Sahel trouve des racines profondes dans une multitude de désordres, de facteurs climatiques, humains, sociaux, techniques, économiques et politiques.

La dégradation des sols au Sahel, due à la désertification, à la déforestation, au feu, à l'abandon de la jachère, au surpâturage, montre que l'ensemble du patrimoine écologique est en danger.

Sur le plan économique, la sécurité alimentaire et l'amélioration des conditions de vie font que presque toutes les populations acceptent plus ou moins les projets et opérations de développement mis en place.

Sur le plan socio-culturel, les changements apportés par ces projets et opérations de développement sont perçus différemment :
— les jeunes se sentent libérés de l'ancien ordre social établi ;
— les femmes jouissent d'un peu plus d'autonomie ;
— les vieux ne sont plus consultés autant qu'avant et ils n'ont plus pouvoir final de décision ;
— les guérisseurs traditionnels voient leur pouvoir affecté par le recours des populations à la médecine moderne.

Les pays du Sahel doivent s'efforcer d'atteindre non pas l'autosuffisance alimentaire mais la sécurité alimentaire.

Le présent document brosse la situation qui prévaut et tente de faire des propositions de méthodes et de mesures pratiques d'amélioration des systèmes de gestion des activités et des ressources.

Importance des facteurs socio-culturels

Les facteurs sociaux et culturels jouant un rôle déterminant dans la vie des sociétés rurales doivent être pris en compte dans la formulation des projets de développement. Comprendre et utiliser les traditions et les conceptions de la population sur les problèmes importants pourrait faciliter le changement dans la direction souhaitée. On a tendance à croire que la tradition est un frein au développement. Cependant, les structures rurales existantes sont des forces capables d'apporter un changement positif. Les programmes de développement agricole doivent être non seulement attentifs aux pratiques culturelles mais aussi, et surtout, aux réalités sociales changeantes.

L'agriculture semble être devenue une affaire de femmes compte tenu de l'importante migration des hommes vers la ville, rendant ainsi la femme responsable de la terre, de l'éducation des enfants, des problèmes du ménage... Le déclin de l'agriculture africaine est généralement attribué en grande partie à la déstructuration de l'agriculture à base paysanne et familiale. Dans les villes, l'on a tendance à croire que développement est synonyme d'accroissement de la production, alors que d'autres facteurs, notamment sociaux et économiques, paraissent essentiels.

Un certain nombre de caractéristiques culturelles doivent être modifiées pour permettre un développement économique plus rapide des pays sahéliens. Il s'agit, entre autres, de :

— l'attitude profondément ancrée à l'égard de la propriété du sol, ce qui entraîne des taux faibles de formation globale de capital dans l'économie ;

— la façon dont certains groupes d'éleveurs considèrent leur bétail est un autre aspect culturel qui a souvent été mentionné comme un obstacle aux efforts de modernisation et de développement, notamment dans les zones pastorales ;

— certaines habitudes de consommation, fondées sur des attitudes culturelles, ont constitué un obstacle majeur aux efforts visant à améliorer le niveau nutritionnel de certaines collectivités du pays.

Les pays africains doivent savoir concilier développement et respect des croyances et des traditions. La nécessité d'organiser des campagnes d'alphabétisation, les avantages d'une couverture radio-rurale plus étendue et techniquement améliorée peuvent être appelés à servir d'instrument de transmission de connaissances aux paysans. Le respect des originalités culturelles dans l'introduction et l'utilisation des techniques nouvelles paraît essentiel. Chaque culture contient ses aspects positifs propres.

Notion de gestion intégrée des activités et des ressources dans les zones considérées comme systèmes ouverts

Les causes de crise alimentaire sont multiples et variées et sont classées en quatre catégories : environnementale, biologique, socio-économique ou politique, ou une combinaison de certains ou de tous ces facteurs.

Le problème environnemental le plus connu est la sécheresse qui, périodiquement, affecte le Sahel. Les zones touchées par la sécheresse ont tendance à s'étendre, rendant ainsi difficiles les prévisions de chute de pluie. L'autre facteur important inhérent à l'environnement est la fragilité et la stérilité du sol sahélien. Cette situation est aggravée par l'utilisation traditionnelle et non-planifiée de la terre : pâturages excessifs, déforestation, érosion du sol.

Parmi les facteurs biologiques, il faut inclure les cultures non-appropriées, l'épuisement des animaux, la déstruction des récoltes par les maladies et les insectes, et des animaux domestiques par les maladies contagieuses telle que la peste bovine.

Parmi les facteurs politiques et économiques, l'absence d'une institution cohérente fait qu'il est impossible d'adopter la technologie appropriée.

Tout projet de développement intégré au Sahel passe par :

— l'organisation de la production, du crédit agricole, de l'approvisionnement, de la commercialisation, du transport et de la transformation primaire des produits agricoles, animales et piscicoles ;

— une approche de développement visant tous les aspects de l'amélioration des conditions de vie de l'Homme et de son environnement ;

— la création et le perfectionnement de structures appropriées pour la mise en œuvre des programmes, des investissements et des actions concourant au développement harmonieux du secteur de l'économie rurale ;

— l'élaboration de « paquets technologiques » pour appuyer les systèmes de production, la formation, l'organisation des producteurs ;

— l'insertion de volets d'accompagnement telles que l'action coopérative, les pistes rurales, l'hydraulique, la santé, etc.

— la connaissance des facteurs socio-culturels qui prévalent dans le milieu.

Des « Opérations de Développement Rural » (ODR), créées au Mali, ont permis d'obtenir des acquis dans le domaine de la formation des producteurs, de l'amélioration des conditions de production et de l'accroissement de cette production. Ces acquis ont favorisé la création des associations villageoises qui inspireront les autorités maliennes concernant la création des « Tons Villageois ».

L'un des problèmes du Mali est de mettre au point des modèles de production agricole plus performants, adaptés à un espace plus restreint et qui dégagent un surplus permettant de nourrir les populations urbaines et de disposer de quelques produits d'exportation. C'est la condition nécessaire de tout développement et, si cette base n'est pas assurée, aucun projet de société meilleure ne pourra s'édifier. La bonne gestion de tout projet doit s'appuyer fortement sur les facteurs socio-culturels.

Systèmes fonciers

Le système de possession de la terre est régi par le droit coutumier. Cependant, le droit d'usage de la terre est assez aisé sur le plan juridique : toutes les terres appartiennent à l'État mais, en pratique, le chef de village, qui est l'intermédiaire entre les autorités gouvernementales et les habitants du village, est le tenancier des terres du village et les distribue selon les règles traditionnelles. Ce sont généralement des chefs de famille qui en font la demande, bien que tous les hommes (pas les femmes) peuvent y accéder. Les parcelles de terre qui leur sont cédées gratuitement sont héritées de père en fils mais elles peuvent faire l'objet de retrait à tout moment, soit par le chef de village après décision du Conseil de Village, soit par l'autorité administrative pour des fins d'intérêt public.

La législation actuelle donne à l'État malien la haute main sur les droits domaniaux. Les jugements fonciers des autorités locales sont souvent arbitraires, motivés la plupart du temps par des attitudes partisanes ou par des intérêts personnels !

Officiellement l'État malien a conservé tous ces textes, mais il a pris un certain nombre de dispositions spécifiques liées au principe qu'un État indépendant doit contrôler son développement économique. La loi du 22 mai 1959 permet, en effet, à l'État de s'attribuer n'importe quel terrain, objet d'un droit coutumier : désormais l'État peut exproprier sans indemniser les droits fonciers coutumiers. Dans cette logique, les droits coutumiers sont bel et bien condamnés à disparaître. Une ordonnance de 1974 permet la reprise d'une terre de la part de l'État pour non-mise en valeur ou insuffisance de mise en valeur.

Dans l'État malien moderne, on a laissé fonctionner librement le système anté-colonial de tenure foncière. De ce fait, toutes les interprétations et tous les abus sont possibles : chaque groupe social, chaque individu se comporte en véritable propriétaire en essayant de garder l'exclusivité de l'exploitation d'une terre, d'où une confusion et des conflits interminables en l'absence d'instruments juridiques appropriées. En fait, le foncier est devenu le point de convergence de deux objectifs principaux : un objectif économique qui consiste à rentabiliser la terre, et un objectif politique qui consiste à maîtriser et à contrôler les groupes sociaux.

En conclusion, malgré la complexité de ce sujet, on peut dire qu'au Mali, sous la pression de la croissance démographique et des interventions des *opérations de développement*, le régime est écartelé entre une législation floue et éloignée des réalités et une tradition encore vivante mais en perte de vitesse. Une telle situation favorise les abus de certaines couches de la population. Plusieurs instances nationales ont recommandé une restructuration complète du foncier, dans le sens d'une décentralisation et d'une responsabilisation accrue des groupes sociaux locaux.

La mise au point d'un droit foncier réaliste et efficace est une démarche dont l'urgence s'impose.

Techniques culturales

Au Mali, deux techniques culturales prévalent dans l'agriculture :
— la technique « traditionnelle » (pratique de la culture à la houe, très peu d'intrants agricoles) ;
— la technique « moderne » (culture attelée, mécanisée, emploi des engrais et des fongicides sous la direction d'un encadrement plus ou moins dense.)

Les différents thèmes techniques, (assolement, respect du calendrier cultural) introduits notamment grâce à l'œuvre des audiothèques rurales soutenues financièrement par le PNUD (Programme de Développement des Nations Unies) ont permis une augmentation de la productivité par hectare.

La politique agricole du Mali vise à transférer progressivement la responsabilité de la modernisation et de l'augmentation de la production agricole au paysan alphabétisé, techniquement formé et responsabilisé par l'organisation de ces « Tons » qui sont, en fait, des formes améliorées de coopératives villageoises.

La complémentarité des cultures et des autres activités (élevage, pêche, chasse...) permettrait éventuellement aux pays du Sahel de tendre vers l'autosuffisance alimentaire. Ceci nécessite au préalable l'analyse approfondie des techniques agro-pastorales et du système vivrier traditionnel, éléments indispensables pour intégrer les projets dans le milieu naturel.

Utilisation de l'espace

Les interactions entre l'agriculture et l'élevage entraînent des relations compliquées entre éleveurs et agriculteurs, souvent entre ethnies différentes, sur les droits de passage, de pâture et fumure des champs, d'abreuvement, etc. La complexité de cette situation a été reconnue depuis fort longtemps et un code foncier à vocation pastorale a été mis

223

au point par Sheikou Amadou au début du XIXᵉ siècle. Ce système — la *Dina* — a réglé l'exploitation des terres et des parcours jusqu'à la fin de l'époque coloniale.

Après l'indépendance, les terres incultes ont été considérées comme appartenant à l'État et donc disponibles pour tout le monde, soit pour la mise en valeur agricole soit comme parcours. Les résultats n'ont pas été toujours heureux. L'exploitation des parcours est devenue de plus en plus anarchique : les aménagements agricoles et hydro-agricoles semblent avoir été entrepris sans toujours tenir compte de l'utilisation rationnelle et optimale du terroir et l'éleveur se trouve souvent avec ses pâturages de saison sèche cultivés par un tiers, avec ses voies de passage barrées par des cultures, avec accès aux points d'abreuvement rendu difficile. L'expansion des cultures, non réglementée, se fait toujours par tâche sur les meilleurs sols. Les champs de culture ne sont pas clôturés et donc une superficie de culture, même réduite, peut rendre inaccessible au bétail une terre assez vaste pendant l'entière saison des cultures.

De nos jours, le double équilibre recherché (équilibre entre exploitation pastorale et exploitation agricole/équilibre entre le pâturage et le troupeau) par l'organisation agro-pastorale mise en place par la Dina n'existe plus.

La situation fourragère et son incidence sur le nombre d'animaux et la production par tête est à la base des différences d'efficacité entre les systèmes d'élevage.

La gestion des pâturages est complexe car une véritable gestion réglant intensité, mode et utilisation n'existe nulle part. Tout au plus peut-on parler d'une certaine répartition de l'espace entre groupes d'utilisateurs, répartition qui peut même être bouleversée d'une année à l'autre selon les conditions climatiques, et au cours des années par l'évolution des systèmes d'élevage. Du fait que les droits d'utilisation ne sont pas garantis, personne ne prend les décisions de gestion qui doivent maintenir le potentiel de production des pâturages à long terme. En outre, l'éleveur lui-même n'a pas d'autres possibilités que d'exploiter son environnement jusqu'au bout.

En conclusion, c'est dans un espace incontrôlé qu'élevage et agriculture sont pratiqués. La terre, de plus en plus rare, devient l'objet d'un conflit intense entre éleveurs et agriculteurs. Dans ce conflit, l'élevage est le grand perdant : l'agriculture est maîtresse de toute la zone méridionale et centrale, tout en occupant les meilleures terres dans d'autres régions. Cette extension désordonnée des surfaces cultivées risque de déstabiliser profondément l'élevage. De plus, elle marque l'émergence d'un nouvel « ordre social » dans certaines zones où la pénurie des terres conduit à une appropriation des meilleures par certaines couches sociales.

Il est important que les questions de l'utilisation rationnelle de l'espace soient étudiées au plus haut niveau et qu'une planification de l'utilisation des ressources naturelles soit faite au niveau régional et local.

Exploitation des ressources énergétiques

La conservation et l'aménagement des formations naturelles n'ont pas reçu l'attention et les moyens dont ils devraient faire l'objet. La protection des ressources naturelles par la répression a largement pris le pas sur la responsabilisation des populations et la recherche de leur participation dans l'aménagement, la gestion et le développement de ces ressources. Les actions de reboisement avec des essences exotiques tendant à dénaturer l'environnement sont en progression notoire, sans pour autant combler les prélèvements effectués. Les actions de défense et de restauration des sols sont restées timides.

La faune, la pêche, la pisciculture et l'apiculture semblent des domaines négligés.

Les projets forestiers ne constituent pas un ensemble cohérent avec les actions menées par les services de l'agriculture (compétition pour les sols les plus fertiles) et avec le service de l'élevage (accroissement des effectifs du cheptel au détriment du couvert végétal). L'aménagement des forêts naturelles constitue un domaine où les réalisations se limitent, pour l'instant, à l'ouverture de pare-feux ou à des travaux d'enrichissement très circonscrits par manque d'expérience en la matière.

La déforestation s'accentue sous l'effet :

— des défrichements agricoles (environ 300 000 à 400 000 hectares/an). On estime que, si les tendances actuelles persistent, d'ici l'an 2000 le domaine agricole augmentera de 6 millions d'hectares (plus 42 %) ;

— de la mutilation des ligneux fourragers par les bergers (surtout les chevriers).

Stockage, transformation et distribution

Stockage

Le stockage des céréales dans les villages se fait sous forme de grains ou d'épis dans les greniers en matériaux locaux. C'est cette solution que la société traditionnelle malienne avait retenue depuis des temps immémoriaux. Cependant, il s'agit là d'un domaine dont l'amélioration technique est nécessaire. Le Mali, à l'instar d'autres pays du Sahel, s'est orienté vers la constitution de stocks de sécurité « modernes », alimentés par des céréales locales. Ces stocks de sécurité doivent être conçus en complément d'un stockage traditionnel, restauré, amélioré et développé. Le problème qui reste posé est celui de leur gestion et leur répartition.

Transformation

Au Mali, trois modes de transformation se côtoient :
— la transformation traditionnelle, axée principalement sur les besoins de la famille, n'a pu s'adapter convenablement à l'évolution socio-culturelle des populations ;
— la transformation industrielle, visant à satisfaire le maximum de demandes tout en générant des profits, est souvent victime des transferts inappropriés de technologie ;
— la transformation artisanale, proche de la transformation industrielle quant aux objectifs, mais qui rejoint la transformation traditionnelle quant aux moyens.
La bonne gestion de ces différents modes est fonction des facteurs socio-culturels. Afin de résorber l'exode rural et de diminuer le chômage dans les grands centres urbains, il s'agira d'entretenir les deux modes de transformations artisanale et industrielle qui sont, avant tout, complémentaires. Le rôle des femmes est essentiel dans le domaine de la transformation et beaucoup d'initiatives locales réalistes, souvent couronnées de succès, proviennent d'elles.

Commercialisation

Le gouvernement du Mali a adopté la libéralisation du marché céréalier, tout en confiant à l'organisme chargé de la commercialisation (OPAM) la mission de régulateur à partir des stocks modérateurs. Mais, finalement, son rôle a été sérieusement réduit, l'amenant actuellement à jouer un simple rôle de constitution de stocks de sécurité. La commercialisation des autres produits (fruits et légumes, paddy, etc.) doit faire l'objet d'un examen attentif. Le gouvernement offre au producteur un prix officiel plus bas que celui du commerce libre.

Exemple de gestion intégrée des activités et des ressources fondée sur le savoir et les techniques traditionnelles et les initiatives locales

Dans la région du delta intérieur du fleuve Niger, qui constitue sans doute l'une des régions pastorales les plus importantes du Mali, depuis les temps historiques de la Dina de Sheikou Amadou (1818-1862), il y a eu l'élaboration d'un véritable code pastoral, dont les principaux objectifs ont été :

— la coexistence de l'élevage et des autres activités économiques (agriculture et pêche) ;

— la sédentarisation des communautés d'éleveurs dans les villages, tout en préservant la nécessaire mobilité des troupeaux.

La région du delta tout entier a été divisé en trente-sept territoires *(leydi)*, chacun représentant la base géographique d'une organisation agro-pastorale où le pastoralisme garde une position prédominante (la préséance de l'élevage sur l'agriculture et la pêche ayant une signification plus sociale qu'économique, avec le but de créer et maintenir une hiérarchie sociale donnée). Chaque *leydi* a une réalité géographique incontestable, au-delà du caractère administratif et politique. L'exploitation pastorale y est le fondement de l'appropriation effective, quoique riche de nuances, une situation exceptionnelle en Afrique Noire pour des terres non cultivées. D'une part, il y a le village peul entouré de ses pâturages (le *bourgou)*, de l'autre, le village *(rimaybé)* entouré de ses champs.

La mission du *leydi* est d'instaurer un équilibre entre les activités pastorales et agricoles et aussi de maintenir l'équilibre entre les pâturages disponibles et la population animale, par la limitation du nombre des troupeaux venant de l'extérieur. Le découpage de l'espace pastoral est effectué en fonction de deux exigences : assurer une bonne exploitation des pâturages du delta, et d'y permettre une circulation aisée des troupeaux.

Il est à signaler, cependant, que les « Peuls du Macina » n'ont pas réussi l'assimilation culturelle et l'intégration socio-économique de tous les peuples du delta. La carte des *leydi* ne couvre pas sa surface entière. Les « blancs » sont nombreux : des villages agricoles bambara à la lisière et des « noyaux » marka à l'intérieur même du *bourgou*, des communautés bozo semi-nomades et mêmes des groupes peuls dispersés. De l'autre côté, même une organisation de l'espace extra deltaïque a été réalisée, imposée par les hautes eaux qui submergent annuellement le delta et qui chassent les troupeaux vers les brousses exondées. Les marchés périphériques ont été occupés, soumis ou, pour le moins, surveillés.

De nos jours, la situation se présente de la façon suivante, rendant ainsi difficile la gestion rationnelle des activités et des ressources :

— la poussée de l'agriculture qui entraîne une augmentation des surfaces cultivées à un taux voisin du taux d'accroissement de la population agricole ;

— l'augmentation des troupeaux due, pour une bonne part, aux soins vétérinaires alors que la poussée agricole opère une réduction de l'espace pastoral ;

— la modification des structures de propriété du cheptel, la reconversion des surplus agricoles et des liquidités financières s'effectuant dans l'élevage bovin. En conséquence, un nombre croissant de propriétaires de troupeaux ne sont pas des éleveurs tandis qu'un certain nombre d'éleveurs traditionnels sont dépossédés de leurs animaux et deviennent les bergers salariés des propriétaires entiers.

Dans le delta, la compétition entre l'agriculture et l'élevage est devenue particulièrement grave, l'agriculture aurait retiré une portion très importante des terres qui appartiennent à l'élevage. A côté de l'extension des rizières traditionnelles, il y a eu la mise en casiers rizicoles des *bourgous* pastoraux. La faiblesse des crues a forcé les agriculteurs à empiéter sur des bassins profonds qui renferment les meilleurs bourgouttières de tout le delta.

Plus au nord, par exemple en zone lacustre, l'activité agricole se multiplie autour des lacs et des mares où l'humidité du sol compense l'insuffisance des précipitations, signifiant la disparition des meilleures pâturages.

Exemple de création endogène de nouvelles techniques d'aménagement des terres et de gestion des ressources naturelles

Technique de conservation des eaux et du sol en pays dogon

Malgré le fait que les travaux traditionnels de conservation des eaux et des sols soient entretenus et développés dans beaucoup de régions du Sahel, les spécialistes de la conservation du sol ont, presque sans exception, méconnu leur existence et proposé les techniques et les approches qui leur sont familières. Dans ces conditions, les techniques modernes de conservation des eaux et des sols n'ont généralement pas été adoptées d'emblée par la population locale.

Au Mali, en pays dogon, les techniques traditionnelles sous forme de diguettes en pierre sont utilisées par les Dogons sur une altitude de 200-500 m avec une pluviométrie de l'ordre de 550 mm et une population de 20 à 50 habitants au km². Les cultures qui s'y effectuent sont le mil et le sorgho principalement. La terre arable est apportée sur les hauteurs et on confectionne à partir de cette terre des bandes de terrasses bordées par des diguettes de pierre. Par tradition, les travaux de conservation des eaux et du sol (CES) sont effectués par des familles dogon uniquement ou par les groupes qui exploitent directement la terre. Les paysans dogons ne peuvent pas se permettre d'attendre des bénéfices de la CES à longue échéance. Seuls des résultats à brève échéance peuvent mobiliser leur intérêt pour la CES.

Les diguettes en pierres utilisées par les Dogons sont moins fragiles que leurs homologues en terre, d'entretien facile et peuvent absorber les eaux pluviales du dehors. Pendant la saison sèche, alors que les hommes sont engagés dans l'irrigation ou d'autres activités génératrices de gain, les femmes contribuent beaucoup aux travaux de conservation. Par exemple, le transport des pierres pour les diguettes est souvent fait par les femmes et les enfants.

A côté des techniques modernes complexes et probablement plus difficiles à appliquer par les paysans, il serait logique, là où les techniques traditionnelles sont connues, de déterminer jusqu'où elles sont maintenues et répandues, et de voir si de simples améliorations pourraient renforcer leur efficacité.

Rôle de la coopération technique entre pays en développement dans l'amélioration des systèmes de gestion des ressources à la sécurité alimentaire dans les pays du Sahel

Le développement des pays du Tiers Monde dépend largement de leur aptitude à assurer pleinement les progrès scientifique et technologique. La crise économique des années précédentes a amené plusieurs pays à se replier sur eux-mêmes et penser davantage en termes d'intérêts nationaux. Au Sahel, des tentatives de coopération sont faites mais les intérêts purement nationaux ont toujours prévalu sur l'intérêt régional. Or, la coopération technique entre pays en développement est essentielle ; entre pays voisins, elle est même vitale. Il existe un grand nombre de projets régionaux de coopération au niveau du CILSS, de la CEAO (Communauté Économique des États de l'Afrique de l'Ouest), de la CEDEAO et d'autres. Bien que les circonstances et les objectifs varient, ces projets ont un certain nombre de points communs. Ils visent tous à constituer des réserves régionales de vivres, à faciliter les échanges de techniques entre pays de la région, à créer des réseaux d'information régionaux sur les ressources, et à améliorer l'efficacité de la reproduction vivrière par la création de centres régionaux de recherche.

Ce qu'il faut surtout éviter, c'est la duplication des institutions et des missions. L'information des chercheurs demeure un problème. Les revues scientifiques publiées dans les pays développés ne sont pas toujours disponibles et, de surcroît, elles coûtent cher. Au niveau du CILSS, le réseau RESADOC a mis en place un système de collecte de l'information et renforce les ressources des bibliothèques. Les moyens sont limités mais, si la coopération technique régionale et sous-régionale se développait, son champ d'action pourrait être étendu.

Au niveau de la recherche, la coopération reste faible. Cette coopération doit permettre l'harmonisation des actions de recherche par la création d'instituts de recherches sahéliens (Institut du Sahel, par exemple, basé à Bamako). En outre, les pays du Sahel ont besoin de se doter de banques de données fiables et favoriser ainsi la circulation de l'information et des chercheurs. Par exemple, l'existence du système d'alerte rapide assurant la surveillance des cultures dans la région peut promouvoir l'assistance mutuelle en cas d'urgence.

Des efforts sont faits pour tourner la recherche vers les problèmes de développement. Le dialogue entre spécialistes et populations locales mérite une attention particulière. Pour cela, il y a la nécessité de renforcer le potentiel des universités et des institutions sahéliennes. La formation des hommes est essentielle pour mettre en valeur le potentiel socio-économico-culturel du continent africain. Mais, si elle est indispensable, cette formation d'ingénieurs, de techniciens, de sociologues, d'anthropologues, etc. est coûteuse à l'échelle d'un seul État, d'où la nécessité de la mise en œuvre conjointe des institutions de formation technique et scientifique de haut niveau, vitales pour les secteurs essentiels de l'économie. Il y a, à ce niveau, une volonté de coordonner les initiatives, qui sont multiples.

Outre la coopération inter-africaine, la vraie coopération Sud-Sud est à encourager car elle permet non seulement des échanges fructueux entre pays mais, aussi, elle est porteuse de technologies appropriées. Des voyages d'étude, des séminaires régionaux, des échanges d'expériences entre structures de recherche permettent de créer et d'acquérir des techniques appropriées concourant ainsi au renforcement de la coopération régionale et sous-régionale.

Au Mali, la coopération Sud-Sud devient de plus en plus importante et se fait avec des pays tels que la Chine, le Bénin, l'Arabie Saoudite, la Libye. La raison en est que les techniques du Sud sont plus appropriées et plus douces que celles du Nord et leurs prix moins élevés. Des conventions de coopération ont été signées avec la République Populaire de Chine. L'une d'elles concerne la révision générale de la deuxième sucrerie du Mali, située à Séribala, et de l'usine de traitement de thé de Sikasso. Une autre s'inscrit dans les perspectives de développement par l'établissement de la cogestion sino-malienne : l'usine malienne de produits pharmaceutiques et le complexe sucrier de Kala.

Propositions de méthodes et mesures pratiques d'amélioration des systèmes de gestion

Le développement du Sahel a toujours été envisagé sans trop se préoccuper des facteurs socio-culturels. Les différents projets ont surtout mis l'accent sur l'accroissement de la production et n'ont pas attaché assez d'importance aux pratiques culturelles et aux réalités sociales changeantes. Or, le développement du Sahel revêt à la fois un aspect technique, un aspect organisationnel et un aspect politique.

Aspect technique

Il s'agit de mettre au point des modèles de production agricoles plus performants, adaptés à un espace économique structuré qui permet une intensification des échanges et une intégration des branches d'activités économiques. Ces modèles doivent être techniquement acceptables par des populations qui ne sont pas préparées à affronter de grands bouleversements technologiques et par des populations en grande partie illettrées et dont les capacités de gestion sont de ce fait limitées.

Ces modèles doivent être globaux car les problèmes agricoles, pastoraux, forestiers sont tellement imbriqués qu'il est vain, et même dangereux, de vouloir résoudre l'un sans l'autre. L'espace devenant limité, il faut réfléchir à sa répartition entre les parties prenantes et faire en sorte que les activités ne s'opposent pas mais se complètent.

Dans le domaine de la recherche, il faut éviter de dissocier recherche fondamentale et recherche appliquée. Une collaboration étroite doit s'instaurer entre universités, entreprises et pouvoirs publics. L'utilisation de technologies simples basées sur des matériaux locaux doit être encouragée. Quant aux technologies importées adaptées à l'environnement, elles pourraient être gérées et développées par les populations.

La recherche doit prendre davantage en compte les besoins exprimés par les producteurs. Les liens entre recherche et vulgarisation doivent être renforcés. C'est par l'intermédiaire des vulgarisateurs agricoles que doit se faire le transfert des connaissances. C'est donc vers leur information et leur documentation que doivent tendre les efforts. C'est sans doute le choix des thèmes qui apporte la meilleure réponse pour approfondir les domaines prioritaires relatifs au développement rural intégré.

Les stocks de sécurité doivent être conçus en complément d'un stockage traditionnel, restauré, amélioré, développé et non comme un remède miracle à la sécheresse. La sécurité de l'approvisionnement sera apportée au moindre coût par une combinaison de stockage traditionnel, amélioré, de stockage centralisé pour parer aux gros aléas et d'un développement raisonnable des irrigations qui sont indispensables pour produire les céréales dans des conditions de sécurité acceptables.

Aspect organisationnel

La mise en place rigide et centralisée de nouveaux modèles de production a été tentée un peu partout et ceci a entraîné des erreurs, parfois persistantes, ayant eu des conséquences tant à l'échelle nationale qu'à l'échelle d'une petite collectivité ou d'une famille, d'où la nécessité de décentraliser la mise en place de nouveaux modèles et d'associer les paysans à leur conception et à leur mise en place.

La formation des hommes est la condition première pour sortir du sous-développement, d'où la nécessité d'intensifier les investissements dans l'éducation et la formation qui sont indispensables.

Les différents programmes et projets de stratégies alimentaires et nutritionnelles mis en œuvre se caractérisent souvent par un manque de coordination tant au niveau des différentes institutions impliquées au sein des pays qu'au niveau des différents bailleurs de fonds intervenant dans un même pays ou une même région, d'où la nécessité de coordination dès la conception des programmes par la mise en place des outils nécessaires pour assurer l'intégration et l'harmonisation des différentes interventions.

Par ailleurs, des dispositions devraient être prises pour encourager les échanges d'expériences entre les pays.

L'utilisation d'un système d'information permet de concevoir, suivre, observer et mesurer les divers composants et mécanismes du système alimentaire. Il est proposé de concevoir des enquêtes légères qui répondent aux différents niveaux d'information nécessaires, d'éviter les doubles emplois et valoriser l'information qui existe dans le pays. Il faudra aussi préparer les enquêtes, y compris leur dépouillement informatique, assurer un traitement rapide de l'information collectée, et veiller à ce que les résultats soient largement diffusés.

Les stratégies alimentaires et nutritionnelles peuvent avoir des effets écologiques négatifs. C'est ainsi que l'élaboration d'un plan de lutte contre la désertification traduit en projets et programmes devient une nécessité.

Une politique de sauvegarde des ressources en bois se recommande, comportant, suivant les conditions locales, une rotation surveillée des coupes, un encouragement à la plantation des bosquets villageois, un plan de reboisement près des lieux de consommation, ainsi que la promotion des méthodes les plus efficaces de cuisson. Une telle politique aura un effet important de conservation, non seulement des ressources forestières mais aussi des eaux et, de façon générale, de l'environnement régional.

Dans le domaine de l'élevage, les innovations techniques sont à initier dans le secteur de la production du bétail au niveau des petits exploitants mais l'introduction de ces innovations ne se fera pas sans une connaissance approfondie des tabous religieux ou autres, des coutumes et de la sociologie des communautés villageoises. Ces innovations doivent être simples et ne doivent pas contrarier les activités agricoles normales.

Il faut adapter les structures des services d'élevage aux besoins des éleveurs et encourager la création des services de santé animale de base, appuyés sur des auxiliaires d'élevage, intermédiaires entre les services nationaux et les éleveurs. Leur rôle doit être de vendre les médicaments de base et d'administrer les premiers soins. Ils doivent également être chargé du diagnostic et des traitements anti-parasitaires et participer aux campagnes nationales de vaccination.

Aspect politique

La mise en place d'une politique de prix des produits et des intrants, la taxation des céréales et autres produits alimentaires importés posent, au fond, le problème de la répartition du maigre revenu national entre les populations rurales et urbaines. Créer les conditions pour que les nouveaux modèles soient adaptés par le monde paysan est fondamentalement un problème politique. Les modèles doivent être économes en produits importés, en investissement faisant appel à des biens venant des pays industrialisés, en carburant, en engrais chimiques. Aux engrais importés, on peut substituer les phosphates naturels locaux, l'assolement des légumineuses, la fumure animale procurée par une bonne association agriculture/élevage, les engrais verts. Ceci est indispensable pour que les modèles soient généralisables.

Les modèles doivent aussi être attrayants pour le paysan. C'est-à-dire que les prix des produits soient suffisamment élevés, ce qui suppose que les marchés soient protégés de la concurrence étrangère par un taux de change adéquat ou par des taxes. Il faut que les intrants soient offerts au paysan à un prix intéressant sans que le niveau de la subvention empêche la généralisation du modèle.

Participation des femmes

Un rapport élaboré par la FAO estime que les deux tiers environs des heures de travail effectuées dans le monde sont le fait des femmes et essentiellement des femmes vivant dans les zones rurales. Le travail de ces femmes consiste habituellement à nettoyer, battre et moudre le grain, à sécher le poisson ou à faire du fromage. Dans la plupart des pays en développement, elles préparent la nourriture consommée au foyer. D'autre part, elles participent fortement aux transactions, surtout lorsque les échanges restent traditionnels et n'ont guère de caractère commercial ou industriel. Elles mènent souvent de front travaux agricoles, activités ménagères et soins aux enfants. La situation des femmes ne correspond pas à la contribution qu'elles apportent à la société. Elles ont peu accès à l'instruction, elles sont moins bien nourries que les hommes en milieu rural.

Dans le domaine de l'industrie, sans éducation de base et sans formation professionnelle, la participation des femmes à l'industrie demeure nécessairement concentrée dans une large mesure sur les catégories non-qualifiées et peu rémunérées. Leur mise à l'écart est liée à leurs multiples responsabilités à l'intérieur de la famille et par l'absence de mécanismes de soutien appropriés ainsi que par la persistance des comportements et des préjugés sociaux.

Pourtant les femmes ont besoin d'argent ! Dans tous les pays du Tiers Monde, les économies de troc se transforment en économie qui exige un minimum de revenus en espèces pour satisfaire les besoins fondamentaux. Des études ont montré que même dans les ménages dont le chef est un homme, les femmes consacrent leurs revenus en espèces au bien-être de la famille alors que les hommes ont tendance à consacrer une plus grande part de leurs revenus à des biens de consommation de prestige. Dans la pratique, les femmes sont habituellement responsables de l'alimentation, de la santé et du bien-être de leurs enfants. Il est donc impérieux d'entreprendre des efforts particuliers en faveur des femmes et de les faire participer équitablement à tous les programmes et projets de développement.

Tout ceci passe par :

— la formation et l'information : la formation technique et l'alphabétisation fonctionnelle des femmes devraient être intensifiées ;

— l'organisation du milieu féminin : les associations féminines de base devraient être renforcées et soutenues. Il faudrait étendre la formation et la vulgarisation à toutes les activités des femmes ;

— l'amélioration des technologies : il s'agit d'adopter les technologies aux besoins du milieu et alléger le travail des femmes. Elles devraient pouvoir assurer elles-mêmes la maîtrise des technologies mises à leur disposition grâce à une meilleure formation à l'utilisation, l'entretien et même la réparation du matériel ;

— l'amélioration des facteurs économiques : la création d'un système de crédit permettant l'acquisition par les femmes de biens d'équipement et de technologies adaptées est une priorité absolue. Il faudra donner à la femme la possibilité de gagner plus d'argent pour elle-même ;

— la limitation des effets négatifs de la modernisation sur l'emploi et le revenu traditionnel des femmes.

En somme, il faut souligner que, avant toute planification de projets pour les femmes, il conviendrait d'examiner avec attention les éventuels interdits sociaux. Les problèmes culturels, lorsqu'ils existent, diffèrent d'un endroit à l'autre.

Le Sahel se trouve confronté à deux crises en même temps : a) la crise de la société rurale qui freine le développement des cultures de rente et entretient l'exode vers les villes qui gonfle la société urbaine ;

b) la crise de la société urbaine moderne qui conduit à accroître le prélèvement sur le monde rural, à refuser à celui-ci les moyens d'investir pour rendre plus efficient le système de production et amène ce monde rural à se replier sur lui-même. La sécheresse de ces dernières années, la mauvaise conjoncture internationale, ont rendu ces deux crises plus aiguës, mettant en évidence des déséquilibres physiques et économiques qui n'étaient pas cachés mais qui n'étaient peut-être pas évidents. Ni la sécheresse, ni la situation économique mondiale n'ont créé ces situations de crise.

Cette situation ne s'améliorera pas tant que des méthodes et des mesures pratiques ne seront pas envisagées. Le perfectionnement des systèmes de gestion des ressources et des activités devra donc être orientée vers l'élargissement de la base productive et, en particulier, vers la mutation du système traditionnel de production. La société sahélienne doit devenir, à son tour, une société de l'espace fini, une société qui s'accommode d'un nombre croissant d'hommes dans un espace donné et qui en tire le meilleur parti.

Cette mutation du système de production est un préalable à la réalisation de tout développement. Cependant, elle est largement conditionnée par la recherche de modèles globaux plus performants, économes en produits importés, généralisables, etc., par leur mise au point et leur transfert dans le monde rural.

BIBLIOGRAPHIE

Académie Royale des Sciences d'O.M., *Stratégie alimentaire et nutritionnelle*, 1986, Séminaires.

AGRA, Hollande 2, 1987.

Autosuffisance alimentaire en Afrique, Colloque, 24 septembre-2 octobre 1984, Bamako.

Banque Mondiale, *La pauvreté et la faim : la sécurité alimentaire dans les pays en développement. Problèmes et options*, 1986.

CEAO, *Avant-projet de la stratégie et du programme d'actions de la politique agricole commune des États de la CEAO*, mai 1987.

Club du Sahel, *Analyse des conditions de l'élevage et propositions de politique et de programmes*, avril 1987.

Information, juin 1987.

CNAVS, Bulletin d'information, n° 14, juillet 1987.

Diane J., *Production et transactions céréalières des producteurs agricoles : campagne 1985-1986*, avril 1987.

Division du Machinisme Agricole du Mali, n° 23, 1985. *Séminaire national sur la stratégie et planification industrielle*. Communication, 1986.

Développement et Coopération, *D + C Développement et Coopération*, n° 3, 1987.

FAO, *Rapport sur l'Alimentation mondiale*, 1986.

Alimentation, forêt et environnement ; Défi à la pauvreté rurale en Afrique.

Institut d'Économie Rurale. *Rapport annuel*, 1982.

Le Courrier, n°s 84, 87, 91, 100.

Ministère de l'Agriculture, *Restructuration des ODR (Opérations de Développement Rural)*, 1986.

Ministère des Ressources Naturelles et de l'Élevage, *Programme national de lutte contre la désertification (synthèse)*, mai 1987.

Poulain J.F., *Amélioration de la fertilité des sols agricoles du Mali — Bilan de 13 années de travaux (1962-1974).*

SOLAGRAL, *La lettre de Solagral.* Supplément n° 21, juin, juillet, août 1986.

Stratégie du Développement de l'Élevage du Mali. Décembre 1986.

Thiam A., *Cultures alternatives et sécurité alimentaire dans le circle de Bandiagara.* Rapport SCF/FERU, 1987.

CONTRIBUTION A LA PROBLÉMATIQUE DE LA SÉCURITÉ ALIMENTAIRE ET DU DÉVELOPPEMENT RURAL INTÉGRÉ

L'exemple de la Mauritanie

Hamdou-Rabby WANE

Suivant ses termes de référence, le champ et l'objet d'étude peuvent être définis ainsi qu'il suit : l'ensemble des activités et des ressources destinées à assurer la sécurité alimentaire en Mauritanie constitue le champ de l'évaluation, tandis que son objet porte sur les systèmes de gestion de ces activités et ressources ainsi que sur la méthodologie d'action susceptible de les améliorer « en vue d'assurer un développement rural intégré et soutenu à long terme... ». Interdisciplinaire, l'évaluation doit privilégier l'étude des programmes de type communautaire, autrement dit ceux « faisant surtout appel aux initiatives locales, au savoir traditionnel et à la participation populaire ».

Avant d'exposer la méthode d'évaluation retenue, il nous faut mentionner quelques problèmes théoriques et méthodologiques liés à l'approche proposée par le plan d'étude, ces questions étant précisément constitutives de la problématique actuelle du développement du monde rural. Cette approche est sous-tendue par trois hypothèses liées :

— l'existence, en Mauritanie, de modes d'action reposant essentiellement sur une dynamique endogène aux collectivités paysannes et ayant pour finalité d'en assurer la sécurité alimentaire ;

— l'existence d'une politique économique nationale dont les effets en matière de systèmes de production et de transfert contribuent à la reproduction de ces sociétés agraires et de leurs espaces ;

— sous certaines conditions et en référence directe à l'espace de la société paysanne, il serait possible de promouvoir un développement autocentré du monde rural.

La question cruciale est donc celle des articulations théoriques et pratiques de la sécurité alimentaire et du développement rural telles qu'on pourrait les restituer à travers les effets conjugués des programmes et des projets de type communautaire d'intérêt local ou issus d'objectifs nationaux. Procédant, d'évidence, de la méthode des effets, l'analyse sera menée en trois temps :

— présentation du contexte global des actions relatives à la sécurité alimentaire : évolution de la situation alimentaire nationale, des politiques alimentaire et agricole ;

— étude des modes de fonctionnement et de reproduction de communautés paysannes impliquées dans des programmes d'intensification de la production (cultures irriguées) ou dans l'agriculture en sec ;

— avant d'esquisser une approche combinée du développement rural et de la sécurité alimentaire, nous confronterons la logique interne des stratégies et des pratiques relatives à la sécurité alimentaire aux présupposés et implications du développement autocentré.

LE CONTEXTE GLOBAL
DE LA QUESTION ALIMENTAIRE

La stratégie et la politique alimentaire

Depuis la fin des années 1970, la structure de l'économie mauritanienne a pour caractéristique dominante la montée en puissance du secteur tertiaire, surtout commerce et services, au détriment du secteur primaire et, dans une moindre mesure, du secondaire. Alors que, dans les années 1960, le secteur agricole contribuait pour plus de 40 % au PIB, il n'en représentait plus que 20 % en 1984, dont 18 % pour le sous-secteur élevage, la part de la production végétale ayant été inférieure à 1 %. De surcroît, la progression relative du secteur secondaire a été surtout redevable à l'exploitation minière — fer, cuivre, gypse — et des ressources halieutiques.

C'est seulement depuis le début de la décennie que la question alimentaire est devenue le thème majeur d'une doctrine économique officielle qui conçoit la politique agricole comme le moyen essentiel de la politique alimentaire et un des supports d'une stratégie visant le développement autocentré. A l'instar des autres pays du Sahel, l'État mauritanien s'est assigné les objectifs de sécurité/autosuffisance alimentaire et de freinage sinon d'inversion de l'exode par le plein emploi de la main-d'œuvre rurale. Il reste que, depuis une vingtaine d'années et du fait de l'inadéquation des choix techniques et institutionnels qu'impliquent les incohérences de la politique initiée, seul le recours aux importations, et surtout à l'aide, permet d'améliorer le bilan céréalier.

Les dimensions de la question alimentaire

Causes et effets du déficit céréalier

Relativement autosuffisante en produits animaux[1], la Mauritanie est surtout confrontée à un déficit structurel en produits céréaliers. De l'ordre du double ou du triple de la production locale suivant les années, ce déficit est fortement croissant depuis 1968 (Tableau 1).

Tableau 1

Production céréalière (en milliers de tonnes) et taux d'autosuffisance 1961-1985

	1961-64	1965-68	1969-72	1973-76	1977-80	1981-84
Production céréalière	92,2	86,7	71,5	36,4	44,0	32,0
Mil, sorgho	88,0	82,5	67,4	29,5	31,4	
Maïs	3,4	3,2	2,7	3,2	4,3	24,1
Blé, orge	0,2	0,3	0,2	0,2	0,3	
Riz paddy	0,6	0,9	1,2	3,5	8,0	7,9

Chiffres élaborés à partir des données de : Martin (1961-1980) ; ministère du Plan et ministère du Développement rural (1981-1984).

Taux d'autosuffisance en céréales 1977-1978						
Mauritanie	98,0	93,2	54,5	26,4	24,2	16,9
Sahel	-	93,7	90,9	85,8	86,9	

Sources : 1965-1972 et 1975-1977 : CILSS/Club du Sahel (1979) ;
1973-1974 et 1978-1982 : Données de la Direction de l'Agriculture, *Situation alimentaire, stabilisation aide alimentaire (1982)* ;
1983-1985 : Banque Centrale de Mauritanie, *Bulletins statistiques.*

La régression de la production céréalière résulte surtout de la baisse des cultures de mil et de sorgho. Si le niveau moyen de production de la période 1961-1964 correspond au triple du tonnage moyen de la période 1981-1984, on ne peut imputer ces écarts aux seuls effets cumulés de déficits pluviométriques exceptionnels (1972 : 69 % ; 1983 : 73 % ; 1984 : 85 %). En effet, la production des années considérées comme « favorables » ou « moyennement favorables » ne couvre que de

---

1. Estimée à 60 000 tonnes, la production de viande couvre, en principe, les besoins intérieurs contrairement à la production de lait disponible qui correspondrait à 40 % de la demande intérieure.

21 à 27 % des besoins, l'extension des superficies cultivées en sec — pluvial et décrue — ayant rarement été sanctionnée par un accroissement au moins proportionnel des rendements (Tableau 2).

Tableau 2

Superficie (1) et rendements (2) des cultures céréalières

	1984		1979		1981		1985	
	(- base 100)		%		%		%	
	(1)	(2)	(1)	(2)	(1)	(2)	(1)	(2)
Culture pluviale	41,5	0,160	- 15,5	+ 87,5	+ 48	+ 30	+ 122,5	+ 181
Décrue	17,5	0,200	+ 65,5	+ 75	+ 108,5	+ 75	+ 332	+ 58,5
Riz paddy (irrigué)	7,5	2,000	- 53,5	+ 20	- 58,3	+ 20	+ 9,3	+ 55

(1) en 1 000 hectares ; (2) en tonnes/hectare

Ainsi que le notait une mission d'évaluation en 1981, malgré un potentiel hydro-pédologique et humain non négligeables (70 % de la population rurale, environ 70 000 actifs) :

« ... l'agriculture sèche n'a pas joui d'interventions sérieuses à la mesure de son importance et n'a bénéficié jusqu'à présent que d'interventions ponctuelles dont les effets sur la production ont été limités ». (IRAMS 1981.)

Portant sur l'amélioration des techniques culturales, ces interventions isolées étaient financées sur des ressources internes (culture attelée) ou conduites dans le cadre de la coopération internationale (protection phyto-sanitaire, introduction de variétés).

La modicité de l'effort financier en matière de développement rural, et plus particulièrement au profit de l'agriculture en sec, peut être illustrée par l'évolution des dépenses budgétaires et du financement des projets. De 1960 à 1973, les taux annuels de croissance des dépenses de fonctionnement du Budget Général et du Développement Rural furent respectivement de 9,8 % et 3,9 % (IIIe Plan, p. 3). Prenant acte de cette tendance, le IIIe Plan préconisait d'affecter au développement rural 19 % du volume prévisionnel des investissements, secteur privé et secteur public des mines et de la construction exclus. Or, 35 % seulement des prévisions furent réalisées, « nombre de projets choisis ne sont pas réalisés alors que 35,3 % environ des réalisations se situaient hors Plan» (IVᵉ Plan, p. 192). De surcroît, les interventions bénéficièrent surtout à l'élevage et à l'hydraulique pastorale, le taux de réalisation financière du sous-secteur de la production végétale ayant été de 45 % (hors Plan) et 33 % (du Plan) (IVᵉ Plan, p. 46). Enfin :

> «... l'effort budgétaire consenti en matière de développement rural durant ces mêmes années du IIIᵉ Plan a été plus que modeste et n'a guère dépassé 1,3 % du budget national annuel. Les inscriptions annuelles qui ont eu d'ailleurs tendance à diminuer en valeur absolue ont permis, avant tout, de faire face aux dépenses de salaires et charges sociales (75 % de la dotation annuelle, équipement compris) et n'a pas procuré au personnel les moyens d'être opérationnel». (IVᵉ Plan, p. 192.)

A ce stade de l'analyse, on ne saurait systématiser l'interprétation des facteurs de régression de l'agriculture en sec ou l'étude des procédures sociales par lesquelles les producteurs tentent d'en réduire l'ampleur (action au niveau des conditions de production), ou d'en corriger les effets (action au niveau de la répartition). Il suffira d'en examiner les incidences économiques et financières.

Ainsi donc, durant ces dernières années, plus de la moitié du bilan céréalier a été du ressort de l'aide (Tableau 3).

Tableau 3

Structure de bilan céréalier

	1965-66		1973-74		1978-79		1981-82		1984-85	
	1 000 tonnes	%	1 000 tonnes	%	1 000 tonnes	%	1 000 tonnes	%	1 000 tonnes	%
Production disponible	98,3	93,1	28,0	18,5	47,6	26,6	62	30,5	-	25
Importations	7,3	6,9	28,7	18,9	70,6	39,4	90 *	44,3	-	15
Riz (SONIMEX)	-	-	(19,4)	(12,8)	(54,7)	(30,5)	(70) *	(34,5)	-	-
Blé farine	n.c.	-	(9,3)	(6,1)	(15,9)	(5,4)	(29) *	(9,8)		
Aide alimentaire	-	-	95,0	62,6	61,3	34,0	51 **	25,2	-	60
Disponibilités totales	105,6	151,7		179,5		203				
Disponibilités par personne	99 kg	119 kg		126 kg		135 kg				

* = Prévisions : ** = Demande : () = Estimations
Sources : Direction Agriculture 1982 ; P.R.E.F. 1985

La principale céréale fournie est le blé — en moyenne 85 % entre 1975-1976 et 1980-1981 (Martin, p. 136-139) — dont nous savons qu'il occupe une place marginale dans la production locale, soit moins de 1 % (Tableau 1). Si l'autre espèce céréalière est typiquement locale, la variété américaine livrée est le sorgho rouge alors que le sorgho blanc a les préférences de la population.

En conjonction avec les importations effectuées par les filières privées pour la fabrication du pain, la structure de l'aide confère au blé un poids égal à celui du riz dans les disponibilités nettes — 35,5 % entre 1977 et 1980 (calculs à partir des données de Martin, *op. cit.,* p. 154). Cependant, les fluctuations importantes du volume de l'aide, les décalages existants entre la déclaration d'intention et la date de livraison, la persistance d'un déficit net[2] ont contribué à l'accroissement relatif des importations de riz[3]. Aussi, la ponction opérée par les importations céréalières sur les ressources financières a-t-elle été en progression constante : en 1980, elle s'élevait à 5,5 % du PIB ou à 75 % des dépenses prévues par le IIIᵉ Plan et effectivement engagées dans des actions de développement rural (IVᵉ Plan, p. 14, 46). Représentant plus de la moitié de la valeur des importations céréalières, les acquisitions de riz mobilisent, selon les années, 55 à 65 % des devises affectées à ce poste[4].

Pour répondre à l'attente des bailleurs de fonds et fournisseurs de l'aide autant que pour desserrer la contrainte externe sur les ressources nationales, le gouvernement a été conduit, à partir du constat de l'inadéquation de la politique agricole, à reconsidérer celle-ci tant sur une base nationale qu'à l'échelle régionale (CILSS, OMVS), d'où la quête d'une « internalisation » de la question alimentaire, la proclamation de l'autosuffisance alimentaire comme priorité politique et la présentation dans le IVᵉ Plan d'une stratégie de développement économique (1980-2000) qui articule formellement la question alimentaire et le développement du secteur agricole et de l'économie globale. Visant l'autocentrage et le développement économique, cette stratégie devrait reposer sur :

— une politique de développement rural intégré visant l'autosuffisance alimentaire à long terme ;

— la mise en place d'un système agro-industriel.

2. 1978 : 10,7 % ; 1979 : 38,7 % ; 1980 : 8,7 % (Martin, *op. cit.,* p. 154).

3. C'est en 1975 seulement, soit douze ans après le lancement de quelques périmètres rizicoles en submersion contrôlée par le FED que la production de paddy dépassa le seuil de 10 % des besoins céréaliers et, en 1979, elle en représenta le quart. De 1975 à 1979, les importations de céréales ont progressé, en volume, de 43,5 % par an avec des pointes de 60 % tandis que les importations alimentaires globales s'accroissaient au rythme annuel moindre de 24 %. Sur cette période, la part des céréales est passée de 47 à 60 % de l'ensemble des importations alimentaires.

4. CEE et son plan d'action de 1981 ; FAO et Conseil mondial de l'Alimentation ; USAID et diverses agences de coopération bilatérale ou multilatérale.

Stratégie et politique alimentaires nationales — principes et pratiques

Politique, autosuffisance et sécurité alimentaire — définitions

Si une politique alimentaire est constituée par un ensemble de mesures et de moyens cohérents à satisfaire la demande quantitative et qualitative en aliments essentiels, elle peut être orientée par deux types de stratégie : l'autosuffisance alimentaire et la sécurité alimentaire. Les champs de ces notions se recoupent en bien des points, mais elles ne sont pas équivalentes.

La sécurité alimentaire suppose l'acception d'un niveau de dépendance extérieure, voire la spécialisation de l'économie dans des productions autres que vivrières. Dans cette optique du « pouvoir d'achat » l'alimentation n'est pas forcément assurée par la production intérieure.

L'autosuffisance alimentaire subsume la notion de sécurité alimentaire en ce qu'elle repose sur la maîtrise nationale du système agro-alimentaire et de l'économie dans son ensemble. Elle suppose une homologie des systèmes de production et des systèmes de consommation. Elle n'a de sens que par son insertion dans une stratégie du développement autocentré. Or, la référence à cette stratégie semble en exclure la maîtrise du complexe agro-alimentaire par la construction d'un appareil industriel, base technologique de l'agriculture, l'autonomie du financement des systèmes de production et de transfert. Quelle que soit la redondance du thème de l'autosuffisance alimentaire dans la doctrine officielle, le fait est que la politique alimentaire en Mauritanie est moins une politique agricole qu'une politique de répartition de l'aide alimentaire.

Le caractère structurel et croissant du déficit céréalier et le poids de l'aide dans les disponibilités alimentaires sont l'expression manifeste de l'échec de la politique agricole (intervention sur les systèmes de production) et de l'option « sécurité alimentaire ».

Bilan de la politique de sécurité alimentaire

La politique de sécurité alimentaire est constituée par un ensemble de mesures et de moyens destinés à assurer la régulation des flux et des stocks par :
— des approvisionnements intérieurs et extérieurs marchands ou en recourant à l'aide internationale ;
— le stockage et la distribution ;
— une politique des prix.

Des offices publics ont été créés pour concevoir et conduire cette politique céréalière. Il s'agit d'offices d'importation et de commercialisation (SONIMEX — Société Nationale d'Importation et d'Exportation), de commercialisation de céréales locales : (OMC — l'Office Mauritien des Céréales), ou de distribution de l'aide alimentaire (CAA — Commissariat à l'Aide Alimentaire, devenu CSA — Commissariat à la Sécurité Alimentaire). Seuls subsistent le CSA et la SONIMEX. Cette dernière a le monopole, entre autres produits, du riz. Pratiquant « un système de subvention croisée », elle « compense » ses pertes (sur le riz) par les bénéfices réalisés sur les importations de thé et de sucre (Martin, *op. cit.,* p. 26). Elle achète également le riz usiné par la SONADER (Société Nationale de Développement Rural) au prix fixé départ-usine, qu'elle revend, avec le riz importé à la Confédération Générale des Employeurs et Artisans de Mauritanie. La plupart de ces livraisons aboutissent au Sénégal ou au Mali où les prix à la consommation sont plus élevés.

Créé en 1972, le Plan d'Urgence a été transformé en 1979 en un Commissariat à l'Aide Alimentaire (CAA), dont le rôle est la répartition et la supervision de la distribution de l'aide. Cet organisme, à vocation conjoncturelle, était doublé par l'Office Mauritanien des Céréales (OMC). Rattaché au Ministère du Développement Rural, l'OMC devait réguler le marché céréalier par une action sur l'offre (achats dans les régions excédentaires) et sur la demande des céréales (constitution d'un stock de sécurité et d'un stock régulateur). Les surplus dégagés devaient financer des programmes de production céréalière. Mais, depuis sa création (1975) jusqu'au mois de juillet 1979, l'OMC a eu à s'occuper surtout de la réception, du stockage et de la distribution des vivres fournis par la communauté internationale dans le cadre d'un contrat de service qui le liait à l'ex-Plan d'Urgence.

Les deux campagnes d'achat menées durant cette période n'ont porté que sur 18 à 21 % des quantités commercialisées. En comparaison, son stock de sécurité était constitué de 10 000 tonnes de blé et, à partir de 1981, l'Office a lancé des opérations de vente de blé américain.

Absorbant l'OMC et se substituant au CAA, le CSA est, comme son nom l'indique (Commissariat à la Sécurité Alimentaire), l'instrument essentiel de la politique de sécurité alimentaire. A cet organisme devait revenir l'élaboration d'une politique alimentaire nationale. En fait, sa nouvelle mission est la gestion d'une aide dite « à la stabilisation » (1979-1980) et reconduite depuis lors. Fixées par les donateurs, les règles de cette mission sont fondées sur les deux principes de gestion suivants :

— vente d'une partie des céréales et constitution, avec les recettes, d'un compte cogéré avec les donateurs pour lancer des actions de développement rural ;

— assurer des « vivres contre du travail » pour les plus démunis, des rations alimentaires étant distribuées en contrepartie de la participation à une action de développement social : aménagement de périmètre maraîcher, plantation d'arbres, reboisement, construction d'écoles... Actuellement la moitié des recettes tirées des ventes sert à couvrir les frais de gestion[5].

De cette présentation des systèmes de transfert, il ressort que :
— ils reposent sur les intermédiaires privés ;
— ils diffusent des habitudes alimentaires centrées sur des céréales importées et dont la production locale est soit techniquement impossible à grande échelle (blé) soit, dans le cas du riz, inductrice d'une dépendance technologique et financière du pays et des paysans concernés par la culture irriguée.

Bilan de la politique agricole

Conçue comme le moyen technique essentiel de développement de l'agriculture, l'irrigation est censée assurer simultanément la réalisation des objectifs de production (autosuffisance alimentaire) et de création de revenus paysans (sécurité alimentaire et développement social). L'opération « irrigation » est conduite par la SONADER dans le cadre des grandes exploitations et des « Petits Périmètres Villageois » (PPV) qui s'échelonnent le long de la vallée du Sénégal de Rosso à Gouraye et, de plus en plus, à l'intérieur des terres.

Mais, tant en matière d'aménagements que du point de vue du mode d'organisation de la production irriguée, les effets attendus sur les objectifs d'autosuffisance alimentaire et de sécurisation du revenu paysan ne se sont pas réalisés. A cela, deux causes : l'inadéquation des choix techniques, et l'importance du prélèvement exercé sur les surplus paysans.

L'inadéquation des choix techniques

Sur les PPV, la surface unitaire varie de 10 à 25 ares. De ce fait, l'exiguïté des parcelles constitue, dès le départ, une contrainte importante sur les gains de productivité escomptés. Caractérisés par une forte variation saisonnière, les rendements diffèrent cependant suivant le type

---

5. Il est arrivé que l'État opère un prélèvement sur ces fonds. En 1982, F. Martin écrivait : « La récupération des fonds de contrepartie n'est pas résolue. Le système actuel repose sur deux réseaux de collectes des recettes : les succursales bancaires là où elles existent, sinon les postes. Et des fonds déposés dans des postes ont été bloqués soit par lenteur administrative, soit par volonté de se servir de ces fonds comme une aide budgétaire par le Trésor. »

d'aménagement hydro-agricole — 3,5 à 4 tonnes/hectare sur les grands périmètres, 4 à 4,5 tonnes sur les PPV. Sur certains PPV de la Moyenne Vallée, les rendements des premières campagnes dépassaient parfois 7 tonnes/ha.

En termes de contribution à la couverture des besoins nationaux, la performance du système de production promu par la SONADER est faible et s'explique par :

— la priorité accordée aux grands périmètres (40 % des superficies aménagées totales) ;

— les problèmes d'aménagement et de fonctionnement des PPV.

Mais ce système est également vecteur d'une dépendance sociale des paysans vis-à-vis des différents offices publics et du commerce privé. Si les paysans ne déployaient pas de stratégies pour sortir de la dépendance, le système serait bouclé par le contrôle de la technologie, en amont, et de la distribution, en aval — le cycle de l'endettement en étant le *modus operandi*.

Endettement et dépendance sociale des paysans

Contrairement aux phases précédentes (1re et 2e générations de périmètres FED (Fonds Européen de Développement) et FAC (Fonds d'Aide et de Coopération), la gestion des groupements de la SONA-DER est fondée sur la suppression des avances de campagnes et des prestations gratuites pendant les deux premières campagnes. L'amortissement de la moto-pompe est obligatoire et la redevance (pour les intrants et les labours mécaniques) payée dès la première campagne.

Sur les PPV de la région de Rosso, nous avons pu collationner des données homogènes quant à leur fonctionnement et à l'évolution de l'endettement. Ces périmètres ont fait l'objet d'une exploitation relativement plus intensive que ceux des autres régions. En 1981, ils constituaient moins de la moitié des périmètres irrigués tant publics que privés : pour 55 % des superficies aménagées totales et 62 % des superficies cultivées. De 1979-1980 à 1984-1985, le taux moyen d'exploitation s'est d'ailleurs maintenu autour de 88 % (Tableau 4).

Au 30 septembre 1985, l'endettement global de ces 65 PPV s'élevait à 13 429 000 UM[6], soit l'équivalent des crédits prévisionnels des postes d'aménagement, fonctionnement et équipement de la base de la direction régionale de la SONADER pour 1986 ou la moitié de ses prévisions budgétaires[7]. De surcroît, il semble que la gestion soit contre-produc-

---

6. Taux de change moyen en 1985 : 1 $ = 78,39 UM.
7. SONADER (Société Nationale de Développement Rural), Rapport d'activité, Secteur de Rosso, septembre 1985.

Tableau 4

Aménagement et exploitation PPV SONADER
Secteur de Rosso : 1979-1985

Années	N° de périmètres	N° de coopérateurs	Superficie aménagée (en ha.)	Superficie aménagée (en hectares)	Taux d'exploitation (%)
1979-1980	9	578	140	130	93
1980-1981	22	1.336	350	334	93
1983-1984	46	2.457	977	880	90
1984-1985	65	3.600	1.300	1.000	77

tive, autrement dit la SONADER n'arrive pas à accroître l'efficience de ses interventions. Les gains de productivité et l'alourdissement des charges vont de pair ; 59 % des exploitations n'ont pu, de ce fait, s'acquitter de la totalité des redevances de la campagne 1984-1985. Le taux de progression de l'endettement de plus de la moitié (53 %) des PPV — soit 35 exploitations — se situe entre 100 et 643 %, six d'entre elles enregistrant le taux de progression maximal (350 à 634 %). Dans ces conditions, l'équilibre vivrier des populations engagées dans la production irriguée reste précaire.

L'accroissement des disponibilités vivrières repose alors sur des pratiques typiques de la stratégie de minimisation des risques commune à la paysannerie sahélienne : cultures en sec en cas d'hivernage précoce et retour sur le périmètre en cas de contre-saison sèche chaude.

Dans certains cas, la redistribution des activités et la recomposition du temps de travail sont génératrices d'une tendance à la mono-spéculation, le recours au marché étant nécessaire pour l'acquisition des autres biens alimentaires. Cette tendance peut être renforcée par la non-correspondance de la variété cultivée et des préférences des producteurs. Ainsi, à Garak, les paysans n'apprécient pas les qualités gustatives de la variété imposée par la SONADER, et préfèrent réaliser le produit disponible pour se procurer des brisures de riz importé.

En conclusion, on notera le faible niveau d'autoconsommation des producteurs et, du fait de l'endettement et des pratiques des commerçants, les difficultés de conversion du surplus en moyens de production ou en équipements sociaux.

Dans la même région, des actions issues d'initiatives locales ou des objectifs nationaux tentent de concilier modernisation de la production et progrès social, sécurité alimentaire et développement rural. Il s'agit des groupements coopératifs de l'ASC (Association Sociale et Culturelle) Mbolan et du Projet de Développement Intégré de Satara-Rosso (PRODIS). Nous étudions ce cas dans la deuxième partie.

OPÉRATION D'IRRIGATION
ET SÉCURITÉ ALIMENTAIRE — ÉTUDE DE CAS

Du paysannat dans la plaine de M'Pourié à la quête d'une autonomie collective : les coopératives de Breun-Gouyar, Breun-Daarou et Dieuk de 1970-1985

Les villages wolofs de Breun-Gouyar, Breun-Daarou et Dieuk, qui constituent un véritable réseau de parenté et d'alliances, font partie des plus anciennes communautés de la région. Jusqu'en 1970 environ, elles avaient réussi à maintenir un équilibre de longue durée entre, d'une part, la poursuite d'activités agricoles (culture des deux saisons et pêche dans les bras secondaires du fleuve) et, d'autre part, l'émigration vers le Sénégal et le nord de la Mauritanie. A la fin des années 1950, l'émigration s'était substituée à la salarisation de type tertiaire dont le développement, à partir des années 1940, avait été lié à la densification des fonctions administrative et commerciale de la ville de Rosso.

Cependant, l'évolution socio-démographique de ce centre assurait encore aux agriculteurs des environs, et surtout aux paysans wolofs, la proximité d'un marché en expansion.

Première manifestation d'une intervention directe de l'État dans la production agricole, le lancement de l'opération dite « Plaine de M'Pourié », allait bouleverser cet équilibre et constituer un véritable défi pour les populations. Avec l'aide technique de la République Populaire de Chine, l'aménagement de la plaine à l'aval de Rosso a, en effet, requis de 1967 à 1971 l'endiguement de plus de 5 000 hectares, soit 12,5 km de digue de protection.

Les terres appartenaient aux collectivités de Dieuk et Breun ainsi qu'aux Maures Oulad Bou Eli, Oulad Begnouk et Oulad Khalifa. Expropriés sans indemnités compensatrices, ces paysans ont été engagés comme salariés durant les travaux d'aménagement puis à la mise en exploitation (1971-1972) de la ferme d'État (800 ha aménagés). Mais, ils ont surtout été impliqués dans le paysannat cadre à partir duquel les habitants de Dieuk, Breun-Daarou et Gouyar ont essayé de construire leur autonomie vis-à-vis tant de la direction de la ferme que des services techniques régionaux et du commerce. Depuis 1975, avec un léger support extérieur, la mobilisation des ressources financières et humaines communautaires permet la réalisation des investissements nécessaires à l'exploitation de périmètres indépendants dans chacun des villages. Au fur et à mesure, et en conjonction avec les transferts de la migration, l'affectation des revenus de la production a fortement contribué à l'amélioration du cadre de vie et au développement du système social : coopératives de consommation, constructions scolaires, construction et gestion d'un poste de santé, conception d'un programme de reboisement villageois. Enfin, en 1985, ces trois villages ont créé une ONG, l'Association Sociale et Culturelle (ASC) Mbolan, ouverte aux Groupements Paysans de Coopératives (GPC) et aux coopératives du département.

Exemplaire des lignes de force et des faiblesses des actions communautaires de développement social dans le contexte local, l'évolution de ces coopératives constitue donc un objet d'étude particulièrement intéressant.

Du paysannat dans la plaine

Entre autres dispositions, le cahier des charges de l'établissement stipulait une distribution prioritaire des parcelles aux anciens propriétaires, la surface unitaire devant être proportionnée au nombre d'actifs du groupe familial. En fonction de la clef de répartition retenue[8] à l'ouverture du casier, en 1973-1974, les terres aménagées pour le paysannat (1 500 ha) auraient dû être attribuées de la manière suivante :
— 30 % à la communauté de Dieuk ;
— 20 % aux Oulad Bou Eli ;
— les 50 % restants aux membres de 26 collectivités (417 paysans), Wolofs, Peuls et Maures, des alentours et qui, à des titres divers, cultivaient le site avant son aménagement. Mais, du fait de contraintes de fonctionnement au niveau de la ferme — carences en matière de logistique et problèmes d'ordre agronomique — autant que du rôle de la commission nationale d'attribution[9], les surfaces cultivées par le paysannat furent dérisoires lors des trois premières campagnes : 4 %, 9,5 % et 13,5 % de taux d'exploitation des superficies aménagées, de sorte que les parcelles furent exiguës, Breun-Daarou et Breun-Gouyar ayant dû se partager 7,5 ha, soit 0,12 ha par famille de trois actifs, ceux de Dieuk disposant de parcelles de 0,36 ha.

Le volume des redevances dues à la régie pour ses prestations (préparation du sol, engrais, eau) établi au niveau constant de 1,5 tonnes/ha et la chute des rendements (des deux tiers puis de la moitié par rapport à la première campagne) cumulèrent leurs effets négatifs sur le produit disponible. C'est ainsi que, après avoir représenté 20 % de la production en 1974, les redevances en absorbèrent 65 % puis 40 % durant les deux campagnes suivantes. Le reliquat ne pouvait donc

---

8. 0,5 à 0,7 ha aux familles de 2 actifs ; 0,8 à 0,9 ha aux familles de 3 actifs ; 0,9 à 1,0 ha aux familles de plus de 3 actifs.

9. « Cette commission, qui comprend les diverses autorités, administratives et politiques, nationales et régionales, est supposée attribuer les parcelles aux familles paysannes qui en ont le plus besoin. Si ces familles reçoivent effectivement des parcelles, cette distribution semble ne pas exclure quelques abus au profit de certains hommes influents de la région » (OMS, 1980 : C-VII-6).

pas couvrir les frais d'exploitation (décorticage) payés en nature à la ferme, assurer la couverture des besoins d'autoconsommation et la formation de revenus monétaires. De surcroît, la direction de la ferme ne disposant pas, à l'époque, d'avances de la SONIMEX, les paysans étaient confrontés à des retards dans l'encaissement des montants de leurs ventes de paddy. Simultanément, du fait de la mécanisation poussée de l'exploitation et de l'emprise régionale, voire nationale de la ferme en tant que pourvoyeuse d'emplois, les paysans n'y disposaient guère d'opportunités de revenus additionnels.

Dans ces conditions, la valorisation conjointe d'une partie du domaine foncier non-exproprié devait constituer le moyen d'accroissement et de sécurisation alimentaire, de formation de revenus supplémentaires, d'autant plus que la taille unitaire des parcelles détenues dans la plaine fut portée, en 1976-1977 à 0,36 ha pour les coopérateurs de Breun-Gouyar et Daarou et à 1 ha pour ceux de Dieuk. Si, dans chacun des cas, un individu (par exemple, à Dieuk, l'actuel président du Comité d'Action — CA), ou un groupe de paysans, a été l'initiateur du projet, il reste que les facteurs suivants ont été favorables à la conduite de l'opération d'irrigation :

— une bonne maîtrise des techniques de la riziculture irriguée depuis l'ensemencement (semis direct) à la récolte et au battage, y compris l'utilisation d'engrais et l'irrigation ;

— des acquis en matière de procédure et de règles de formation et de fonctionnement des coopératives : analyse et explication des rôles et des fonctions, du principe de solidarité et de ses implications — notamment financières ;

— assimilation de notions de gestion : comptabilité générale en arabe, gestion de stocks (engrais, carburant, des fonds de la trésorerie de la coopérative...).

D'après la direction de la ferme, durant la phase d'implantation et dès les deux premières campagnes, les ouvriers agricoles et les paysans wolofs s'étaient révélés les meilleurs éléments des effectifs. La rapidité d'acquisition des qualifications y a vraisemblablement été facilitée par :

— le niveau d'instruction, dont les données du recensement de 1977 attestent qu'il était supérieur ou égal aux moyennes régionale et nationale ;

— la stabilité de ces communautés et surtout de leurs actifs masculins dont la fréquence d'absence avait été, durant la même année, de 6,5 % à Dieuk, de 3,5 % à Breun alors qu'elle s'était élevée à 15 % dans la région du Trarza et à 14,5 % dans le reste du pays ;

— la valorisation de connaissances acquises, soit de manière directe comme anciens ouvriers du casier agricole de Richard-Toll, au Sénégal soit indirecte auprès des exploitants du delta et, plus particulièrement, des coopérateurs de Ronk, parents ou affins des Wolofs de la rive droite.

Les effets des « Petits Périmètres Villageois »

La quête de la sécurité alimentaire et du développement social

Ouvertes à tous les chefs de ménage, y compris aux ressortissants établis à l'extérieur, les coopératives autofinancèrent leurs premières campagnes et chaque famille eut accès à l'exploitation[10]. La participation bénévole de techniciens de la ferme d'État à la conception et à l'exécution des opérations d'aménagement permit de réduire les investissements aux frais d'acquisition des GMP (Groupements de Mouvements Paysans), de leurs accessoires et de petit matériel agricole.

A Breun-Daarou, l'investissement initial pour l'équipement (170 000 M) fut entièrement supporté par les membres de la communauté installés au Sénégal, la participation financière des villageois (1 000 UM pour les femmes, le double pour les hommes, au total 1 000 000 UM) ayant été destinée au règlement des charges de culture et d'exploitation. En revanche, à Dieuk et à Breun-Gouyar, les villageois et les ressortissants contribuèrent dans les mêmes conditions au financement de l'investissement et à la constitution du fonds de trésorerie. L'apport unitaire y fut respectivement de 1 500 UM et de 1 000 UM, le montant global des contributions s'élevant à 360 000 et à 148 000 UM[11].

Jusqu'à la saison 1978-1979, c'est-à-dire durant les trois (Breun-Gouyar) ou les quatre premières campagnes (Breun-Daarou et Dieuk), l'organisation de la production fut collective. Mais, si la constitution de banques de semences et de provisions financières pour l'exploitation fut la règle, le mode de répartition du reliquat fut différent du fait des modalités de financement des investissements dans chaque coopérative.

A Breun-Gouyar (1977) et à Dieuk (1978), le produit fut uniformément réparti entre tous les exploitants une fois apurés les arriérés dus au titre de la moto-pompe. A Breun-Daarou, en revanche, la mise à disposition du GMP par les ressortissants (1974) et par un organisme allemand de coopération (1977) permit d'affecter le reste du produit aux exploitants et aux ménages ne disposant d'aucun actif, désignés « nécessiteux, membres de la coopérative ».

Compte tenu du volume de production obtenu simultanément sur les parcelles de la plaine, on peut estimer que le produit total a doublé

---

10. Breun-Daarou : 1) campagne 1974-1975 — 200 coopérateurs, 50 exploitants
Dieuk : 1) campagne 1975-1976 — 240 coopérateurs, 64 exploitants
Breun-Gouyar : 1) campagne 1976-1977 coopérateurs, 30 exploitants.
11. Seule la coopérative de Breun-Gouyar peut bénéficier d'une aide financière, en l'occurrence 112 000 UM offerts par l'USAID dans le cadre de son programme *« self help »*. A ce poste, et au produit de la première souscription de parts sociales, furent amputées les charges de culture et d'exploitation de la première campagne.

à Dieuk, quintuplé à Breun-Gouyar et Daarou entre 1974 et 1979. Cette estimation est plausible car si, de 1976 à 1979 la production n'a représenté que 13 % du tonnage du paysannat de M'Pourié, on a enregistré néanmoins une pointe de 28 % en 1979. On relèvera, ensuite, que le rapport à la production des coopératives supervisées par la direction régionale de la SONADER a été marqué par des valeurs et une progression encore plus spectaculaires[12]. Enfin, en réalisant le produit unitaire le plus élevé de la région du Trarza, voire du pays, les membres de ces trois coopératives fournissaient également la plus grande partie du surplus commercialisé. Le taux de monétarisation a été maximal à la coopérative de Dieuk, laquelle aurait assuré, en 1979, les deux tiers des ventes du paysannat à la rizerie de M'Pourié — 191,5 tonnes — soit une valeur de 1 532 000 UM[13]. A cette quantité — 88 % de sa production en paysannat et 54 % de sa production totale — il faudrait ajouter les sorties illégales de riz vers le Sénégal où, à l'instar des deux autres coopératives et malgré une structure défavorable des prix relatifs, la réalisation immédiate de la production permettait d'acquérir des devises pour l'achat des intrants et même de certains équipements.

Au terme des premières campagnes se sont précisées les *« stratégies paysannes »* en même temps qu'elles se différenciaient sensiblement par les moyens mis en œuvre. Orientées principalement vers la *quête de la sécurité alimentaire,* ces stratégies peuvent être restituées à travers les pratiques suivantes :

— jusqu'en 1984, extension progressive des superficies avec un coefficient multiplicateur variable suivant les sites : Breun-Gouyar = 11,4 ; Breun-Daarou = 25 ; Dieuk = 6 ;

— équipement en matériel lourd (tracteur) et d'artisanat alimentaire (décortiqueuse) à Dieuk et Breun-Gouyar ;

— monoculture de paddy et taux de commercialisation supérieur à 50 %.

Avec un taux de motorisation plus faible et un taux maximal de progression des superficies, les coopérateurs de Breun-Daarou ont vraisemblablement une stratégie plus alimentaire que monétaire, et fondée sur un souci de large inclusion. Trois parcelles y sont affectées :

— au marabout du village (1,20 ha) — elle est gérée par le président du CA ;

---

12. De 7,5 % en 1978 à environ 90 % en 1979, ce rapport a culminé ensuite à 108 % avant de décliner, à partir de 1981 et 1982 (50 %) pour s'établir à 20 % en 1985. Mais cette baisse à la fin de la période traduisait beaucoup plus le développement des activités de la SONADER (22 groupements en 1981, 41 en 1982, 65 en 1985) que l'évolution relative des rendements.
13. Enquête BIT/CEAO, 1980. On notera que, à la même période, le taux de commercialisation du riz des PIV (Périmètres Irrigués Villageois) de la SAED (Société d'Encadrement) au Sénégal était d'environ 20 %.

— aux femmes âgées (1 ha) — parcelle cultivée par les coopérateurs ;

— aux adolescents (1,20 ha) du village.

A l'inverse, la quête de la sécurité alimentaire serait surtout comprise sur les deux autres sites dans le sens de la détention d'un pouvoir d'achat.

Au prix d'un endettement important[14], ces coopératives ont pu mobiliser les ressources communautaires pour :

— la construction d'équipements collectifs ;

— le financement et l'équipement d'une école de quatre classes, la première datant de 1966 ;

— la création d'une case et d'une caisse communautaire de santé, dont le fonctionnement est assuré par des ressortissants du village, techniciens de santé, qui échelonnent leurs congés et travaillent en association avec les agents de santé communautaire et les matrones.

Enfin, la réactivation des structures de classes d'âge outre qu'elle permet la conduite de certaines opérations d'aménagement, devrait aboutir à la finalisation d'un programme de reboisement (brise-vent).

Pour créer une synergie des moyens, les trois coopératives ont constitué, en 1985, ce qui semble être une ONG, l'Association Sociale et Culturelle de Mbolan. Cette association est ouverte à toutes les communautés du département.

Le projet de développement intégré de Satara-Rosso (PRODIS)

Conjointement programmé par l'UNICEF et la région du Trarza pour la période 1982-1985, le PRODIS (Projet de Développement Intégré) devait concerner, dans le département du Trarza, les populations :

— bidonvilloises de Satara, soit 10 000 personnes ;

— périurbaines de Ndiourbel, soit 5 000 personnes ;

— et de vingt villages (12 500 habitants) situés autour du marigot de Garak.

Fondé sur les principes d'intégration des acteurs, des activités, de la ville de Rosso et de son hinterland, le projet devait assurer la situation économique des populations, la couverture des besoins de santé et d'éducation, améliorer l'habitat rural et l'environnement. Des inflexions successives de la conception et de la stratégie d'intervention ont conduit à un repli sur la zone rurale et à une programmation décennale des actions.

---

14. Le taux d'endettement du groupement (rapport de l'encours de la dette au chiffre d'affaires annuel) s'élevait, au 30 novembre 1985, à 50 % (Dieuk), 35 % (Breun-Gouyar) et 5 % (Breun-Daarou).

L'étude de ce cas peut donc fournir de précieux renseignements quant aux prérequis théoriques (études de base, conception) et à la conduite de programmes simultanément orientés vers la sécurité alimentaire et le développement rural.

Une mission d'évaluation du projet (Wane, 1986) a permis :
— d'en préciser l'impact et les contraintes de fonctionnement ;
— de systématiser l'analyse des effets des programmes sur les finalités assignées au projet.

L'évaluation des programmes sociaux n'étant qu'une des dimensions de l'approche de l'intégration (réalité, nature), elle sera traitée dans la dernière partie de cette étude. Nous évaluerons donc les effets du programme de production alimentaire :
— sur l'alimentation — nutrition des populations en procédant à la mesure des disponibilités céréalières et à l'analyse des modalités d'affection du produit agricole ;
— sur l'évolution générale des structures agraires et de la situation foncière en mettant un accent particulier sur la condition des femmes.

La production alimentaire et la reforestation

Finalité et objectifs

Ce volet constitue l'axe fondamental du projet en raison des effets attendus pour :
— l'alimentation et la nutrition : résorption du déficit céréalier et amélioration de l'état nutritionnel des populations ;
— le niveau de vie et la condition sociale : création de revenus ou induction d'activités rémunératrices, reconstitution d'un écosystème boisé, appréciation de la situation sanitaire, gain de temps (surtout pour les femmes et les enfants) utile à la formation et à l'éducation, inflexion voire inversion des flux migratoires, etc.
— les capacités de reproduction de ces communautés agraires et de leurs espaces, autrement dit le développement d'une entité locale.

Le dispositif technico-économique repose sur la mise en place d'un *système de production agro-pastoral intensif* dont les deux pôles dominants seraient, d'une part, une agriculture irriguée associée à l'arboriculture et, d'autre part, un micro-élevage familial.

Les deux contraintes déterminantes du système sont les suivantes :
— la résolution de la question alimentaire/nutritionnelle ;
— d'étape en étape, la rentabilisation financière des aménagements, condition de leur reproduction par les communautés organisées en coopératives.

Objectifs

Production végétale

a) Aménagement et garantie de mise en valeur optimale de 250 ha au terme des quatre années (1982-1985) d'exécution du projet, soit 25 périmètres villageois et périurbains.

b) Exécution d'un programme de reforestation et d'arboriculture villageoise à objectifs multiples à partir d'une pépinière agro-forestière de 1 ha (300 000 à 500 000 plants par an), de plantation de forêts villageoises et d'arbres fruitiers en jardins familiaux à raison de cinq arbres fruitiers par actif et suivant un rythme d'implantation de 150 000 plants par an.

Le volume de financement obtenu[15] — inférieur de plus de la moitié au montant prévisionnel — entraîna :
— la redéfinition de la zone d'application du projet ;
— le choix d'une progressivité de l'aménagement ;
— la décision d'introduire les cultures fruitières dans les aménagements hydro-agricoles tandis que l'Inspection Forestière réaliserait la pépinière permanente de 1 ha et les pépinières villageoises en réponse aux besoins de protection des cultures, des sols et des populations (brise-vent autour des agglomérations et des cultures, espaces verts) ou aux besoins d'ordre technologique (bois de construction), énergétique (bois de chauffe) et d'alimentation animale.

Élevage

En référence à ces effets sur l'axe alimentation/nutrition :
— promouvoir un petit élevage familial bénéficiant d'équipements hydrauliques (puits, abreuvoir), de soins vétérinaires et d'aliments concentrés ;
— à l'issue de la première campagne de contre-saison, amorcer l'alimentation du bétail par les sous-produits agricoles afin qu'elle se substitue à la fourniture des extrants industriels au cours de la deuxième phase du projet (1986-1990).

Hydraulique villageoise et technologies appropriées

— mettre à la disposition des populations une série d'équipements ou d'alternatives technologiques destinées à résoudre les problèmes d'approvisionnement en eau pour la consommation domestique (filtre

---

15. Pour l'ensemble du projet, il était de 542 300 US$, consentis par le Comité italien de l'UNICEF, les gouvernements italien et canadien.

à eau potable, puits), les besoins agricoles et/ou agro-pastoraux (puits, abreuvoirs, noria) ;

— opérer la jonction entre les programmes de technologies appropriées et d'approvisionnement en eau potable en faisant reposer tant la conception que la fabrication des filtres et de la noria sur l'utilisation optimale des ressources locales (moyens techniques et matériaux) ainsi que sur le savoir-faire des artisans et tâcherons locaux.

Les effets des programmes : des progrès alimentaires et nutritionnels et de la divergence des structures agraires

Progrès alimentaires et nutritionnels

A la fin de l'année 1985, 114 ha avaient été aménagés, soit un taux de réalisation supérieur de plus d'un tiers à l'objectif final (85 ha). En comparaison des taux généralement obtenus au terme d'une première campagne en double culture dans des aménagements de type similaire, les taux d'exploitation constatés (64 à 80 %) peuvent être considérés comme satisfaisants.

En contre-saison (décembre 1984-mai 1985), le maraîchage a été associé à la céréaliculture et aux légumineuses (niébé). Lors de la campagne d'hivernage (juillet-février), ces deux types de spéculation ont été exclusifs de tout autre.

Deux phénomènes majeurs caractérisent les résultats de la campagne :

— une diversification de la structure de production basée sur la céréaliculture ;

— faiblesse générale des rendements, par-delà la polarisation des niveaux de production des groupements.

Les rendements et les modes de valorisation

Les rendements importants n'ont été relevés que pour la culture du niébé et le maraîchage dans deux des quatre sites. Y compris sur ces sites, le gain de productivité globale de la céréaliculture est faible ; le rendement moyen n'est, en effet, que de 2 tonnes/ha.

Au terme de cette campagne, la riziculture (3,2 t/ha) a été moyennement performante par rapport à la culture des céréales traditionnelles (maïs, sorgho) dont les rendements (0,8 t/ha) ont été à peine supérieurs aux minima de la décrue améliorée (0,6 à 2 t/ha) et encore plus inférieurs à ceux de la culture irriguée, 3 à 5 t/ha en contre-saison froide.

En tant que l'aménagement hydro-agricole est un complexe technique destiné à assurer la maîtrise de l'eau (gage des gains escomptés de productivité), les différents éléments qui contribuent à son unité déterminent également son exploitation et ont des effets sur les rendements. On ne saurait donc minorer l'étude :

— des articulations existantes entre les problèmes techniques liés à l'aménagement (choix des sols, exécution du planage et des labours, etc.) et les niveaux de productivité ;

— des problèmes de fonctionnement techniques engendrés par les difficultés rencontrées dans l'équipement, la mise à disposition des intrants (produits énergétiques, semences, engrais) ou occasionnés par la qualité de l'encadrement local.

Or, un taux moindre de mécanisation des labours des parcelles (par exemple 70 % à Lewrine ; 67 % à Nioulène) et des déficits importants en outils peuvent être compensés par une conduite soigneuse des opérations culturales et permettre l'obtention de gains de productivité plus élevés que sur les autres sites. La conduite des opérations culturales requérant une organisation et une répartition des tâches entre les exploitants, elle est donc régie par le mode d'exploitation. Apparaissent ainsi certaines articulations entre aménagements et modes de valorisation (mode d'exploitation, taille des parcelles, assolements). Si ceux-ci contribuent à déterminer les niveaux de productivité, ils sous-tendent, de manière essentielle, le mode de répartition du produit.

Les modes de répartition

En la matière, les objectifs de l'UNICEF sont aisément repérables. Structurés en Groupements Paysans de Coopérateurs (GPC) pour une période d'apprentissage (durée 2 ans) des techniques de production et de gestion de l'agriculture irriguée, les paysans devraient, à terme, disposer des moyens de leur autonomie économique dans le cadre de structures coopératives. Fondé sur l'hypothèse implicite d'un ajustement simultané des opportunités de production et des capacités d'accueil[16], l'objectif ultime est d'attribuer une exploitation d'un hectare à chaque famille.

Il reste que, pour l'instant, les particularités locales semblent l'emporter sur le principe d'unicité des formes d'organisation de la production et, dans la plupart des cas, la différenciation pourrait primer sur la règle d'égalité vis-à-vis des opportunités offertes dans le cadre du PRODIS.

Du fait que l'aménagement porte sur tout ou partie du domaine foncier collectif, l'appartenance à une des communautés implique, pour tous les chefs de ménage, une égalité de droit dans l'adhésion au groupement et l'accès au périmètre. Sauf désistement formel de sa part,

---

16. Sous le double effet de la réinsertion des migrants et de la résorption du « chômage déguisé ».

tout membre de la communauté dispose de droit d'une parcelle et participe à l'exploitation d'un champ collectif là où des surfaces ont été réservées à cet effet. Dans la réalité, la notion d'ayant-droit trouve cependant ses limites dans des considérations tenant à des facteurs d'ordre technique, social ou relatifs aux rapports locaux de pouvoirs. Et, si la superficie cultivée totale a plus que doublé de la contre-saison (25 ha) à l'hivernage (56 ha), la surface moyenne par exploitation a évolué de manière sensiblement différente tant au niveau global (de 0,16 à 0,34 ha) que sur chacun des sites.

En double culture, la surface attribuée à chaque exploitant (famille) varie du simple au double : de 0,18 ha à Mbothio à 0,36 à Nioulène tandis que, avec une dimension sensiblement équivalente à Lewrine (0,30) et à Thambass (0,32), elle a été supérieure à la moyenne (0,27 ha).

La polarisation des niveaux de productivité s'explique par les formes spécifiques de la relation des rendements et des emblavures, sinon des successions culturales, au mode d'exploitation, élément fondamental du mode de valorisation.

Si l'on ne saurait négliger les répercussions des problèmes techniques liés à l'aménagement, il semble que le mode d'exploitation qui prévaut à Mbothio et à Tambass (parcellaire intégral, métayage formel ou déguisé[17]) est déterminant dans la formation des faibles niveaux de rendement constatés, tout en entretenant une forte corrélation avec le primat, si ce n'est les risques du diktat du riz dans les successions culturales. En outre, ce mode d'exploitation s'appuie sur l'exclusion de fait de tout accès direct à la production d'un quart (23 %) des familles de Mbothio et d'environ trois familles sur quatre (73 %) à Tambass, dont la quasi-totalité de celles ayant une femme à leur tête.

A contrario, à Nioulène et Lewrine, les rendements supérieurs à la moyenne sont sous-tendus par un mode d'exploitation procédant en faire-valoir direct de la forme collective de production (Lewrine) ou de son association à l'exploitation individuelle (Nioulène). Le mode d'exploitation et la diversification des cultures influent positivement sur les rendements dans la mesure où :

— confortée par une série de sanctions (amendes, retrait de parcelles, exclusion), l'organisation collective de la production accroît l'efficience de la force de travail disponible en assurant les conditions nécessaires au respect du calendrier et à l'exécution des opérations culturales ;

---

17. Le métayage est subordonné au faire-valoir direct. Formel à Mbothio, il concernait 12 à 28 des 52 parcelles. Plus complexe à Tambass, il a trait à la part du produit global dont bénéficient quatre familles de migrants en contrepartie d'un apport de ressources au fonds de roulement du groupement (1 000 UM par famille et par mois pour une campagne simple).

— cette coopération s'est surtout manifestée pour la culture d'espèces à haut rendement (maraîchage).

Cependant s'ils entretiennent effectivement une forte corrélation, l'on ne saurait rapporter, de manière absolue, les faibles rendements de la céréaliculture à l'individualisation des parcelles qui a présidé à son exploitation[18]. Y concourent également les contraintes d'ordre technique et agronomique, en l'occurence la qualité des prestations et de l'intervention des structures d'appui.

Résultant directement de l'opposition au faire-valoir indirect, le mode de fonctionnement du groupement de Nioulène a eu pour conséquence l'exclusion de fait de 45 % des ménages (30 % en campagne de contre-saison (CCS), et 60 % en campagne d'hivernage (CH)). A Lewrine, les ménages non concernés par l'exploitation ne disposent d'aucun actif (4 ménages) ou sont réfractaires au projet (15 familles), de sorte que tous les membres du groupement sont attributaires de parcelles et représentent les trois quarts des familles de la localité.

En conclusion, on peut retenir que le mode de valorisation initié par chacun des Groupements Paysans de Coopératives obéit à trois types de contraintes : l'importance relative de l'émigration masculine active et la nécessité de répartir le stock de force de travail entre l'agriculture irriguée et les activités traditionnelles ; la nature des rapports de pouvoir internes à la communauté ; la qualité du support technique.

Au terme de la programmation opérée à la fin de l'année 1983, les quatre sites de la rive gauche[19] devaient être aménagés et mis en exploitation dès la CCS suivante, leur extension et l'implantation/valorisation des périmètres de Tambass et Zeïloufa devant ensuite porter la superficie aménagée à 85 ha.

Cet objectif physique a été dépassé à plus du tiers mais, pour des causes relatives aux contraintes d'ordre technique et organisationnel, l'aménagement du périmètre de Zeïloufa n'a pu être achevé qu'à la fin de l'hivernage 1985. En outre, le site de Tezaya n'a fait l'objet d'aucune mise en valeur en raison de la conjonction dans cette localité des principales contraintes sociales de fonctionnement : non-apurement de droits autres que ceux du groupement ; important déficit d'actifs masculins (62 %) et marginalisation de la composante féminine des

---

18. Dans l'espoir d'accroître la production des cultures traditionnelles (maïs, sorgho, niébé), certains paysans utilisent sur leur parcelle des semences non-sélectionnées et n'ayant pas fait l'objet d'une prégermination. Cependant, même partielle, la dimension collective de la production et des tâches d'aménagement contribuent à une meilleure maîtrise des techniques culturales dont bénéficient également les parcelles individuelles à Nioulène, le groupement de Lewrine étant, en revanche, réparti en quatre équipes.
19. Il s'agit de Nioulène, Mbothio, Tezaya et Lewrine.

chefs de ménages[20] dans l'exploitation qui s'oppose à l'unicité de principe et aux normes d'intervention de l'UNICEF.

Les pratiques de production analysées sous-tendent des systèmes de répartition différents et générateurs de dysfonctionnements et de déséquilibres dans l'impact du programme.

Disponibilités céréalières et taux bruts de couverture des besoins

Occupée en double culture — soit pendant quinze mois — une famille exploitante aura obtenu, toutes céréales confondues, un produit net de 215 kg correspondant à une consommation *per capita* de 43 kg, soit la couverture du cinquième (=19 %) de ses besoins annuels.

Du fait du caractère composite de l'indicateur « disponibilités par tête », cette moyenne recouvre des disparités importantes entre les localités et au sein de certains groupements.

En conclusion, on relèvera que :

— plus de la moitié (52,5 %) de la population des quatre localités ou le tiers de la population-cible du programme[21] seraient directement bénéficiaires de la production végétale irriguée ;

— 20 % de ces ménages exploitants seraient autosuffisants en céréales durant plus d'un an, 40 % sur plus de neuf mois, tandis que les 40 % restants seraient assurés de deux mois à un peu plus de quatre mois de consommation.

Cependant, relativement à la situation d'origine et aux résultats actuels d'autres groupements paysans, la conduite du programme et la capacité des exploitants à maintenir une agriculture hors PPV ont permis d'obtenir un accroissement important des disponibilités vivrières.

Avec la double culture de céréales traditionnelles et de riz à Mbothio, le niveau minimal des disponibilités équivaut néanmoins à la moitié du niveau de la ration souhaitable (153 kg) établie par le RAMS en 1980, ou à plus de la moitié (54 %) des capacités totales de consommation dont a pu disposer le paysan mauritanien en 1981-1982[22]. En 1982-1983, lors de la première campagne du groupement de

---

20. 64,5 % de la catégorie.
21. C'est-à-dire la totalité des ménages des six villages.
22. Dons et achats compris. A titre de comparaison, on relèvera que, au terme de la première campagne (culture simple — CH 1980-1981) réalisée à Tounguène, les disponibilités par tête furent seulement de 22 kg de paddy (rendements/ha = 2,3 tonnes), soit un taux de couverture de 12 %. En revanche, dans le même cadre et avec un niveau de rendement trois fois plus élevé (6,3 tonnes/ha), le groupement de Fass assurait des disponibilités par tête de 175 kg de paddy ou un taux de couverture de 96 % des besoins céréaliers.

Nioulène, le produit net par exploitant (CCS) n'a représenté que le quart de celui de la CH 1985-1986. Enfin, rappelons que les résultats de la production ont été quasi-nuls en 1983-1984.

En 1985-1986, si l'on ne considère que la production locale nette, la situation des paysans du PRODIS est satisfaisante relativement aux résultats de l'agriculture traditionnelle.[23]

La double culture en décrue et sous-pluie assurerait seulement un taux de couverture de 20 % mais, en opérant une répartition optimale de leurs actifs entre les trois types de culture, les paysans en aménagements indépendants ou relevant de la SONADER couvriraient leurs besoins céréaliers à hauteur de 70 %, résultats obtenus après prélèvement des redevances (50 % du produit) par la SONADER ou le groupement coopératif. Pour les seize résidents de Mbothio également détenteurs de parcelles de riz à M'Pourié ainsi que pour la quasi-totalité des exploitants des trois autres sites qui ont pu effectuer les cultures de décrue en 1985-1986, on peut donc espérer une amélioration de 10 à 15 points du taux de couverture des besoins céréaliers.

Les modalités d'affectation du produit : primat de l'autoconsommation et modicité des produits financiers

Expression de stratégies alimentaires confrontés à des contraintes structurelles et institutionnelles[24] les revenus des ménages et, par conséquent, les disponibilités alimentaires nettes, procèdent de manière cumulative ou partielle des modalités de répartition suivantes :
— à un niveau primaire, intervient le partage du produit global en fonction du mode d'exploitation du PPV ;
— à un niveau secondaire, est déterminée la destination finale du produit de la répartition primaire, soit l'allocation des disponibilités du ménage entre l'autoconsommation, les transactions non monétaires et les ventes.

La deuxième modalité relève de la distribution de décision au sein du ménage et de ses choix effectifs[25], tandis que la première résulte des arbitrages opérés par le GPC relativement au :
— partage intégral ou partiel du produit obtenu grâce à l'exploitation collective de l'ensemble du PPV ou des « surfaces réservées » au groupement ;

23. Le niveau des disponibilités hors-zone PRODIS a été calculé à partir des prévisions de production établies par la Mission Conjointe Gouvernement/Donateurs : *L'évaluation de la campagne agro-sylvo-pastorale 1985-1986 - Sud Brakna, Gorgol, Guidirnaka,* Nouakchott, novembre 1985. A titre indicatif, nous donnons ci-après la répartition (%) de la production céréalière nette suivant le type de culture :
24. Organisation et fonctionnement de la commercialisation, structure des prix relatifs, problème du crédit agricole, etc...,
25. Il s'agit là de l'une de ses dimensions essentielles.

— volume du surplus — parts destinées à la vente — et à la transformation et/ou en provisions financières destinées à assurer les charges d'exploitation et les investissements.

En l'absence d'enquêtes de consommation récentes, l'on ne saurait minorer les difficultés d'évaluation du volume et de la nature (objets et modalités[26]) des opérations. Leur appréciation sera donc essentiellement fondée sur une série d'hypothèses élaborées à partir des :

— résultats (structure et niveaux) de la production ;

— données collectées à propos des habitudes alimentaires et des ventes ;

— conclusions d'enquêtes antérieures sur les budgets familiaux (RAMS 1979-1980) et notamment des relations entre structures de production et structures de consommation qu'elles ont établies.

Autant que les circonstances[27] et la durée de la mission d'évaluation ont permis d'en juger, on observe l'existence d'une relation directe entre les niveaux d'autoconsommation et les niveaux de production, relation dont l'intensité dépend, par ailleurs, du degré de diversification de la production. En effet, compte tenu des disponibilités et en raison de la finalité assignée par les paysans à la production végétale — à savoir, la satisfaction prioritaire des besoins vivriers — le produit céréalier a fait l'objet d'une autoconsommation et d'opérations non monétaires importantes tandis que les produits financiers ont surtout été engendrés par l'activité maraîchère et, accessoirement, par la vente des légumineuses.

Suivant les enquêtes du RAMS en 1979-1980, les principales caractéristiques des revenus, des budgets de consommation et des habitudes alimentaires des ruraux sédentaires étaient les suivantes[28] :

— en ce qui concerne la répartition budgétaire, on relevait une proportion moindre des dépenses alimentaires dans les dépenses totales (67 % contre 75 %) et une prépondérance des postes « transports » (72 %) et « divers » (17 %) dans les dépenses monétaires non alimentaires ;

— grâce à un taux de monétarisation (75 %) inférieur à la moyenne du secteur rural sédentaire (87 %), il achetait moins de denrées de base tout en réservant plus du quart (28 % contre 22 %) de son revenu monétaire à l'acquisition de produits aussi divers que le sucre et les produits sucrés, les huiles et corps gras, le sel et les condiments.

— Corollaire de cette répartition budgétaire et de la structure des dépenses alimentaires monétaires, la consommation apparente — soit la ration alimentaire — a été assurée par le recours au circuit monétaire, à hauteur de 94 % pour le poisson (9 % de moyenne), 86 % (contre 71 %) pour les légumes et fruits, et 80 % (contre 87 %) pour les céréales.

---

26. Ventes, troc, cessions sans contrepartie et autoconsommation.
27. La seule production réalisée ayant été celle de la contre-saison.
28. La comparaison est faite avec les centres ruraux sédentaires de Mauritanie, dont les indices de consommation sont donnés par le deuxième chiffre de la parenthèse.

Autant dire que le niveau des opérations non monétaires pour les céréales et la viande fut des plus élevées et que la dépendance marchande pour les légumes et légumineuses, le lait et les produits laitiers fut parmi les plus accentuées de la Mauritanie. Au bout du compte, l'autoconsommation — au sens large — équivalait à 44 % (contre 14 %) du revenu monétaire ou à 30,5 % (contre 12,5 %) du revenu total. Sur l'ensemble des opérations alimetaires non monétaires des ménages de l'échantillon, 30 % ont été effectués par les unités budgétaires du Trarza.

— Quant à la structure des revenus par tête, elle était fortement déséquilibrée par la part des revenus des transferts (71 % ; 33 % de moyenne), lesquels suppléent la faiblesse des revenus de la production (12 % ; 23 % de moyenne) et des revenus des services (17 % ; 44 %). Plutôt que de salarier la population du Trarza, les migrations inter régionales et internationales permettraient donc au rural sédentaire d'y bénéficier d'un niveau de consommation supérieur de 6 % à celui de son homologue du reste de la Mauritanie.

Ces tendances se vérifiaient sans doute dans les localités de la zone du PRODIS mais il reste que, dans l'échantillon retenu au Trarza (8 unités budgétaires également réparties entre quatre villages), une seule localité semble avoir présenté la plupart des caractéristiques originelles des sites du PRODIS. Ainsi donc, à Taguilalett, le mil et le sorgho représentaient 45 % de la ration céréalière contre 42 % pour le riz et 13 % pour le blé. En montrant que le mil, le sorgho ou le maïs constituent encore la base des associations alimentaires, l'enquête nutritionnelle (octobre-novembre 1985) a mis en évidence la stabilité relative des habitudes alimentaires. Simultanément, les données recueillies pour les besoins de l'évaluation de l'impact des PPV ont permis de dégager les principaux éléments d'une stratégie alimentaire orientée vers la quête d'une extension de la sphère de l'autoconsommation.

Cependant, simultanément à l'accroissement de la part relative des revenus de la production, l'on a dû enregistrer au total une réduction du poids relatif des dépenses alimentaires. A Tambass, où l'AHA (aménagement hydro-agricole) ne porte que sur une partie minime du domaine foncier collectif, les exploitants ont pu maintenir des cultures vivrières hors PPV tout en continuant à bénéficier d'un volume constant, sinon croissant, de transferts monétaires des migrants. En effet, la restructuration des budgets des ménages exploitants a pu y résulter de la vente directe d'une partie importante des disponibilités ainsi que de la rétribution d'une activité quasi-salariée[29].

---

29. Le groupement livrant environ 320 kg de paddy à chacune des quatre familles de migrants qui ont constitué la première dotation du fonds de roulement, à raison d'un apport mensuel de 1 000 UM par famille et par campagne simple. On peut estimer les ressources prévisionnelles à 72 000 UM et les réserves effectives à 421 000 UM à la fin de la CH 1985-1986.

Toutes céréales confondues, l'autoconsommation a pu être maximale à Mbothio et Lewrine, la compensation des déficits ayant sans doute été recherchée par la vente de haricots (niébé) ou par l'affectation d'une partie des revenus issus de la migration (Lewrine). Il est probable que les paysans de Mbothio ont préféré vendre relativement plus de légumineuses — niébé, graines de pastèques *(beref)* — que de riz ou de maïs du fait que ces spéculations, traditionnellement féminines, sont également d'un très bon rapport, d'où leur captation anticipée par les hommes et leur destination marchande dans cette communauté de pasteurs dont la conversion à l'agriculture s'opère directement dans le cadre d'une opération d'irrigation.

A Lewrine, en revanche, les dépenses alimentaires ont dû être moins importantes grâce, d'une part, au contrôle féminin du produit et, d'autre part, à l'apport céréalier des cultures de décrue et aux transferts alimentaires (sucre, produits sucrés, huile, thé...) des migrants[30].

A la fraction monétaire de ces transferts, ressortissent également les dépenses non alimentaires — dépenses d'habillement et, sans doute, frais de scolarité[31]. En rémunération des activités para-agricoles et essentiellement de gardiennage du bétail, les prélèvements liés aux dépenses d'exploitation sont nuls à MBothio et très limités sur les autres sites. Au demeurant, le bilan net de ces transactions dépend de la commercialisation éventuelle des sous-produits de culture — paille, tiges, son — pour l'alimentation des petits ruminants ainsi que des bovins dans les localités où s'organisent des formes artisanales d'embouche orientées exclusivement vers la commercialisation[32].

Des règles coutumières fixaient les contributions respectives des époux au budget familial, le mari assurant la disponibilité des biens de base — céréales, habits, les moyens de production et la couverture des dépenses d'exploitation — tandis que l'épouse prenait en charge, sur ses revenus propres, la fourniture en compléments alimentaires — condiments, aliments du nouveau-né, etc. — et de l'équipement domestique. Le caractère fictif de l'unité du ménage est alors d'autant plus accentué que, du fait du double mouvement de marginalisation des

---

30. La situation des familles ayant à leur tête une femme divorcée ou veuve (27 % des familles de Lewrine) nécessite une étude spécifique que nous n'avons pu mener durant la misssion.

31. Bouchers pour la plupart, les ressortissants de Tambass et de Lewrine sont établis à Nouakchott, Dakar ou Nouadhibou. Les déplacements à la ville de l'épouse ou du père du migrant s'effectuent, le plus souvent, sur invitation de ce dernier ou pour des causes d'ordre médical. Mais, tout comme les deux ou trois séjours annuels du migrant au village, ils sont l'occasion de rapporter en priorité des habits et secondairement des denrées alimentaires, dont le riz. Les envois d'argent sont assez réguliers et, dans certains cas, on a enregistré des expéditions de sacs de riz — deux à trois de 100 kg par an. Enfin, à Tambass, certaines femmes de migrants capitalisent encore une partie des transferts en achetant de petits ruminants.

32. Un résident de Tambass y pratique l'embouche de bovins qu'il acquiert dans l'Est mauritanien avant de les revendre à Rosso, avec un bénéfice moyen de 150 %.

femmes dans la réallocation des moyens de production (terre et intrants) et de leur participation croissante à l'exploitation du PPV en tant que main-d'oeuvre auxiliaire[33], les activités productives dont elles ont la maîtrise déclinent nécessairement.

Enfin, et sur un plan plus général, la modicité et le caractère accidentel des revenus monétaires de la production résultent également des contraintes de commercialisation et expliquent la non libération des parts sociales, celles-ci devant être liées, du point de vue des paysans, au niveau des résultats financiers.

Dans la mesure où la vente directe au consommateur urbain ou au commerçant détaillant suppose l'élaboration du produit (décorticage, conditionnement), l'organisation de ce réseau repose sur la prise en charge de tous les frais commerciaux par le paysan[34]. Or, en conjonction avec la charge de travail agricole et domestique, la faiblesse de la marge bénéficiaire du producteur sur les céréales ou l'amplitude des fluctuations de prix des légumes constituent des incitations défavorables à de telles dépenses[35].

En cas de recours à des commerçants/transporteurs, ceux-ci fixent les principaux coûts d'opération. Ces coûts restent très élevés malgré la proximité de Rosso, les transporteurs préférant s'approvisionner dans les villages les plus reculés pour maximiser leurs marges commerciales. Ainsi, 1 kg de tomates acquis à 15 UM (une caisse de 10 kg = 150 UM) par le transporteur dans une de ces localités, sera cédé au consommateur à 75 UM sur le marché de Nouakchott ou à 90 UM dans les épiceries de luxe, la marge brute du transporteur étant d'environ 230 à 250 %.

Tout comme l'évaluation des résultats avait permis de situer les contraintes d'ordre technique et organisationnel sur la réalisation des objectifs physiques, l'analyse des modes de valorisation a fait ressortir le caractère instrumental de l'AHA (aménagement hydro-agricole). Grâce à l'acquisition rapide des techniques de l'opération d'irrigation — assolements, opérations culturales — les résultats ont été comparables à ceux que d'autres communautés n'ont pu réaliser qu'au terme de deux campagnes agricoles. Mais l'ensemble technique que constitue

---

33. Même là où elles n'ont pas la cogérance du PPV (Nioulène, Tambass, Mbothio), on constate l'augmentation de la charge de travail agricole des femmes. Ainsi à Nioulène, durant la CCS 1984-1985, pour la préparation du sol et repiquage des légumes, puis pour la préparation des parcelles de riz, 28 % des effectifs étaient composés de femmes. A noter que les sources de revenus féminins étaient étroitement liées à l'élevage et à l'écosystème.

34. Coûts de sacherie, de transport et même coûts de la manutention au chargement et au déchargement.

35. A Garak, du paysan au villageois le prix du kg de riz varie entre 25 et 27 UM. Si, dans le commerce de détail, il est à son niveau minimum à 30 UM, les commerçants n'hésitent pas à en organiser la baisse au moment des récoltes. Quant au prix des légumes, il est inférieur de 5 à 7 % au prix du marché suivant que l'acheteur est un coopérateur ou un villageois extérieur au groupement. Le caractère erratique du cours des légumes est lié à la saturation relative du marché de Rosso.

l'AHA est apparu comme un moyen à situer sur le même plan que le système foncier et le système de production, lesquels sont l'expression du statut du travail féminin, de l'importance relative de l'émigration masculine active et de la nature des rapports pertinents des « économies » villageoises à l'économie régionale et nationale.

La configuration spécifique de ces différents éléments a orienté l'impact du programme sur le niveau de vie et les capacités locales de promotion de l'organisation coopérative dans des directions particulières.

Ainsi, donc, aux risques techniques auxquels sont confrontés les AHA pourraient se conjuguer des risques de dérapage de l'ensemble du programme, risques illustrés par les « taux d'exclusion[36] » constatés de 23 % à 73 %, et les pratiques économiques répertoriées.

	décrue	sous pluie	irriguée
Pays	38	44	18
Trarza	47	4	44

De l'efficience du programme

Les conclusions que l'on pourrait fonder sur la modicité du coût unitaire du programme PPV devraient, toutefois, être atténuées eu égard au réel problème de rentabilité financière qui résulte de la conduite du programme et du fonctionnement des AHA. En effet, si l'on rapporte les dépenses totales du programme (soit 132 810 UM) à la population directement bénéficiaire (soit 1 788 personnes), le coût unitaire s'élève à 75 $. Or, la production d'une tonne de paddy a requis 312 £, soit 24 455 UM au niveau de son prix de cession (25 UM), y compris les frais de transformation et de commercialisation encourus par le paysan. Un tel niveau de coût ne permettrait donc pas la formation d'une marge commerciale.

L'évolution générale des structures agraires

Il a été établi que la capacité à maintenir une production vivrière et des ressources animales constituaient un facteur démultiplicateur de l'impact du programme. Suivant des modalités différentes, les effets de la concurrence des calendriers des cultures irriguées et « sec » ont été minimisés et l'amplitude de ces réponses a permis aux communautés de conserver un cheptel acquis antérieurement au lancement du projet.

---

36. Ou, plus précisément, de « non-inclusion directe », du fait de l'existence de procédure de redistribution au sein des réseaux de solidarité (parenté, voisinage).

C'est ainsi que, durant la CH, les brigades de travail du PPV de Lewrine ont également mobilisé 70 % des femmes pour la culture des champs familiaux hors PPV. Aussi les surfaces cultivées ont-elles progressé de 100 ha (moyenne 1979-1984) à 500 ha en 1985. A Tambass et à Nioulène, cette activité a revêtu trois formes distinctes : groupe restreint au collectif traditionnel d'entraide ; exploitation familiale ; faire-valoir indirect. C'est par le biais de cette troisième forme que les ménages de Mbothio ont éventuellement pu accéder à la culture de décrue.

Par la perpétuation de contrats de gardiennage avec les pasteurs peuls, le cheptel a pu être réservé. Mais, avec la réduction de la taille du cheptel des petits exploitants et l'accentuation du caractère familial de l'élevage par la prépondérance de l'élément ovin-caprin sur l'élément bovin, l'implication des enfants dans un gardiennage de proximité s'est accrue et il s'est produit un réaménagement des modalités de rémunération du berger.

La capacité de maintenir une agriculture vivrière et des revenus pastoraux a permis de réaliser la complémentarité des revenus de la production irriguée, soit avec les transferts de la migration (Lewrine, Tambass), soit avec les revenus des services (Nioulène, Mbothio, Tambass). A l'exception de cette communauté[37], le maintien de la production vivrière réduit, voire annule les risques de polarisation sociale par augmentation des spéculations sur les denrées alimentaires. En revanche, l'évaluation du fonctionnement des AHA a mis en évidence une tendance à la différenciation sociale du fait du niveau de l'infrastructure technique/taille des PPV — surface unitaire, etc. — et des modes de valorisation caractéristiques des différents PPV.

Les situations foncières : de la différenciation sociale et de la condition spécifique des femmes

En regard du principe directeur du programme — à savoir, l'unicité du mode de valorisation — l'analyse du fonctionnement des AHA a mis en évidence la diversité des formes d'organisation de la production, dont nous avons également montré qu'elle pourrait renforcer une logique de la différenciation (déjà à l'œuvre dans ces communautés) au détriment de la règle d'égalité vis-à-vis des ressources offertes par le projet.

La différenciation sociale pourrait être confortée par la pérennisation des trois formes sous lesquelles elle se manifeste actuellement et qui cristallisent les situations foncières qui prévalent :

---

37. Au moins deux des membres du Comité d'Action sont des commerçants/boutiquiers, dont le plus important de la localité.

— une différenciation dans l'espace entre groupements ;

— une différenciation interne des communautés entre attributaires et non attributaires ;

— une forme transversale aux deux premières et qui concerne la condition des femmes en tant que conséquence : *(a)* de la précarité de leur rapport à la terre en cas de cogérance féminine de l'exploitation (Lewrine) ; *(b)* de leur subordination dans la production (rôle auxiliaire des conjointes d'exploitant sur les trois autres sites) ou de leur marginalisation (exclusion de tout accès à l'exploitation de femmes chefs de famille à Tambasss et, de manière potentielle, à Tezaya et Zeïloufa).

Les deux premières formes ayant été suffisamment analysées, nous n'en reprendrons ici que les articulations déterminantes à la troisième.

Les situations foncières et la différenciation sociale

La gestion des terroirs villageois repose sur les principes suivants :

— propriété éminente de la collectivité et son corollaire, la détention familiale du droit d'usage de la terre ;

— la redistribution annuelle des champs pour en signifier la précarité de détention, éviter la consolidation du droit d'usage en droit de propriété, et minimiser pour chacun les risques liés aux aléas climatiques.

L'aménagement portant sur toute une partie du domaine foncier, la règle de la double appartenance devrait lui être appliquée et entraîner, pour tous les chefs de groupe de résidence, une égalité de droit dans l'adhésion au groupe et l'accès au périmètre.

Si cette règle est rigoureusement appliquée à Nioulène et Lewrine, il reste que la conquête de positions de pouvoir dans les localités peut induire un contrôle du PPV.

La condition spécifique des femmes

Qu'elles soient exploitantes, conjointes d'exploitant ou femmes seules assurant l'entretien des enfants, les femmes ont pour commune condition d'avoir à assumer des responsabilités familiales et des rôles sociaux accrus[38]. Or, leurs sources traditionnelles de revenus sont en déclin et l'inégalité qu'elles subissent dans l'accès aux moyens de production va de pair avec l'augmentation de la charge de travail agricole pour la plupart d'entre elles.

Pour l'essentiel, les activités génératrices de revenus propres aux

---

38. Pression monétaire croissante, démission des hommes face à leurs obligations familiales (ménages de migrants) et/ou chute drastique du nombre d'actifs (veuves ou divorcées).

femmes relevaient de l'artisanat alimentaire — transformation et vente des produits vivriers ; du lait et de ses dérivés chez les Peuls — et non alimentaire — travail du cuir et des fibres végétales dans les autres communautés. Les deux types d'activité ne revêtent désormais qu'une importance marginale, voire nulle, du fait de leur soumission croissante aux circuits marchands. En effet, le marché régional s'est substitué à l'écosystème et à la collectivité locale dans la fourniture des intrants[39] et des matériaux ainsi que dans l'écoulement de la production. Du fait de la non maîtrise des modalités d'approvisionnement et de la concurrence par les prix des produits manufacturés, les revenus que procurent ces activités sont encore plus accidentels que ceux de la production irrigué ou de la pluri activité agricole et para-agricole des hommes.

Ainsi que nous avons pu le constater, la baisse ou la suppression des revenus féminins a des conséquences immédiates sur les conditions de vie. En particulier, elle entraîne un appauvrissement de l'alimentation avec, dans certains cas, l'apparition de maladies de carence aussi bien chez la femme que chez ses enfants.

A ces changements sociaux, les femmes réagissent de manière contrastée. La recherche de nouvelles sources de revenus les avaient conduites à tenter une reconversion dans le maraîchage. De la forte valeur ajoutée à cette activité, il s'en est suivi sa récupération par les hommes et son exploitation sur des bases parcellaires. Or, l'individualisation de son exploitation entraîne une perte croissante du contrôle et de l'affectation du produit par le groupe de résidence.

POUR UNE RECONSIDÉRATION DE LA PROBLÉMATIQUE DE LA SÉCURITÉ ALIMENTAIRE ET DU DÉVELOPPEMENT RURAL

Les échecs des projets de développement intégré sont souvent attribués au fait que le développement intégré n'aurait de réalité que... conceptuelle. Il s'agirait d'un simple paradigme. Mais, toujours est-il que, tout en reconnaissant l'inexistence de projets *intégrés* de développement, maints organismes prétendent actuellement proposer une approche plus efficiente du développement rural. Portant le plus souvent sur une micro-échelle, ces projets reposent sur les principes d'intervention suivants :

---

39. Textiles et fibres synthétiques, y compris emballages de récupération vendus dans le commerce ; lait en poudre pour « couper » le lait de vache avant revente à la ville, etc. Bien que produisant des articles de très bonne qualité, la coopérative féminine de Garak n'arrive à en vendre qu'auprès des missions de passage.

— prise en charge, par un financement extérieur, de l'ensemble des interventions pendant une durée variable ;

— organisation coopérative des paysans et inclusion maximale des populations ;

— lancement de programmes de production alimentaire familiale dont les résultats financiers seraient progressivement affectés à la constitution de provisions financières pour assurer le fonctionnement des aménagements, l'amortissement des équipements ;

— par les actions de formation technique et non formelle et la rentabilisation des aménagements, réalisation de l'autogestion villageoise — autrement dit la maîtrise des investissements, l'autonomie dans la production et la couverture des besoins d'équipement social par des ressources propres.

Les décideurs des projets se donnent donc un objet propre — le local — qu'ils traitent dans l'optique du développement autocentré. Mais cet objet local est un objet unique, constitué par des « groupes-cibles » définis en fonction de leur seul niveau technique. La méthodologie d'action s'organise alors autour d'un modèle unique — par, exemple, le transfert à la communauté des moyens d'exploitation d'un périmètre dont la taille est jugée optimum par les responsables du projet.

Or, l'analyse des effets des programmes a montré la diversité économique et sociale des situations, le caractère unique de chaque PPV, son articulation particulière au terroir. Dans l'impact du programme sont déterminantes les modalités d'articulation de chacun des facteurs suivants :

— le statut de travail, y compris — ou surtout — féminin ;

— l'importance relative de l'émigration masculine active ;

— la nature des rapports de pouvoirs internes à la communauté.

A chacun de ces niveaux interfèrent les rapports pertinents du local, du régional, et du national. La configuration de ces rapports — orientation, flux et importance de main-d'oeuvre, de produits alimentaires et non alimentaires, participation à la décision politique, économique — différencie des espaces au sein de la nation, de la région... Il y a intégration des économies villageoises, mais pas nécessairement dans les mêmes espaces ni au même niveau. Les Wolofs de la zone du Mbolan et du Garak sont ouvriers qualifiés, fonctionnaires, entrepreneurs dans les grandes villes de Mauritanie ou du Sénégal. Dans les mêmes villes, les ressortissants Harratines de la zone du Garak se retrouvent quasi-exclusivement dans le secteur non structuré. Moins instruits, démunis, constituant de petites communautés, récemment affranchis des liens de servitude, ces derniers ont donc des capacités moindres d'action sociale. Le soutien extérieur y détermine le sort de toute entreprise mais son impact est orienté par le mode d'intervention des migrants et la place faite aux femmes dans l'accès aux ressources des programmes. Et c'est ici que peuvent se déployer les stratégies locales de contrôle des ressources des programmes à partir de positions de pouvoir dans la communauté, d'où éventuellement des modes de valorisation (unité du mode d'exploitation et des choix culturaux), des aménagements vecteurs d'inégalité au sein des producteurs et de marginalisation sociale pour cause d'une démobilisation populaire.

BIBLIOGRAPHIE

Banque Centrale de Mauritanie, *Bulletins statistiques,* 1983-1985.

CILSS/Club du Sahel. *La politique céréalière dans les pays du Sahel.* Actes du Colloque de Nouakchott, 2-6 juillet 1979, 500 p.

Direction de l'Agriculture, République de Mauritanie. *Situation alimentaire, stabilisation aide alimentaire,* Nouakchott, 1982.

Martin F., *Aide alimentaire et politique des prix en Mauritanie,* SIND.

Ministère de l'Économie et des Finances, République de Mauritanie. *IIIe Plan de Développement Économique et Social,* 1977-1980.

IVe Plan de Développement Économique et Social DEP, 1980-1985.

OMS 1980, C-VII-6.

RAMS. a) *L'activité économique rurale du secteur privé,* DEP, Nouakchott, 1980, 84 p.

b) *La consommation des produits alimentaires et non alimentaires dans le secteur rural* DEP, Nouakchott, 1980, 84 p.

*L'agriculture sèche,*DEP, 1981, 160 p.

UNICEF. *Évaluation du projet de développement intégré de Satara-Rosso. Région du Trarza,* (Consultant H.R. Wane), 1986, 101 p.

Wane H.R., *Évaluation du projet de développement intégré de Satara-Rosso, Région du Trarza,* UNICEF, 1986, 101 p.

LISTE DES AUTEURS

Abdoulaye BATHILY, Faculté des Lettres et Sciences Humaines, Université de Dakar, Sénégal

Jean-Pierre CHRÉTIEN, Directeur de Recherche au CNRS, Université de Paris-I, France

Igor de GARINE, Directeur de Recherche au CNRS, Paris, France

Amadou GUIRO, Association de Nutrition et de l'Alimentation du Sénégal, Dakar, Sénégal

Adel P. den HARTOG, Département de Nutrition Humaine, Université Agricole, Wageningen, Pays-Bas

Michel KEITA, Sociologue Chargé de Recherches, Institut de Recherches en Sciences Humaines, Niamey, Niger

Dieudonné OUEDRAOGO, Chercheur à l'Unité socio-économique et démographique, Institut du Sahel, Bamako, Mali

Seydou SIDIBE, Direction Nationale de l'Élevage, Bamako, Mali

Hamdou-Rabby WANE, Institut Mauritanien de Recherche Scientifique, Nouakchott, Mauritanie

CONCLUSION

Igor de GARINE

L'amélioration de la situation alimentaire en Afrique exige une approche pluridisciplinaire. Celle-ci nécessite la collaboration des sciences de la terre, des sciences de la vie, des sciences sociales et des sciences humaines. Ces dernières ont souvent été négligées par le passé : leur contribution est indispensable car elle permettra aux projets de mieux s'adapter aux réalités socio-culturelles locales et facilitera la participation des populations.

Peu des disciplines des sciences sociales et humaines fournissent une formation apte à aborder le domaine de l'alimentation. Cette spécialisation exige une formation appropriée dont il importe qu'elle soit mise sur pied dans les différents cadres qui s'imposeront.

Il est nécessaire de préparer chercheurs, enseignants et décisionnaires à travailler de façon pluridisciplinaire sur l'alimentation et le domaine rural.

Parmi les collaborations les plus indispensables à mettre sur pied, le séminaire suggère celle des :

— nutritionnistes et spécialistes des sciences sociales et humaines ;
— spécialistes des sciences sociales et humaines, technologues de l'alimentation et spécialistes du marketing ;
— anthropologues et spécialistes de l'histoire rurale ;
— sciences de l'environnement (cf. MAB) ;
— sciences sociales et humaines.

Il est suggéré que l'Unesco prenne les responsabilités qui sont de sa compétence pour favoriser la participation commune des sciences sociales et humaines, des sciences de la nature et des sciences de l'alimentation ; qu'elle développe les enseignements et stimule les projets de recherche qui s'imposent ; qu'elle soutienne la liberté académique d'entreprendre des recherches indépendantes, critiques et constructives dans le domaine considéré.

Le séminaire s'est prononcé pour le renforcement des moyens de recherche fondamentale et appliquée dans les pays en développement et pour concentrer davantage l'attention sur les problèmes qui concernent les zones rurales, les populations et les groupes humains dont la situation alimentaire est critique. Dans cette perspective, il a été suggéré d'accorder une priorité particulière aux groupes humains soumis à la famine et expérimentant des changements brutaux de localisation et de structure socio-économique (personnes déplacées). La détermination des indicateurs (physiques et sociaux) précurseurs de la famine est un champ ouvert aux analyses pluridisciplinaires.

Compte tenu de la place importante des sciences sociales et humaines dans l'enseignement, aux niveaux secondaire et supérieur et tout particulièrement dans les disciplines universitaires, il est apparu souhaitable que les enseignants et les étudiants qui se spécialisent dans ces disciplines (économie, droit, sociologie, anthropologie, histoire, géographie, linguistique, etc.) soient davantage encouragés, matériellement et moralement, à privilégier dans leurs programmes de travail les études et les enquêtes sur les questions concernant le développement rural et l'alimentation des populations, dans une perspective pluridisciplinaire (incluant les sciences de la nature).

En s'appuyant sur la Déclaration universelle des Droits de l'Homme à accéder à une alimentation satisfaisante et qui respecte sa dignité, il est suggéré d'examiner les échecs, les obstacles à la réalisation de ces objectifs ainsi que les moyens de les surmonter.

Ces orientations de recherche devraient s'appuyer sur une coopération plus systématique entre les universités et autres centres de recherches africaines et inspirer les programmes de coopération entre les institutions scientifiques et les institutions spécialisées d'autres continents. Il faudrait notamment développer les réseaux régionaux de documentation et de diffusion des connaissances (banques de données, projets de recherches partagées, colloques, revues et publications). C'est selon ces vues qu'il a été suggéré de mettre sur pied en Afrique un réseau concernant les sciences sociales et humaines analogue à celui qui y existe déjà pour les sciences biologiques. Sans qu'il soit envisageable d'isoler l'Afrique des autres continents sur le plan scientifique, le développement d'une recherche nationale autonome, le renforcement d'une collaboration Sud-Sud dans le domaine des investigations scientifiques, de la diffusion et de la mise en application de leurs résultats, va dans le sens d'une désaliénation et d'un retour au réalisme qui apparaît souhaitable à tous.

Une mention toute particulière a été faite de l'exigence qu'il y a à faire participer les femmes sur un pied d'égalité avec les hommes aux activités de formation, d'enseignement, de recherche et d'application dont il vient d'être question.

Il est apparu indispensable, sous peine d'échec, d'associer les responsables du pouvoir politique et économique à la démarche qui vient d'être décrite et dont les implications budgétaires ne sauraient être négligées.

A l'autre extrémité de la chaîne des responsabilités, dans la mesure où il est établi un consensus sur l'opportunité d'intéresser activement les populations à la conception et à l'exécution des projets de développement les concernant, le problème de leur formation se pose ; il implique, entre autres choses, leur alphabétisation.

Les participants au séminaire se sont mis d'accord sur un certain nombre de thèmes dont l'analyse leur apparaît essentielle à la solution du problème vivrier. Ils ont mis l'accent sur la nécessité d'examiner en détail des unités humaines cohérentes et relativement discrètes « le groupe domestique, la société villageoise, la communauté régionale » et de tenir compte des spécificités inscrites dans la réalité pour concevoir les actions à entreprendre et les exécuter avec effficacité.

Parmi les thèmes prioritaires, on peut citer :

— l'étude des systèmes vivriers traditionnels — en référence tout particulièrement aux stratégies familiales de survie en période normale (autoconsommation, usage du revenu monétaire) et en période de disette (aliments de soudure et de famine, migrations, etc.) ;

— l'étude du stockage, de la technologie alimentaire et de la cuisine familiale et artisanale (restauration) ;

— l'organisation des circuits de distribution et commercialisation des aliments au niveau familial, communautaire et régional de façon à respecter les intérêts des consommateurs :

— l'harmonisation du droit coutumier et du droit national en relation avec le domaine vivrier (droit foncier, propriété des récoltes, commerce, etc.).

Réunions scientifiques

De nombreuses propositions de réunions ont été effectuées pour préciser et approfondir les questions soulevées par le séminaire de Dakar :

— Catégories critiques et perspectives de la sécurité alimentaire au Sahel : une question fondamentale pour une interdisciplinarité bien comprise.

— Langages du dialogue et du discours dans les recherches sur la planification alimentaire : état des idées critiques en provenance des pays en développement.

— Histoire, culture et sexe, la question de l'égalité dans le domaine de l'alimentation et de la nutrition : un examen des problèmes et des perspectives afro-asiatiques.

— Séminaire sur les stratégies vivrières familiales au Sahel.

— Approche pluridisciplinaire de l'étude des habitudes alimentaires : comportements, attitudes, systèmes de représentation.

— Méthodologie et analyse critique des enquêtes sur la consommation alimentaire.

— Mise au point d'un protocole pluridisciplinaire pour l'étude des systèmes alimentaires : production, distribution, stockage, technologie, consommation, motivation des comportements.

— Les participants ont émis le vœu que, pour bénéficier de l'impulsion fournie par le séminaire, une réunion se tienne dans un avenir relativement proche afin d'en concrétiser certains aspects majeurs et, en particulier, de :

— préciser les collaborations qui peuvent être établies dans le domaine de l'alimentation entre l'Unesco, les organismes non gouvernementaux et les partenaires nationaux ;

— mettre sur pied un réseau d'information concernant les sciences sociales et humaines en relation avec l'alimentation ;

— définir les domaines dans lesquels des stages pluridisciplinaires peuvent être envisagés et leur contenu ;

— définir pratiquement les projets pluridisciplinaires expérimentaux évoqués plus haut ;

— effectuer une étude des communautés régionales à haut risque sur le plan alimentaire ;

— effectuer une étude pluridisciplinaire des produits alimentaires essentiels selon leurs différents aspects.

Le séminaire de Dakar a porté sur les régions sahéliennes. Il apparaît justifié de tenir une réunion similaire sur les zones forestières du continent africain, elles aussi dans une situation critique du point de vue alimentaire (déforestation, exode rural, etc.).

Il est apparu légitime d'organiser le même genre de réunion pluridisciplinaire dans d'autres régions du monde où le problème alimentaire se pose de façon cruciale.

Achevé d'imprimer par  Corlet, Imprimeur, S.A.
14110 Condé-sur-Noireau (France)
N° d'Imprimeur : 18684 - Dépôt légal : mars 1991

Imprimé en C.E.E.